尺寸

千里远景，如在尺寸之间。

陆外 山海物语

何敬尧 著
张季雅 绘

三百年岛屿奇幻志

中国工人出版社

目录

原住民世界 /
西拉雅族

卷二 明清时代
（一六六二—一八九五年）

汉人与西方人志异 /
海境之章

山野之章

乡里之章

神界之章

卷三　日据时期
（一八九五——一九四五）

汉人、日本人与西方人志异 /

海境之章

山野之章

乡里之章

神界之章

原住民世界 /

泰雅族

赛夏族

太鲁阁族

阿美族

布农族

邹族

拉阿鲁哇族

卑南族

排湾族

简介　妖鬼神传说的世界

台湾的志怪文化

记忆中，除了虎姑婆、魔神仔、林投姐、人面鱼这些妖鬼之外，你还知道台湾有什么妖魔鬼怪传说?

如果绞尽脑汁也想不出其他，可能就会开始说，不要讲台湾啦，其他的妖怪还有很多种啊，像是狐狸精、《山海经》里的鲛人族，或者是日本的雪女、河童、天狗，要不然就是欧洲的吸血鬼、喷火龙等，而且这些妖怪还具有某种特殊能力，外貌还超酷……讲起这些岛外的妖怪，我们可能比谈论台湾的妖魔传说还要熟悉、还要充满热情。

就算是家喻户晓的台湾传说《虎姑婆》，现在又有几人能完整地说出这则故事呢? 甚至可能讲着讲着，便忘了故事内容，为了填补剧情，就开始说："这个故事就像《小红帽》，有恐怖的大野狼会吃掉小孩子。"

台湾知名学者胡万川[①] 先生，曾在一场研讨会中感叹："如今在校的大中小学生，对台湾的民间故事如《虎姑婆》一类，已较少或不再听闻，这是不可否认的事实。实际上能把《虎姑婆》讲得完整的学生已不多，听过《蛇郎君》的更少，会讲《蛇郎君》的人更是稀见。"

会不会有一天，我们都只记得《小红帽》，而遗忘了《虎姑婆》？有谁还能将《林投姐》《蛇郎君》的故事倒背如流？

是否，未来有一天，台湾岛上的妖魔鬼怪，将被外来的"强势种"排挤，并吞了生存空间，最终走投无路，百年之后再也没有属于我们岛屿的妖魔传说？

其实，"进口"的妖魔鬼怪与童话传说，并非一件糟糕的事情。我们耳熟能详的各种日本妖怪，真的完全产自日本吗？

事实上，有 70% 的日本妖怪源自中国，20% 的妖怪来自印度，只有最后的 10% 才是土生土长于日本。而这些"进口"的妖怪，经过日本的"在地化"之后，才慢慢蜕变出具备日式色彩的妖怪。例如"天狗"，原先只是《山海经》书中仿如狐狸、山猫的生物，但经过日本人的"加工"，混合佛教的要素，才成为"长鼻子，有翅膀，穿和服，脚踏木屐，会抓小孩的奇异怪物"。或者是日本男鹿半岛闻名遐迩的"生剥祭典"，年轻人会头戴红鬼面具，身披棕色蓑衣，巡游各家各户来祈愿消灾。在他们的传说中，朱面獠牙的"生剥鬼"，就是中国的汉武帝与西王母乘坐飞天马车来到此地，同行带来的五只蝙蝠化身而成的鬼怪。

可能有人会提议，既然台湾妖怪那么稀少，我们也将外来的妖怪进行"改造"，如同《虎姑婆》《蛇郎君》来自闽南，将这些非本地的妖魔鬼怪"加工"之后，成为台湾的故事吧！

可是，如果只是如此，总让人有些气馁，垂头丧气。原来台湾岛上，并没有什么可以令人自傲的妖怪传说？

不过，请等一等，不要太快下结论，你确定这个"前提"是正确的概念？

台湾的妖怪，真的很稀少？谁能斩钉截铁地肯定？

---

① 胡万川，《台湾通世界 ——民间故事之本土化与世界性》，俗文学与通识教育研讨会，大同大学，二〇〇七年十一月。

只因为不曾听闻，就断定不存在，只因为不曾见识，就下结论“没有”？这是否太过武断？

但是，为了见证台湾千百年以来的妖怪踪迹，我们也无法请“哆啦 A 梦”拿出“时光机”，跳入过往的历史里，像“魔物猎人”般，追踪着妖精们留下的足迹。可是，依然有些办法，能够带领我们回到过去，寻觅那些早已被我们遗忘的“X 档案”。

台湾岛的“X 档案”，就夹藏在这几百年以来的古书、文献之间。

例如，《热兰遮城日志》《巴达维亚城日记》、有“台湾四库全书”之美称的“台湾文献丛刊”、日据时代的民俗学与人类学书册、《蕃族调查报告书》《台湾日日新报》《三六九小报》等各式各样的历史文献，都遗留着属于台湾岛上“妖魔鬼怪”的蛛丝马迹。

例如，台湾岛的怪谈故事，可以回顾到三百多年前清代的“地方志”。

自从康熙二十二年（公元一六八三年），清廷政府为了统治台湾，历任地方官员都要派人访查海岛上的民情风俗，许多官吏与文人也相继以地方志、日志、游记的形式，翔实描述台湾岛的疆域、气候、历史。在志书中的“灾祥篇”，便记录了非常丰富的鲲岛怪谈，例如魔鳄上岸、黑海妖蛇、天星诡变、三阳同出、岛屿深山藏匿的各种恐怖魔神，每一篇皆是不可思议的惊悚奇事。

当时，清廷官员秉持着“采风”的精神，才将这些怪事收录进志书中，并且也只将这些奇谈，视为清政府“风化善教”“民变天灾”的佐证。譬如，魔鳄横死，便象征郑氏王朝的覆灭，而台阳妖鸟现身，正是林爽文事变的预兆。

这些奇谈异事，虽然是在清廷的意识形态下被采录，但每个故事，都有重新去诠释、欣赏的空间，不应该只被视为无稽之谈。

不过，非历史科系出身的我，所能掌握、了解的资料也仅仅是九牛一毛。若添加上一九四五年到现今的妖怪奇谈、都市传说，数量可能会更庞大些——还有更宽广的奇幻世界，等待着探索。

回到刚才的提问：“台湾的妖怪传说真的很稀少？”

我们不能因为不曾听闻、不曾见识，就将这些曾经流传在台湾岛上的怪物故事一笔勾销。

台湾的妖怪文化，是否也能成为大众文化、流行风潮呢？

如果讲到妖怪，我们总会被问道：“你相不相信妖魔鬼怪的存在？”但对于我而言，则更想询问：“你相不相信台湾土地上，也有我们自己的妖魔鬼怪？”

妖怪、鬼魅与神灵

以往，学者研究台湾的妖鬼文化，经常将妖鬼附属于“民间传说”“民俗学”的体系之下，尚未有研究者如同柳田国男、井上圆了秉持着“妖怪学”的观点，将妖鬼独立成研究的主体。

若要发展台湾的“妖怪学”，绝非一蹴而就，势必会遭遇许多困难。但是无论如何，“文献”与“田调”永远是研究的起点，一步一步前进，才能踏实。而本书的定位，便是基于基础文献的初步考察。

本书共有两卷内容，我所命名的“妖怪”二字，“妖”指称“妖鬼神游”，至于“怪”则是“怪谈奇梦”。

《妖鬼神游卷》是台湾妖怪、鬼魅、神灵的索引书。

“妖鬼神”此词，泛称妖、怪、神、魔、鬼等类别，在此书中，我将这些故事划分为三种类型：“妖怪”“鬼魅”以及“神灵”。

①【妖怪】：物有其灵，魔物化变之妖精，拥有具体形象。

②【鬼魅】：魑魅魍魉，莫知其源，形象暧昧不清。或人死成鬼，或以鬼命名。

③【神灵】：精灵、神仙之族裔，人们也崇拜、信仰。

《怪谈奇梦卷》收录了两百多篇各式各样的台湾奇异传说。

“怪谈奇梦”的摘选宗旨，则是“怪奇而不可思议的故事”，包含四种类型：

①【奇人】②【奇事】③【奇物】④【奇地】

因为台湾的“妖怪学”无前人研究可循，所以此种分类，是我搜集、整理诸多台湾鬼怪故事之后，所进行的初步定义与分类。若未来有更多的数据出现，或许这样的定义将会过时，需要更严谨、有系统地划分。

而在我的初步观察中，“妖鬼神文化”的形成，极类似“演化”的轨迹。“妖怪”“鬼魅”“神灵”，这三种奇异存在，可以简略制作成如下的“演化图表”。

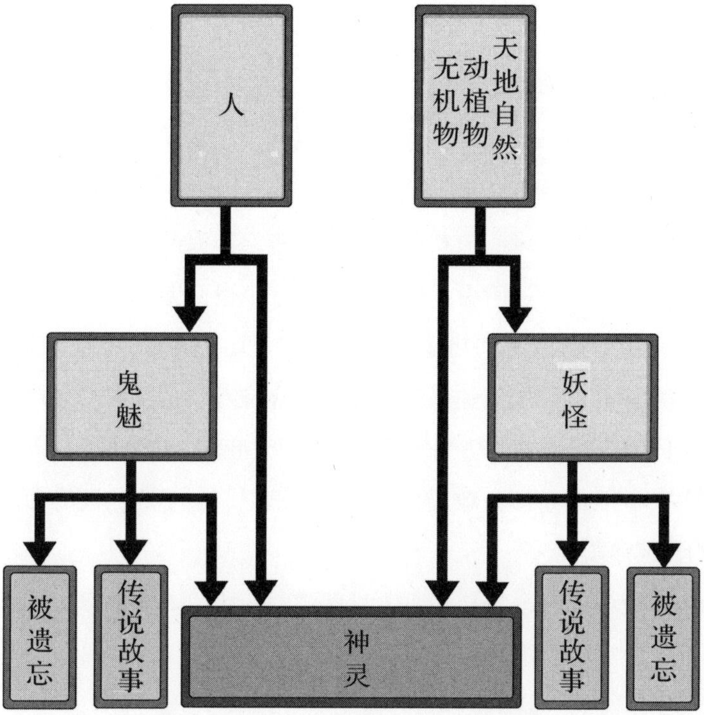

妖怪传说的存在，是天地自然、动植物、无机物所生成，例如巨大而恐怖的“钩蛇”，是天地灵气生成的诡异怪物。在台湾的妖怪传说种类，又以“幻兽”“魔人”这一类的怪物传说最为繁盛，不论是在深海黑洋，或者是崇山峻岭，都蛰伏着恐怖万分的兽形怪物。此类奇谈的盛行，可以推敲原因，或许是汉族漂洋过海来台，对于台湾自然界的万事万物充满恐惧，因而流传许多兽形妖怪的故事。而在原住民的传说中，不论是平埔族或者是深山的部落，也多有“怪鸟”“奇兽”的踪迹，并且会与他们各自族社的文化、祭典相关联。但是，有关幻兽妖怪的故事，到了十九世纪末、二十世纪初，却是越来越稀少，较少人会去谈论，反而是鬼魅传说越来越盛行。

至于鬼魅的存在，大多是人死后，化成幽鬼。在汉族文化里，甲骨文的“鬼”符号，由“田”（面具）与“大”（人）上下组合，代表巫觋之人戴着一顶奇异面具，假扮成鬼。金文则在甲骨文鬼字偏旁加“攴”，表现巫师持械逐鬼。商周时代，相信人死后成鬼，灵魂会以鬼的形式存在尘世，故祭拜鬼神。道教修行中，识鬼驱魔是新手入门的基础，道行进阶者，则能画符施咒来役使鬼魅，甚至杀鬼、破邪。佛僧说法，还有饿鬼、福德鬼、中阴身等区别，六道也有轮回鬼道的噩途。另外，对于鬼来说，山鬼游魂同样能借由修行练功来提升位阶，获得变幻、诅咒等技能。等级更高的鬼，只要储积足够的功德值，更能获天人庇佑，转职成配享寺庙的神尊；还有一种“成神”方式则是被人敬畏，因而立庙祭祀。至于原住民的鬼魅思想，则会与“祖灵文化”相结合。

根据笔者的搜查，台湾岛上曾出现的“妖怪”与“鬼魅”的种类，可初步划分为以下几个类目。“妖怪”的种类可以略分为“幻兽”“灵禽”“奇虫”“魔人”“龙族”“物妖”等类目，而“鬼魅”则可分为“人鬼”与“灾鬼”。

制作成简易表格如下页：

一、妖怪传说种类		
分　类	介　绍	案　例
① 幻兽	天地精气化生的灵兽、怪物，除了外形奇异之外，也拥有不可思议的力量。例如，能够预言未来，或者操控大自然	鲨鹿儿、巨象牛、一角兽、魔尾蛇、金鳞火焰鳄、海和尚、人面怪鱼、飞行巨牛、麞妖、仙狗、麒麟飓、濑口大牛、海翁、鲎妖、制风龟、黑水洋巨蟹、钩蛇、鳅鱼精、红蛇精、鼠尾云、巨芦鳗精怪、白马幻影、老猴魅、人面牛、阴阳鸡妖、文龟妖、巨水牛、琅娇灵猫、海棘兽、白猿妖、鹿王
② 灵禽	天地精气化生的异鸟灵禽	墓坑鸟、婆娑鸟、山火鸟、五色凤、雷公鸟、石燕、食人的怪鸟“玛莎嘎拉咕”
③ 奇虫	天地精气化生的虫类怪物	海上鬼蝶、乌蝶妖怪、七足壁蟹
④ 魔人	形状类似人类的奇形种族，可能是由人族所演变，或者是迥异于人族的存在，通常都会拥有不可思议的神奇力量	毗舍耶鬼人、台南人鱼、澎湖鲛人、蛇首族、酒桶妖、獠人族、长髯矮人、僵尸、天花鬼、五使屿生人、蛇郎君、虎姑婆、魔神仔、角力魔、金魅、缠身青面婆、巨人异族“阿里嘎盖”、骷髅人、巨人“孤奴”、排湾族恶灵“盖罗”、矮妖“咕塔”
⑤ 龙族	生存于台湾岛的远古龙种，数量极稀少	碧龙、旱龙、木龙、赤虬、旋风蛟、云龙、鸱尾
⑥ 物妖	无机质的物件所生成的妖怪	龙、金银鬼、猪哥石

二、鬼魅传说种类		
分　类	介　绍	案　例
① 人鬼	人死后成鬼，通常拥有诅咒的能力	嘉邑女鬼、冤魂陈守娘、水鬼、香魂女鬼、雷公埤的女鬼、剑潭诗魂、叉爷、风流鬼、枯骨怪、飞颅妖、尸鬼、无头鬼、缢鬼、林投姐
② 灾鬼	会带来灾厄、疫病的鬼怪	疟鬼、疫鬼、罪鬼、五色鬼

所谓的“神灵”，经过粗略划分，可分为两种演化方式。第一种，是由“妖怪”“鬼魅”所演化而成。第二种，直接由“人死后”“自然界异相”成为“神灵”的存在。

例如，高雄半屏山的麞妖，据说能引来火灾，是古代人们所惧怕的异兽，可以归类为“妖怪”的种类。但在二十世纪第二次世界大战之后，当地人却逐渐尊称此兽为“火神”，麞妖成为让人敬畏的存在，这便是“妖怪”成为“神灵”的例子。

台南的“陈守娘”，死后成为怨鬼，但地方人士为了平息幽魂之怒，便在孔庙的节孝祠安奉守娘牌位，原先让人恐惧的“鬼魅”也成了人人敬仰的“神灵”。

台中的万和宫所供奉的“廖二妈”的妈祖神像，传说是一位居住在西屯的年轻姑娘死后所附灵，便是“人死后”成为“神灵”的存在。

至于“自然界异相”成为“神灵”，台湾最为普遍的例子则是“石头公庙”。只要乡里之人发现有奇异石头显灵（譬如发光），就会视之为“石头公显灵”，并为奇石立庙立香火。

但所谓的“演化”，是否真能成立？台湾“妖鬼神文化”的研究刚开始，需要以更多的数据来佐证。例如，日本的知名学者柳田国男，经过长久的田野调查得出的结论，认为日本的妖怪，大多是被贬谪到凡间的神明，也就是说，妖怪是神衰落之后所产生的文化现象。而台湾的情境，又是如何呢？

无论如何，笔者先提出此点假说，作为未来研究（推翻）的起点。

黑水洋的水妖传说

台湾岛屿四周的海域，有各种妖兽魔怪，潜游于晦暗不明的大海浪涛中，成为古往今来海上水手的黑暗梦魇。例如，古代的台湾人相信，在台湾海峡黑水洋之下，乃是神秘的魔尾蛇栖身的巢穴。蛇妖身长数丈，遍体花纹。其中又以红黑条纹的“红黑间道蛇”以及拥有双头的“双头蛇”两种蛇妖种类最为奇特。

另一种奇异的台湾海妖传说，则名为“海翁[①]”，又名“海鳅”，是远古台湾海域的神奇硕鱼。据说，海翁身长百里，能口吐焰火，甚至可以一口吞食巨型船舶。当海翁沉睡之时，其能够在海面上漂停百年之久。所以，宽广的鱼背，甚至会生长出茵绿的草木，犹如一座绵延无边的山丘。

除了魔尾蛇、海翁的传说之外，澎湖也流传着火鳄的奇谈。海上行舟，更会遭遇龙神、鬼蝶的袭击。

讲到海中怪物，“人鱼”或许是最为知名的传说。千百年来，世界各国的海滨都流传着人鱼的奇异故事。传说中，人鱼乃是上半身为人、下半身为鱼尾的怪异生物。

神话故事集《山海经》记载远古“雕题国”里的居民纹身如同鱼鳞，很有可能就是鲛人故事的原型之一。在司马迁的著作《史记》中，则记载着秦始皇陵墓里的油灯是将人鱼熬煮成的油膏（人鱼膏）制作而成，且此油灯可以万年不灭。

在欧洲的希腊神话中，则有塞壬（Siren）的海妖传说，她是一种半人半鱼的恐怖生物。塞壬时常出现在狂风暴雨的海面，以歌声诱惑船上的水手，让水手不知不觉被优美的歌声魅惑，忘了如何操舵行船，结果船只就会失去控制而翻覆[②]。

在日本，江户时代的大阪城外的河流，曾钓起一只身长一米的人鱼，啼声如同婴孩，而在日本的四国、九州岛附近海滩也常有人鱼出现的踪迹。至于更古老的日本人鱼故事，则是代代流传于日本福井县的“八百比丘尼[③]”。

近代的科学家推测，所谓人鱼，也许是古代的水手将海中的“儒艮”（海牛）、“海象”误认为人鱼的模样，以讹传讹，才有了各种奇异传说。但人鱼的存在，真

① 海翁：今日台湾人称呼海翁为“鲸鱼”，但传说中海翁能喷火，背长绿丘，则是奇异的海妖故事。

② 希腊英雄奥德修斯（Odysseus）驾驶船只经过塞壬的海岛时，嘱咐水手要将双耳塞住，不能受到塞壬的歌声所蛊惑。

③ 八百比丘尼：据说，在福井县的小滨地区，住着一名叫作高桥的渔夫。某一日，高桥前往大海彼方遥远的一座岛上，从不知名的异界带回了“人鱼的肉”。结果，高桥的女儿因为不知情，偷偷吃掉了人鱼肉，没想到人鱼肉带来法力，让女儿能长生不死。当她活了一百多岁时，便出家为尼姑，也就是“比丘尼”，云游日本诸岛。等到她活了八百岁，便回到故乡小滨，圆寂逝世，因此世人都尊称她为“八百比丘尼”。

的只是幻梦一场？

世界各国都流传着人鱼的故事，而台湾自古以来也有属于这座海岛的人鱼传说。

最早相传，在澎湖的三十六岛中的南屿，荒古之前曾有“鲛人族”栖居，清朝的文人范学洙便在《澎湖三十六岛歌》中赋以诗歌：“南屿原有鲛人住，后以风涛居始迁。”在澎湖的南屿岛上，原有鲛人居住，鲛人即是鱼尾人身的奇异种族。不过，后来因为海岛上风浪太过剧烈，因此鲛人族迁游他处，隐匿于更遥远的海岛。

在国姓爷郑成功来台的前一年，担任荷兰东印度公司驻台湾长官的揆一，经常听闻流传于台南热兰遮城镇的诡异故事。在他的记录里，最奇异的传说是，在热兰遮城外海，有神秘的人鱼现身，转瞬之间消失无踪，仿佛暗示着未来的灾厄兵燹。果不其然，一年多之后，国姓爷率兵来台。

另一则诡异的海妖传说，则是“人面鱼”。人面鱼，身躯为大鱼，却拥有人面双眼口鼻，形态诡异。若人面鱼浮立于水面，只要见到人，就会开口呵呵嬉笑，甚至以鱼鳍做合掌的模样。

在金门人林焜熿编辑的《金门志》中，便记录了人面鱼的现身情景：“康熙元年，大嶝海中有人面鱼立水面，见人笑而没。”

而客家人吴子光，在道光十七年（公元一八三七年）来台，居住在淡水厅的苗栗堡（现今的苗栗县铜锣乡）。他生性喜爱游历四方，某一次出游，来到台湾中部的海港，便听到一名老渔夫向他说起，曾经捕捉过人面鱼的经历。

老渔夫说，有一次他出海捕鱼，在他的渔网中，意外捕获了人面鱼：“获得一怪物，面目口鼻具体人形，见人则合掌嬉笑，如金装弥勒佛状。”老渔夫心生恐惧，便燃烧纸钱，想要袪除腥秽厄运。

另一则台湾人鱼的传说，则是在小琉球岛。自古以来，吐金岛（Tugin）、拉美岛（Lamey）、金狮子岛（Gouden Leeuw）、剖腹山屿，都是称呼现今位于台湾东港外海的“小琉球”。

传闻，小琉球岛上居住着一群野蛮民族，他们是一群“乌鬼”。《凤山县采访册》叙述在小琉球岛上："相传旧时有乌鬼番聚族而居，颔下生鳃，如鱼鳃然，能伏海中数日。"

传说在小琉球岛上的乌鬼，下巴生有鱼鳃，可以在海中长期潜游，也不用上岸呼吸，属于奇异的人鱼种族。究竟，犹如幻兽般的人鱼，是否真实存在呢?

神秘莫测的人鱼魅影，依旧漂游在历史的迷雾之中，不知所终。

不可思议的牛妖怪

自古以来，台湾便以农业为经济来源，而"牛"则是台湾传统农业社会中的重要存在。一开始，台湾只有零星的野牛族群栖息，分布于平原山丘之间，最早的水牛角化石出土于台南左镇乡，说明三千年前台湾即有"德氏水牛"与"杨氏水牛"的水牛种族，悠游于岛屿的沼泽草原之上。

并且，在台南左镇乡的地层中，也有犀牛化石出土，令人惊讶，原来体型硕大的犀牛也曾漫步于台湾古代平原之上。虽然，"奇蹄目"的犀牛并不是"偶蹄目"的牛科动物，但古老的台湾岛上，确实存在着许多大型哺乳动物的身影，足以让人浮想联翩。

而目前台湾的牛类品种，则大多是在一六二四年之后，荷兰人经由澎湖，引进的黄牛种族所繁衍。在乾隆二十九年（一七六四年）的《台湾府志》这本书中便记载："荷兰时，南北二路设牛头司，放牧生息，千百成群。"

也就是说，当时荷兰人为了开垦西部平原，便在台湾设立了"牛头司"这个工作职位，负责畜牧牛只，作为垦地之用。从此，台湾岛上的水田、蔗园里，被驯养的耕牛便成为不可或缺的劳动力。

因为"牛"对于台湾农业社会极为重要，所以，关于牛的传说物语，也在台湾十分盛行，甚至盛传着各种"牛妖怪"的乡野奇谈。譬如，在片冈岩的《台湾风俗志》这本书中，便记录嘉义发生大地震时，曾经有人在山谷的龟裂处，看见了“地牛”的尾巴。在台湾传说里，“地牛”就是引发大地震的祸首元凶。

在闽南人的传说中，阎罗王的麾下有牛头与马面。牛头妖怪便是负责拘捕人的魂魄，让恶人的灵魂来到阎罗殿中接受审判，因此人们很害怕牛头马面的形象。在阎罗殿中也存在各种恐怖的地狱，掌管第六殿的阎王，便创造了“牛坑地狱”，凡是杀害无辜人命、滥杀动物的人，都会被丢到坑中，遭受万牛践踏。

在嘉义县太保市水虞厝，有一座独特的“牛将军庙[①]”，此庙最早由慧明社醒善堂所筑，建于一九七三年，专门祭祀水牛，感念耕牛辛劳。

除了汉族外，在台湾南部的平埔族传说故事里，也有牛的踪迹。在故事里，叙述古时候，岛上有一只庞大的巨型水牛，喜爱在黄昏时分四处游走。据说，只要是见到这只巨型水牛的人，就会觉得自己的头颅逐渐肿了起来，然后不断地膨胀变大，而且肚子也会胀起来。凡是受到折磨的目击者，总会想尽办法逃离那只巨型水牛的诅咒。

关于岛屿牛妖的记载，最奇异的一则故事，莫过于身形庞大如象的“巨象牛”。

在十七世纪时期，明末天启年间，普陀山的僧侣释华佑，与他的好朋友萧克，一同前来台湾。并且在溪水间捕获一只体型庞大犹如巨象的怪物，他们骑着这头能“日行三百里”的妖牛，顺利穿越了中央山脉，抵达了台湾西岸之诸罗（如今的彰化、嘉义一带）。

台湾除了有神秘莫测的“巨象牛”传说外，也有飞行巨牛的传说，在《重修福建台湾府志》的《卷十九·丛谈》篇章中，便详细记载了人们目击怪牛的场景。

据说，这一只异兽，体型大如巨牛，高度有五六尺以上，脸庞就像山猪一样，有一双宽大的耳朵。它的牙齿细长而且非常尖锐，粗糙的皮肤就仿佛是黄牛，四肢

① 牛将军庙：现今位于嘉义县太保市水牛公园之内，庙内墙壁书有《牛将军庙历史源由》，介绍牛将军庙的由来：“明末清初（约三百多年前），延平郡王郑成功为了开垦台湾，派叶觐美大夫从大陆带来八头水牛助耕，此牛为其中之一。当时身负三十五甲耕地重任，以致辛劳过度而病毙。此牛之主人感念其功劳而加以埋葬奉祀，纯粹是主人怀念耕牛之情，但葬后之牛却于夜间出来偷食农田作物，白天去巡视却完好如初，而群牛于水塘中淋浴总是多出一头牛来，因此村中之人才称其为神牛，由于此神迹遍传各地，便招来唐山地理师的兴趣，来到此公园观其地理风水，发现此公园乃是一金牛灵穴，所以在水虞厝处处显神迹，不仅夜间金光闪闪，巡于村中，更于村中着火时挨家挨户敲醒梦中村人，拯救全村性命。地方人士因此在其埋葬处建立庙宇，供村民膜拜，因是延平郡王所带，故称为‘牛将军’。”

的毛皮则犹如水獭，四只脚则像是巨龟的爪子，并且有一只长尾。最奇特的事情是，它竟然能在水上自由飞行。

台湾的五色龙族

中国自古以龙为尊，但事实上，“龙”绝非是中国的专利。

日本的神话故事集《古事记》中，“闇淤加美神”便是龙神，而日本民间故事中的“八岐大蛇”，也是巨龙的形象。至于西方欧洲，古老的史诗《贝奥武夫》里，也有巨龙的描述。由此可见，世界各国自古以来就有神龙的传说，而古代台湾当然也有龙族的存在。

若是以“颜色”来初步区分，台湾岛上的龙族，约有五种颜色的分类，也有各自的属性。有些龙族喜爱引发灾祸，但也有龙族天性善良，喜爱帮助人类。详情请见书中的各项文献记录。

① 碧龙：碧绿色，出没于台湾北部海域之中，属于海龙。

② 旱龙：灿黄色，引来旱灾，肆虐人间，出没于台南周边海域，属于火龙。

③ 赤虬：赤红色，栖居台湾中部深山，引来大雨，属于雨龙。

④ 旋风蛟：银黑色，引来墨色旋风，出没于台湾南部，可将人卷飞百里外，属于风龙。

⑤ 木龙：棕橙色，栖息于船舶的龙骨，会与海船一同诞生，是船精灵，属于守护龙。

台湾的妖鬼之乱

清朝时期，台湾人在妖鬼战乱中为求自保，逐渐学习了许多问神求鬼的宗教仪式。“椅仔姑”是一种请鬼降临的占卜，未婚女性在中秋深夜，能摇动竹椅请来阴间灵鬼，借此询问祸福。“扶鸾”则是借由灵力更高的乩童所驱动的降灵会。最可怕的请鬼祭仪，则是请来“金魅”，他可赐福家屋，但代价是他要食活人。

台湾民间流传最广的鬼怪，则是水鬼。他虽然会以“抓交替”的方式取人性命，但若水鬼有积德之心，甚至能晋级为城隍爷。在十九世纪，一名来自美国的记者艾德华（Edward Greey），便曾经目睹安平天后宫庙旁的溪水中，冒出水鬼冤气。

成鬼化魅皆有因果，若能以多种角度审视，人们反而能从妖鬼世界，获得智慧与启示。如同京极夏彦的百鬼怪谈、史蒂芬·金的恐怖故事，也都如清澈明镜，不只反映人心，更投射着各国民族文化的特殊历史轨迹。

台湾的恐怖故事

台湾的恐怖故事，发展的脉络为何？

二十世纪初期，台湾常见的阅读媒介为新闻报纸，许多恐怖故事便借由报纸传递。

《台湾日日新报》曾刊登多则魔神仔现身记录，如一九〇一年的《遇魔述异》讲述魔鬼幻变之事、一九〇八年的《山魔》诱拐旅人、苗栗某街庄有鬼火乱舞、神主牌浮飞的异状、煞神连杀三人……报纸上数不清的妖鬼怪谈，引起阅读者的浓厚兴趣，究竟传闻是真是假？

殷勤的日本人类学家，即使以科学角度展开民俗调查，但也总是莫辨真伪，于是认同台湾乃是“迷信秘密之宝库，常使百鬼逸出！”（日据时代，《台湾惯习记事》）。

当时，恐怖故事多凭报纸流传，却始终是野史碎言的雏形，尚未有作家集中心力于“恐怖文学”的创作。时至战后，文学家多将类型小说贬为庸俗，因此，恐怖故事的传播仍停留于报纸八卦字段。恐怖小说迟至二十世纪八十年代才明显发展，司马中原开始尝试以鬼怪作为书写题材（如《鬼话》），助长台湾恐怖小说的兴起，许多作家有意无意之间，也会以妖怪与鬼魅为素材。值得注意的是，一些民间鬼怪故事，开始以儿童读物的形式进行通俗传播，例如《孙叔叔说鬼故事》。

二十世纪九十年代，大众通俗的类型小说开始流传，借由外国小说的刺激（如倪匡、爱伦·坡、希区柯克的惊悚小说），以及出版社的支持，许多小说家开始注重恐怖故事的灵异美学。荣获皇冠小说奖的张草，便倾力于恐怖、科幻、惊悚色彩的短篇小说创作（如《很饿》《很痛》）。

此时，网络写作兴起，诸多网络小说家开始发表通俗且色彩强烈的小说作品，其中又以恐怖元素的小说最受欢迎。以《都市恐怖病》系列起家的九把刀，塑造了台湾恐怖小说的基础风格，细腻描述了都市人的异常心理、扭曲人格。九把刀的恐怖小说开启了风潮，他的贡献在于让“恐怖小说”这个文类被大众广泛接受认同，不再只是末学小道，让更多的小说家愿意投身于恐怖小说的创作。

近十年来，恐怖小说的美学观也不再只是单纯的“惊悚悬疑”，作者开始添加进奇幻、冒险、罗曼史等新颖的美学架构，将鬼怪“调味”成更符合现代人的口味。畅销小说作家笭菁、D51、柚臻等人，便是个中高手，深受国中生和高中生读者的欢迎。

另一种现象，则是台湾推理小说的书写实验，企图将推理文类结合恐怖元素，熔铸出与众不同的故事质感。创立“台湾推理作家协会”的既晴（陈信宏）是一位大胆的拓荒者，具备都市传说（Unban legend）浓厚风格的《请把门锁好》《网络凶邻》开启了恐怖推理的经典范例。此外，推理作家林斯谚的《芭达雅血咒》，同样也是以恐怖题材进行本格推理的惊悚小说。

台湾的类型文学，在文学史的发展中，不断以强韧的生命力茁壮演化，未来的潜力不容小觑。不过在台湾类型文学的领域中，恐怖小说写作者不多，尚未如台湾推理小说产生出有组织、系统性的创作环境，也许这是时势使然。但，这也暗示了未来台湾的恐怖小说，能拥有更多元的发展空间。我也期望本书的文献整理，能让台湾的怪谈写作，运用更多的资源。

台湾妖鬼故事的势力，正在崛起。

邀请函

这是一本"虚构"与"真实"共存之书。

一半是真实的足迹，一半是无凭无据的幻想。

这本书，是"未完成"之书。

因此，容我邀请读者诸君，质疑此书。

诸君的观点，不论立足于历史学、民俗学、科学、文学……之上，

请您秉持各自的观点，来应和、存疑、信任、挑错、喜爱、厌恶这本书。

你们的观点，如同一片拼图，

将共同完成这本书籍，共同建筑起台湾的妖界鬼域。

我只是一名递送邀请函的使者，

请容我邀请诸君，揭开脸庞上的面具，

展露面具之下的——您的妖怪之脸。

在妖鬼神魔的深夜游行里，一齐梦造荒诞。

总述

古岛记

传说，逢天地生成之时，万水聚为海，远蓝汪洋中有一巨鱼，莫知其名。

巨鱼身长千万里，潜泅至婆娑海，游停水面暂歇。

一时之间，草木寄生于鱼背而成大岛，绵延骤成山川陆地，或曰鱼岛。岛上原住民各族社，皆有神话传言古代洪水淹没全岛，或因鱼妖不时翻身所致。

若天时至，鱼妖醒而蜕化，背萌双翼，拍翅而飞，此岛将随之浮空，翔于天际。

蒙昧时代，自古以来，鱼岛名称纷杂多变，或曰东鳀、夷州、鲲岛、流求、蓬莱、毗舍耶国、丽都岛、华丽岛等古名，今则称台湾岛。

台湾岛地亘四百多公里，巨鱼灵气化吐万物，生生不息。山海之间，因而繁衍妖魅鬼神众多魔幻怪物，常有奇谈异事流传诸野。

《台湾府志》亦云："至若深山之中，辙迹罕到。其间人形兽面、乌喙鸟嘴、鹿豖猴獐，涵淹卵育；魑魅魍魉、山妖水怪，亦时出没焉，则又别一世界也。"

数百年以前，汉人、西方人、日本人相继来台定居、游历，多恐惧岛上森罗万妖，将之誊抄于册，而原住民族则以口传神话历史。

时至今日，妖氛魔息渐次消散于黑夜，人们也逐日遗忘岛屿流传之古事异谈，极为可惜。

因此，本书摘录台湾岛古往今来，三百多年之间的上百本古文书中，诸百妖物与乡野奇谈之故事；妖与怪，魔与幻，荒诞虚妄，迷惑人心，故名为——妖鬼神游，怪谈奇梦。

卷一

大航海时代及其前

（一六六二年及其前）

台湾岛地处亚洲东部，太平洋西侧海域，千百年来原住民驰骋射猎于山川林莽，产生诸百妖魔、精怪鬼神传说。可惜无文字流传，荒古时代笼罩于一片迷雾之中，关于鬼神与奇谈之事，唯有原住民口传流转，或零星记载于唐宋元明汉文人的诗文缝隙中。

直至世界迎来大航海时代，帆影闪耀七大洋，西方人与汉人相继乘舟踏岸，登陆台湾，历险于岛中魔山瘴水，惊心动魄之余，记录下各种奇妙而不可思议之风景。

汉人与西方人志异 /

海境之章

1. 澎湖屿：鬼市魅影

类别╲鬼魅　　地域╲离岛、海境

介绍

自唐宋以来，澎湖鬼市魅影，流传广远，却无人能知其详情。

唐朝中叶年间，洪州人施肩吾为知名诗人，同时也是一位修真求仙的道士，元和中举进士却不入仕，退而隐居在江西深山之间炼丹修道。施肩吾晚年，曾以道术测算风水方位，率领族人西行出海。举族旅居澎湖之后，施肩吾目睹澎湖屿鬼市奇地，因此赋诗《岛夷行》描述岛屿见闻，此诗也为《全唐诗》所收录。

不过，施肩吾是否曾经旅居澎湖，历来有许多争议，近来学者根据时代、地理环境推论施不曾来澎，所以施诗中的澎湖风光，很有可能是被误认。尽管如此，施诗对于“澎湖”的怪奇描述，从清代以来就被台湾文士广泛传诵，时至今日，俨然形成澎湖鬼魅传说的其中一种形象。

据说古时澎湖乡里晦暗腥臊，绵延海岸鬼影幢幢，鬼魅群居，形成结界之阴冥场所，奇异地景“鬼市”油然而生，相传是鬼族交易商货之地。在施肩吾踏足之前，澎湖三十六岛早已是人鬼混居之所。岛上鬼市聚于夜半，千帆近港，鸡鸣而散，澳岸市集中交易贩卖之货，皆为罕世所见的珍物逸品。

《岛夷行》诗中叙述黑肤少年，为求能与鬼市商贩进行交易，因此点燃犀角照亮幽暗海底，以便潜入海中寻觅珍奇珠玉，作为交易筹码。犀角作为燃灯，传言可以让水中的鳞介怪物现形，南朝宋刘敬叔《异苑》曾提及此秘法。最终，黑肤少年的期望是否遂愿，不得而知，毕竟若非机运，凡人难以进入鬼市。故鬼市风土众说纷纭，莫衷一是。唐人或有传说，鬼市境内可沟通阴阳，是一座连接阳世与阴间之妖魅市集。

古早时代，澎湖三十六岛居民也流传说法，鬼市即是位于澎湖海底之中的古代沉城。据说，澎湖的虎井屿海底藏有隋唐时代建筑的古城，每当夜暗时刻，水中古城墙垣散发朱色光芒，直达海面形成赤红潮水，即是通往鬼市的水道开启。

传统的中式帆船造型，汉人便是搭乘此帆船航行海涛。（荷兰国立博物馆 Rijksstudio，1607 年）

澎湖鬼市

腥臊海边多鬼市
岛夷居处无乡里
黑皮年少学采珠
手把生犀照咸水
——岛夷行

2. 毗舍耶：鸟语鬼形之国

类别＼妖怪　　地域＼离岛、海境

介绍

被汉人畏称为“毗舍耶”“昆舍邪”的鬼人，是来自古台湾岛某地的神秘种族，其族裔来源不详，居住地界亦不详，因为会生啖活人，所以被视为某种妖怪种族。只知毗舍耶国位于与澎湖邻近之地，可相互望见烟火升空。

据闻，毗舍耶鬼人发声仿佛禽鸟，形貌犹如恶鬼，国族内有食人风俗。鬼人骁勇善战不畏死，并擅长使用系有长绳的标枪武器，可抛掷十余丈攻击敌人。

根据记载，宋元时代以来，鬼人经常乘筏跨海，劫掠泉州沿岸各地，并且生食当地人，故被称为“恶鬼”。

为逃离毗舍耶魔爪，可以将铁制器物、汤匙筷具随后抛下，鬼人必会沿途捡拾。此外，鬼人也喜爱铁制门圈以及铁制甲胄。

如果遭遇危难，熟谙水性的鬼人便会跳入水中遁逃而去，或者扛起竹筏划入海面逃走。

明末以后，毗舍耶鬼人踪迹渐少，最后默默无闻，不知其所终。

其国其境，仿佛是一座漂浮海上之迷岛，笼罩于迷雾幻影之中，能随浪涛移动出没，不可得知其详。

或有一说，毗舍耶国乃今日屏东外海之小琉球。

据《巴达维亚城日记》在一六二二年的记载，荷兰司令官古尼李士·雷也山（Connelis Reijersen）在七月航至台湾海域，途经小琉球岛屿，船上中国翻译不愿上岸，向司令官说明：“该处有四百人以上居住，为凶暴之食人种，见人常隐藏起来。传言，在三年前曾杀中国人百余人。”除此之外，再无其他证据兹以佐证，无法进一步判断小琉球岛是否为古称毗舍耶国之地界。

清朝咸丰二年，魏源编撰《海国图志》，于书册附录《东南洋各国沿草图》的世界地图中，称呼台湾岛古名为“毗舍耶国鸡笼山”。

典文

《诸蕃志·流求国》—— 宋·赵汝适

毗舍耶，语言不通、商贩不及；袒裸盱睢[1]，殆畜类也。

泉有海岛曰澎湖，隶晋江县，与其国密迩，烟火相望。时至寇掠，其来不测，多罹生噉[2]之害，居民苦之。

淳熙间，国之酋豪常率数百辈猝至泉之水澳、围头村恣行凶暴，戕人无数；淫其妇女，已是杀之。喜铁器及匙箸，人闭户则免；但刓[3]其门圈而去。掷以匙箸则俯拾之，可缓数步。

官军擒捕，见铁骑则竞刓其甲，骈首就戮而不知悔。临敌用标枪，击绳十余丈为操纵；盖爱其不忍弃也。

不驾舟楫，惟以竹筏从事，可折迭如屏风，急则群舁[4]之，泅水而遁。

《泉州府志》

宋干道七年，岛寇毘舍邪掠海滨。八年复以海舟入寇，置水塞控御之。

按此一类能用武，又非今之生番流种矣。

《使琉球录》—— 明·陈侃

闻东隅有人，鸟语、鬼形，不相往来，岂即所谓“毗舍耶国”耶？

① 盱睢：傲慢、横暴。
② 生噉：生吃。
③ 刓：削刻。
④ 舁：扛抬。

3. 碧龙：三龙飞升于海

类别╲妖怪　　地域╲北部、海境

介绍

钓鱼台岛屿四周海域，荒古以来，有龙族栖息。

《使琉球录》曾记载台岛外海有三尾神龙升翔的奇妙景观。此龙种通体碧绿，名为“碧龙”。

《使琉球录》是明朝的册封使所撰写，叙述了中国至琉球附近海上疆界的行船记录。自从明太祖朱元璋派遣杨载前往外海琉球，历来的琉球王室都会接受明、清两朝的中国皇帝册封。其中一位册封使者萧崇业在明朝万历七年（一五七九年）的《使琉球录》书册中，记录了册封使船航经台湾北部、钓鱼台海域附近时，目睹千年碧龙从海中飞升而出的奇异画面。

书籍中记载，海上帆船遇龙族巡游，先是一片海水沸腾翻滚，远空传来吼声，三龙相继吞吐烟雾，旋即大雨倾盆而下。

海域中三尾碧龙的飞升与潜伏，也有季节性。自古传说，春夏多雷雨，正是龙族翱翔天际的时节，而秋冬清爽，龙族则喜藏身于深渊。

碧龙
辄见三龙并起于海
其起处水乃转涌
旋腾滚滚

典文

《使琉球录·卷上·使事纪》—— 明·萧崇业

踌躇四顾，辄见三龙并起于海，其起处水乃转涌，旋腾滚滚。
上天有声，听如狮吼、如千乘车过，又如殷雷軯鼓轰轰彻地。
碧气三道，磔入云雾内，长百丈有余，峙犹鼎足。
然舟中人畏栗，不敢迫仰，率扬赭鞭、烧毛羽秽物以厌胜① 之。
须臾，雨四面至矣。
传云："玄龙迎夏②。"

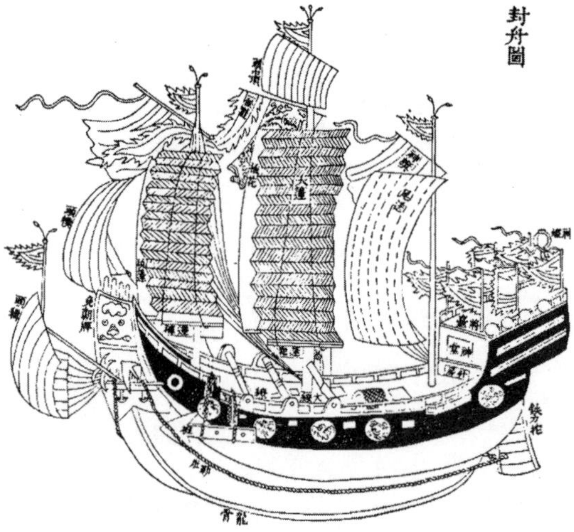

《琉球国志异》书中的中国古代帆船，1757 年。

---

① 厌胜：一种巫术仪式，驱邪避煞。
② 《后汉书》所言："夫玄龙，迎夏则陵云而奋鳞，乐时也；涉冬则淈泥而潜蟠，避害也。"

4. 鲨鹿儿：鹿变鲨

类别╲妖怪　　地域╲东部、中部、海境

介绍

普陀山僧侣释华佑游历台湾岛，在苏澳海岸，曾经见识鹿只入水，化为水中鲨鱼，鲨鱼的头部仍然留存一对尖锐鹿角。

此后，释华佑也曾在鹿港岸边，再度目睹鹿变鲨之奇异景象，并且啧啧称奇。

鹿入水变为鲨鱼，或为妖精修炼之法？

典文

《释华佑遗书》——明 · 释华佑

某日至苏澳，见鹿入水化为鲨，角犹存。

5. 台南海岸：人鱼示警

类别＼妖怪　　地域＼南部、海境

介绍

在十五世纪至十七世纪，西方正经历着大航海时代，海权争霸战中，位处东亚海域要枢的“福尔摩沙岛”成为瞩目焦点，是各国船只停泊与转运的重要枢纽。

一六二四年，荷兰东印度公司则在台湾南部建立殖民地。历经荷兰人治理数十年之后，国姓爷郑成功率领船队攻占台湾之前，担任荷兰东印度公司驻台湾长官的揆一（Frederick Coyett，C．E．S），以及城内的士兵人员，经常目睹耳闻热兰遮城发生的诡异事件。

“自愿牺牲的亨布鲁克牧师被郑军带走”（The Self－Sacrifice of Pastor Antonius Hambroek on Formosa, 1662, JanWillem Pieneman，荷兰国立博物馆，1810）：亨布鲁克（Anthonius Hambroek, 1607-1661），是荷兰的基督教牧师，在一六四八年，他与妻女共同前来台湾传教。当国姓爷郑森（郑成功）攻击台南时，他被郑军俘虏，郑军以他的妻女生命威胁他，让他去向热兰遮城守城军队招降，但却失败，出城之后被郑森诛杀。

例如：恐怖地震暗示了未来的凶兆，城里的武器库发出兵器骚乱的诡怪声响，城墙与沿岸河道骤起熊熊烈火，夜半的刑场也传来一阵阵恐怖的死亡呻吟。甚至传言，热兰遮城堡垒附近的水域，有神秘的人鱼现身，转瞬之间消失无踪，仿佛暗示着将来的灾厄。

关于人鱼的记载，尤以贺伯特（Albrecht Herport）的记录最翔实。贺伯特是瑞士人，也是一名业余画家，他在一六五九年离开荷兰，参加范德兰（Johan van der Laan）的远征军来到台湾岛。而范德兰来到台湾之后，与台湾长官揆一意见不合便离开了，只留下三艘船舰与少数士兵在台湾，而贺伯特也留在台湾，见证了热兰遮城的攻防战。

在一六六一年四月三十日，郑军船舰现身于台南外海。因鹿耳门水道浅，荷兰人未加以防范，国姓爷趁其不备，在涨潮之际航进鹿耳门水道，奇袭荷兰军队，郑军部队势不可当。

最终，荷兰长官揆一与国姓爷议和。公元一六六二年，郑氏军队顺利占领了热兰遮城，入驻台湾岛。

末代长官揆一和贺伯特都认为，海水中的人鱼现身，是为了警告未来的灾祸。不过，真是如此吗？

荷兰画家所想象的人鱼形象（荷兰国立博物馆，1548年）：这是科内利斯·博斯（CornelisBos）的绘画，他是欧洲文艺复兴时期的荷兰画家。在此图中，美人鱼手握孔雀羽毛，与海怪们一同悠游。

人鱼示警
棱堡下方水面见
有一海男一海女
乃围困凶兆

据说，欧洲各海岸、河道藏匿人鱼怪物，常以歌声魅惑来往船夫，带来厄运。而荷兰东印度公司招募欧洲各国人士为职员，可能也将人鱼故事的想象加诸台湾（例如莱茵河流传的人鱼故事）。欧洲水妖与鹿耳门水道之人鱼，不知是否有关联？

并且，历来台岛地方志中，偶有人面鱼浮出海面之记录，鱼妖面容宛如嬉笑，见者皆恐惧，视为不详。但此人面鱼，似乎与热兰遮城流传之金发人鱼形貌有所不同。

台湾南部外海的海妖故事，依旧是谜团重重。

典文

《被遗误的台湾》——十七世纪·揆一

天地似乎正预示“福尔摩沙”的悲惨命运。若真有凶兆出现，此时确实发生了一些不寻常之事。

去年一场异常可怕的地震，持续了十四天之久，似乎是愤怒的上天将降下惩罚的恶兆。

同时流传一条人鱼在水道现身的传言。

士兵之间也流传着：某夜，东印度公司的军械库传出了各式武器齐发的骚乱声响，

热兰遮城（荷兰国立博物馆，1632 年）。

荷兰东印度公司旗：十七世纪大航海时代展开，荷兰陆续成立十四家以东印度、亚洲为贸易重心的公司，为了避免商业竞争，众多公司合并成“联合东印度公司”（Vereenigde Oostindische Compagnie，简称VOC，1602年成立），在爪哇的“巴达维亚”（现今印尼的雅加达）设立贸易总部，自组佣兵，在亚洲各地建立商馆，进行殖民统治。

荷兰东印度公司徽章

好像有几千个人正在交战一样。

诚然，有些“事件”可能源自谣传议论，并无确切根据，但我们又该如何解释如下传言：

某夜，有人看见热兰遮城的某处外突工事（城墙）笼罩着蓝色的火焰；有人听见刑场（坐落在热兰遮城和热兰遮城市镇之间）传出可怕的垂死呻吟，甚至还能分辨是荷兰人或汉人的声音；有人见过水道的海水一度燃烧起来等。

据说还有更多恐怖的征兆。

总之，战争前夕的确广泛流传这类怪异故事。

《热兰遮城日志》一六六一年四月十五日（星期五）

从以上传说的种种情况，我们不得不认定，国姓爷对这片国土长期图谋威胁的可恶计划，在近期内很可能会变成真实的行动。求神保佑我们和我们的国土，得免遭受突然来临的灾难。

在普罗岷西有一只狗生了两只小豹（jonge luypaerden），但数日后就死了，这不是寻常的事，至少在此地是一件还没看过的事情。

《东印度旅行见闻·台湾旅行记》——十七世纪·贺伯特

一六六一年四月十五日（星期五）[①]

在夜里十二点钟，在热兰遮城要塞中的棱堡（Bollwerck），即所谓中堡（Mittellburg）中发生了一件怪事。

那时候守卫队（Cordegarde）中的人都睡着了，但却忽然醒来，各自跳去拿枪；许多人点起了火绳，许多人拔出了刀剑，许多人披上了铠甲，拿起长枪（Picquen），互相乱冲，一人问另一人，这个人又问别人，谁也不能对别人说明白发生了什么，后来大费周折，好不容易才又安静下来。这是以后我们将被围攻和受苦的凶兆。

我们有三只船停在港内及港外，我们在另一天夜间的天明前一小时看见它们似乎都着火了，似乎都在放炮，却不听见响声。

反之，在船上的人却看见整个要塞似乎都在着火，似乎也在放炮。

到了天亮，我们发现一切如旧，并无此等事情。

一连许多夜间，在要塞前面的田野上看见有许多鬼在打仗。

一六六一年四月二十九日（星期五）[②]

早晨，见有一男人在新棱堡（Newen Werck）[③] 前面的水中，曾从水中露出三次，如幻影一样，却不能发现有人淹死。

同一天下午，在叫作“荷兰地亚”的棱堡下面水中，见有一海女（Meer - Fraw），披着金黄长发，接连三次从水中出来。

这些都是我们将被围困的凶兆。

---

① 一六六一年四月十五日：根据《热兰遮城日志》的记录，这一天是“舒适的夏日天气，有微风从东南方吹来”。
② 一六六一年四月二十九日：根据《热兰遮城日志》的记录，这一天是“阴天，早晨下了些雨。这城堡法庭上午开庭”。
③ 新棱堡：四角附城，或称“角城”，属于热兰遮城的外城。外城西北角的棱堡取名为“荷兰地亚棱堡”（Hollandia），而西南棱堡则是“黑德尔兰棱堡”（Gelderland）。

汉人与西方人志异 /

山野之章

6. 巨象牛：异牛如巨象

类别＼妖怪　　地域＼中部、山野

介绍

明末天启年间，普陀山僧侣释华佑擅长堪舆方术，某年与挚友萧克（或名“萧客”）偕游台湾岛。

释华佑与萧克乘船至台湾岛东北部，从蛤仔难进入深山中。

据说萧克乃一名侠客之人，腰上佩戴弓箭，背上佩负长剑，擅长射鹿。两人行旅若粮食用尽，萧克便会举弓射鹿，一同饥餐鹿肉、渴饮鹿血。某日，两人在旅途中涉溪而行，萧克意外获得一只怪牛。

这只如同“庞然巨象”的怪牛，能日行三百里，两人遂乘牛而行。一路上，两人游访诸多山川部落，在横越中央山脉的旅途中，经历各种不可思议之奇事，亲眼见识万千奇地。

四十天之后，释华佑与萧克顺利抵达台湾西岸之诸罗，旅途终点止于鹿港。

多年后，释华佑将两人行旅经历写成游记，并且详述在台湾山中探勘名穴、测算岛屿风水方位之心得。释华佑圆寂之后，安溪人李光地获得此书，秘而不宣，视为珍宝。李光地死后，此书册辗转流落于民间，最后遗逸于鹿港。后人怀疑此书亦标明台湾岛龙脉与金山之所在，可惜书册早已经散佚不全，所余残篇、十三图录皆深奥难解。

巨象牛
萧客忽得异牛于二赞行溪
庞然巨象日行三百里

典文

《释华佑游记》——明·释华佑

余至台地，获睹奥区；而后山一带望气苍郁，困于攀跻，未惬素怀。

萧客忽得异牛于二赞行溪，庞然巨象，日行三百里：因售以五十金，遂乘以行。

过蛤仔岭[①]，望半线山[②]，平行四十日，粮食已尽，而东南之区独未遍历。

复与萧客射鹿为餐，饥食其肉、渴饮其血，凡十数日，始达诸罗之界。

---

① 蛤仔岭：噶玛兰，现今宜兰县。

② 半线山：八卦山，位于彰化县。

神界之章

7. 天公、妈祖、土地公、关帝公

类别＼神灵

介绍

戴维·莱特（David Wright）是一名十七世纪的苏格兰人，任职东印度公司，在十七世纪五十年代漂洋过海来到台湾，并在岛上居住了好几年。他曾经见证过台湾西拉雅族的风俗民情、郭怀一事件以及“大肚王国”的存在，并且将所见所闻记录下来，成为今日探索台湾平埔族文化的珍贵史料。

在戴维·莱特的记录中，也包含了对汉人文化的描述。在他的叙述中，台湾南部平原是一片贫瘠的沙地，并不是肥沃的岛屿，只能生产菠萝和其他的野生树木。南部平原除了西拉雅族之外，还有超过一万名汉人居住。

在台湾生活的期间，他也观察了汉人的宗教信仰，并且记录下汉人宗教里的五位天上统治神、三位神明、二十八星宿（Councellor）① 以及三十六位世间小神，总共七十二尊神明。这篇文章，应该是在台湾的汉人最早也最详尽的宗教活动记录。

学者叶春荣解释戴维·莱特的记录：“此文叙述荷时台湾人奉祀之七十二尊神明，但因为年代久远以及拼音问题，多半神明的中文名称难以辨识。在笔者确定可以辨识

① 在莱特的记录中，他言明二十八星宿在凡间都是学识渊博的哲人，死后则被擢升为诸星宿。所谓的二十八星宿，即是中国古代将黄道周围星象，划分为二十八个部分。之所以分为二十八星宿，是因为月球绕行地球运转一周，会是二十七天多（多出的时间接近一天），会经过一个星宿。而在东汉时期，明帝刘庄让画师绘画二十八位将军（汉朝的开国名将）的画像，尊称“云台二十八将”，此后也对应至二十八星宿。二十八将领包含：邓禹、马成、吴汉、王梁、贾复、陈俊、耿弇、杜茂、寇恂、傅俊、岑彭、坚镡、冯异、王霸、朱祐、任光、祭遵、李忠、景丹、万脩、盖延、邳彤、铫期、刘植、耿纯、臧宫、马武、刘隆。

的神明当中，居然有四目老翁、五目真人，尽管少有人知，但这是确实存在的名称，真令人讶异。”以下摘选了戴维·莱特文中关于“天公、妈祖、土地公、关帝公”的介绍，若想得知更多信息，可参考叶春荣《初探“福尔摩沙”》（二〇一一年）。

典文

《初探“福尔摩沙”·汉人的宗教》——原著：戴维·莱特，翻译：叶春荣

“福尔摩沙”人[①] 信奉许多神，再加上来此居住的汉人[②] 也带来影响。我们的作者，戴维·莱特，在下面的文本中记述了七十二尊神明：

他们承认一个全能的神（Almighty God），掌管包括天上、土地、海洋、太阳、月亮、星辰，称其为Ty（天），将之视为至高无上的神。他们一年向此神献祭一次，宰杀野猪，燃烧檀香木，只有在献上猪的肉给此全能的神时，才表示尊敬。

下一个崇敬的神为天上玉皇上帝（Tien Sho loch Koung Shang Tee），Tien Sho（天上）是天上排名第二位的神，或称为天公（Governor of Heaven），因此他被叫作Tien Sho，意思就是天上第一人。

第三十九位女神叫作娘妈（Nioma），或者称为妈祖（Matzou）。她生于Kotzo市[③]，位于福建（Houkong），父亲是当地的总督（Vice - Roy）。娘妈决心保持处子之身，一直到过世，为此前往澎湖（Island of Piscadores）居住，该岛又被称为渔翁岛（Fishers - Isle），当地人称为澎湖（Pehoe），面向北方，距离“福尔摩沙”约十二里格远。她终生都奉行虔诚修道的生活。她的神像不久后被供奉在寺庙中，左右两边还有两位奴婢跟随，各持一把扇子，用来遮住她的头顶。据他们说，她手下也有神灵听她的命令[④]，是非常伟大具有力量的神灵，备受人民崇敬，历代皇帝在登基大典上，都得到娘妈的庙去拜拜。关于她最盛大的庆典发生在每年第三个月的第二十三天，在

---

① “福尔摩沙”人：台湾的原住民。
② 汉人：根据戴维·莱特的记录，当时在台湾的汉人有一万人以上。
③ 妈祖出生于福建省兴化郡莆田县湄洲岛。
④ 千里眼、顺风耳。

这天，来自全国各地的神职人员都要群聚在她的墓前。

……

第四十二位神叫作土地公（Tontekong），以一个留着白胡子的老人样貌呈现，被认为其非常痛恶赌博与通奸，竭尽全力想要杜绝这些恶习。因此被人们列入天上的众神之一，作为人民每日呼求以对抗盗贼的神明力量来源。

……

第五十四位神被 Johannes Gonsales 叫作关帝公（Quantecong），也有人称作武帝（Vitie）。他被汉人尊为至高无上的神明，他有名黑脸随侍（Squire），帮他提拿盔甲武器，勇猛毫不逊色，跟随他出生入死，名为周仓。他服侍主公期间，功勋彪炳，征服了许多部落与领土。除了周仓之外，关帝公身边还有另一个白脸随从，叫作关平，但并不是武士（Martialist）。

除船员跟渔夫外，所有汉人都对关帝公推崇备至，每星期都会献上祭品，每晚点一盏灯，散发出香甜的气味。人们的献礼包含两磅半重的猪肉、四分之三磅重的鹿肉、一只烹煮好的母鸡、九块面粉做成的糕、半品脱（Pint）某种名为 Aoytziu 的酒、

神奇的妈祖显灵（Een schip op volle zee, Anonymous, 荷兰国立博物馆，1700—1800 年）。

Lotchin 和 Souchin 的酒各一个满杯、大量的三烧（Samsoe）[①]，最后还有两碗米饭。这些都必须摆在关帝公的神像前，拜三个小时之后才能拿走，所有的取放仪式均以盛大的仪式进行，包括俯身磕头行礼等，之后这些牲品为献祭者所享用。

每一个市镇都会建造一座庙供奉关帝公，其神像会立于每一座庙里：神像一侧是他的黑脸随侍周仓，手拿一把剑和一把大刀，像刈[②]草的人使用的镰刀一样；在另一侧四个步幅（每步约七十五厘米）外，则立着他的白脸听差关平。

西方画家根据记录，想象汉族文化中的关帝公和观音的信仰情景，尽管与事实不符，却呈现了西方人如何幻想东方世界（Quantekong als eerste keizer vanChina De godin Quonin, Bernard Picart, 荷兰国立博物馆，1726 年）。

① 三烧：烈酒经过了三次的蒸馏过程。
② 刈：割取。

《东印度旅行见闻·台湾旅行记》——十七世纪·贺伯特

中国人的宗教

中国人是异教徒，然而他们相信有个创造天地、管理日月、使草木生长的神，他们称他为“Ziqua”，他们的神庙，大抵有四条柱子，有精美的木头雕刻，内外都涂了油漆。

庙里有许多奇异的绘画，例如有七个或五个头的龙，通常有用檀木精巧地雕刻成的三个神像（Goetzen），涂成金色，画了图画。

其中一个好像魔鬼，有个很大的头，除了手脚上都有弯曲的爪以外，其余的部分则像人。他威武地坐在椅上，中国人称他为“Jossi”。

另一个神，坐在椅子的右边，其姿态和服装都像一个中国的老人。中国人认为他是他们的始祖。

在Jossi的左方的神，是个女人。中国人认为她是船和舵的发明者，她仿照鱼摆动尾巴的样子而造了船，中国人每逢要出海或回来的时候，必定要祭拜她。

8. 地牛与金鸡

类别╲神灵

介绍

在戴维·莱特的记述中，“地牛”与“金鸡”的传说，也被归类为汉族的神灵信仰。而地牛翻身带来地震，不只是汉人的传说，在许多的原住民族内（赛夏族、邹族）也流传着相似的故事。目前台湾广泛流传的地牛传说，则是融合了汉人与原住民两种不同族群的传说，形成的台湾特有的文化。

人们相信，每当在耕地工作时，从远方的土地底层传来的奇异声响，声音低沉而雄厚，便是来自地牛的吼叫声。每当地牛翻身时，会造成土地震动，同时也会“地生牛毛”。例如，《重修台湾县志》记载：“（康熙）二十一年壬戌，地大震。秋七月，地生毛。”在徐宗干的著作《斯未信斋杂录》中也记载：“彰境地生牛毛，长寸许，旋即震动；叶松年协戎亲见之。”

比较特殊的是，在戴维·莱特的记载中，还有“金鸡”的传说。地牛之所以会翻身，是因为金鸡啄了地牛，才让地牛摇晃身体。在现今的台湾文化里，关于金鸡的信仰则在时间洪流的淘洗中消失了。

另一个关于地震的记载，则跟“烈风”有关。十七世纪的贺伯特在《台湾旅行记》中记录了岛屿地震的情景：“台湾每年时时有强烈的地震，我在那里时也有过：在一六六一年的一月中，早晨六点钟开始震动，约经历半小时之久，因此以为世界就要分裂了，郊外市区中有二十三座房屋崩塌，热兰遮城要塞也裂开了。在大地震之后还有徐缓的震动，好像一只船为波浪所动摇似的。水因地震而高涨，似乎比地面还高。在水上和陆上的这种震动，可以感觉到长达六星期。后来发现：地面上，尤其是在山里，有许多地方裂开了。岛上的居民，从未经历过这样的恐怖。我向中国人询问地震从何而来时，他们回答说：有烈风隐藏在地下，找不到出路，因此，地就要震动。该岛又终年刮着狂风（Fahl - Winden），所以停在那里的船是很危险的。因此船夫们一觉得有凉风，怕来不及起锚，就把锚索割断，赶快开到海上去，海上也有许多隐伏的岩礁和沙洲。”

典文

《初探“福尔摩沙”·汉人的宗教》——原著：戴维·莱特，翻译：叶春荣

第五十七位神，地牛（Tegoe），意思是翻身的牛（Transitory Bull）。

第五十八位神，他们题名为金鸡（Kjenke），意思是乌鸦或者鸡。汉人对于这两个神明抱持一种奇怪的幻想与看法：

他们认为地牛将地球扛在肩上，而金鸡则来自天上，金鸡轻轻地啄了一下地牛的身体，因此地牛就会晃动一下，整个世间也随着摇晃。所以只要一发生任何地震，人们就会一笑置之，说是地牛又被金鸡啄了。

9. 雷神

类别╲神灵

介绍

雷神，或名“雷公”“雷师”，是汉人传说中，掌管打雷的神明。

在《山海经》中，记载雷神拥有兽形：“龙身而人头，鼓其腹。”在民间传说的演变里，雷神逐渐成为手持响鼓与铁锤的力士，并且拥有猴脸、鹰嘴，背插双翅，足如鹰爪。

在台湾民间传说里，也流传雷神与闪那婆（电母）的故事。根据西川满《华丽岛民话集》的叙述，从前有名女子在溪边清洗胡瓜，先将胡瓜切成两半，挖出里面的种子，再用水冲洗。没想到天上的雷神，误把胡瓜子错看为米粒，气愤女子糟蹋食物，所以以雷击死这名女子。后来得知事情真相，雷神十分懊悔。而天公知悉此事之后，便将这名女子嫁给雷神为妻，册封为闪那婆。从此以后，雷神就让妻子闪那婆手持宝镜，看清楚凡间之后，再把雷打到地上。

典文

《初探“福尔摩沙”·汉人的宗教》——原著：戴维·莱特，翻译：叶春荣

第五十九位是雷公（Luikong），或称为雷神。因为 Lui 就是雷的意思，Kong 就是统治者。

雷公的头像一只鹤，脚跟手则像鹰爪，还有一对大翅膀能够让他飞越云端。

据他们说，每当雷公想要打雷时，他就站在四朵云中间，每朵云上都放一个鼓，手拿两把铁锤不停地敲打。当有人被这突如其来的雷击中时，他们会说是因为雷公对这个人很生气，因此用上述的铁锤打雷击中那个人。

因此，他们非常敬畏雷公，每当打雷时，他们就会手脚并用，爬到桌椅下。

10. 鬼王：大士鬼

类别╲神灵

介绍

戴维・莱特的文章，不只是描述了汉族的天上神灵，也叙述了掌管地狱的神明，他描述“大士鬼”是汉族十分敬畏的地狱之神。

大士鬼，即是“大士爷”“大士王”“鬼王”，是台湾佛教与道教共同尊崇的阴间神明，负责掌管阴间的亡灵。在每年农历七月十五日的中元节法会（盂兰盆会），会祭拜大士爷，以求今年的中元节祭祀顺利。

在嘉义的民雄乡，也有一座专门主祀此神的“大士爷庙”。因为在清朝时期，台湾漳泉械斗，死伤严重，所以举办中元普渡，祭祀亡魂，并在公元一七九七年设立“大士爷庙”。

典文

《初探“福尔摩沙”・汉人的宗教》—— 原著：戴维・莱特，翻译：叶春荣

大士鬼（Tytsoequi），意思是指魔王之子，Tytsoe（大士）就是王的意思，Qui（鬼）则是魔王的意思。

根据他们的传说故事，大士鬼原本是一位天上的天使，但是无上的天神发现世间人类邪恶之情事，遂将他叫来，说：“我发现世间人类的丑恶，他们心性偏向邪恶，所以没有人能够到天上来。因此让你下去，我已经为你准备了一个处所，还有一个永远折磨他们的牢狱。我选你作为掌管地狱的人。把他们带去并加以惩罚，他们会永远留在你那边，永远不能来到我这里。”

对此汉人有一套想法，他们相信这位魔王之子知道所有未来即将发生的事，所以

他派出他的灵（Spirit）们去捕捉那些罪恶的人来到地狱，在那里永久地折磨他们。

因此人民尊奉他，以避免这样的苦难降临己身。

在第七个月的第十五天，他们会献上洗净的全猪，还有母鸡、鸭、槟榔（Pinang）、细面粉做的糕饼，Keekieuw（柿粿）或称 Arak，也就是白兰地酒，以及甘蔗。那只猪以前方的两只膝盖跪着、头放在前脚上，正对着大士鬼的神像。

之后，在祭祀中还有许多相当盛大的仪式，从一大早就开始进行，直到日落后一个小时才结束。

为了表达尊敬，人们还烧了许多用金箔纸做成的船给大士鬼，并满怀热诚地向他祈祷。

原住民世界 /

西拉雅族

十七世纪，来到台湾的传教士、东印度公司职员，记录下珍贵的台湾原住民文化风情。他们所描述的台湾平埔族原住民，属于西南部的西拉雅族。当时，西拉雅族的四大族社是新港、麻豆、萧垄、目加溜。若以热兰遮城为起点，从海滨到山边的原住民族社大致上依序是：

新港社（Sinkan）：现今台南市的新市区一带。

麻豆社（Mattau）：位于台南市的麻豆区，据称当时麻豆社有三千人口。

萧垄社（Soulang）：位于麻豆的西北方，大约是现今佳里糖厂的附近。

目加溜社（Bakloan）：位于现今的善化，在善化糖厂附近。

另外，也包含大化港社（Taffakan）、帝福鹿港社（Tifulukan）、大欧庞社（Teopan）、大武垄社（Tefurang）等地，这些区域目前大多位于台南市善化、佳里境内。

以下摘选的文本，来自艾利·利邦上尉（Élie Ripon）、荷兰牧师甘治士（George Candidius，1597—1647）和苏格兰人戴维·莱特的文字记录。

11. 一角幻兽

类别╲妖怪　　地域╲南部

介绍

来自瑞士的艾利·利邦，在一六一八年至一六二八年任职于荷兰东印度公司，是一名佣兵、军官，个性热爱冒险。据推测，因为他在日耳曼地区的家乡发生惨烈的宗教战争，才会前往荷兰谋生，并任职于东印度公司。

他因为执行东印度公司的命令，在一六二三年至一六二四年期间来到台湾，并且在台湾岛沿岸，建筑了一座小型的木城。他来到台湾时，接受了目加溜社的人的帮助，进入台湾森林里伐木，当他与手下在收集木材时，甚至还被麻豆社的原住民发动奇袭，差点丧命。

在一八六五年，他的法文手抄稿回忆录在瑞士的一处旧屋中被发现，内容描述他在大航海时代见证的亚洲各国风土民情，过程惊险万分，可以参考中文译本《利邦上尉东印度航海历险记：一位佣兵的日志一六一七至一六二七》（远流出版，二〇一二年）。

在利邦上尉的记述中，提及了一种生活在台湾高山上的“一角兽”（licorne）。这只四蹄幻兽，头生独角，拥有预言（或操控）大风暴与地震的神奇能力。

典文

《利邦上尉东印度航海历险记》——原著：艾利·利邦，翻译：赖慧芸

一六二三年十一月二十八日

这里有一种一角兽，栖息在高山，抓不到，我只远远看过一只。

当地居民告诉我们，看到这种动物不是好预兆，表示要有大风暴或地震了。之后，

我们确实印证了这种说法。这是我在岛上所得知的。

十一月二十八日，发生了好大的地震，大到我们以为大家都活不了了，也以为那些置锚的船会沉下去。城堡有三处倒塌。

居民早上跑来告诉我们，是那只动物给了预兆，地时常这样震动。

12. 死者幽灵的清洗

类别╲鬼魅　　地域╲南部

介绍

荷兰传教士干治士在十七世纪来到台湾传教，记录了许多西拉雅族的习俗，尤其是他在新港社的所见所闻。

干治士在一六二七年五月四日抵达台湾，是荷兰首任驻台的传教士，主要工作是负责大员（安平）地方的热兰遮城荷兰人的传教工作。

虽然他的职责不包含原住民，可是他个人很热衷于进入原住民的族社，努力学习新港社语言，来进行传教工作，之后甚至在新港社开办学校。

在干治士的文章中，记录了当时西拉雅族的丧葬习俗。西拉雅原住民相信，人死后会成为幽灵般的存在，并且会返回自己的住屋。所以生者会为死者准备清水，方便死者的灵魂回来清洗自己的身躯。

典文

《初探“福尔摩沙”·新港社记》—— 原著：干治士，翻译：叶春荣

通常在死者过世的隔天举行一些仪式后，他们绑着死者的手脚，放在一个细竹片做的台子上，台子大约有两荷兰尺高，搭在他们的房子里。

然后他们不直接焚烧尸体，而是在略下方点火，使尸体彻底干燥。

许多仪式也接着举行，譬如说杀猪（每人依照自己的财力，有时杀到九只之多），在无度的吃喝中消磨时间。

许多村民在死者刚过世时就来看死者，因为在他们的家门口，有个空心树干做的木鼓。村民听见代表死讯的鼓声便飞奔而来。妇女拿出装有浓烈饮料的坛子，在大饮

之后，他们就在死者的家门前跳舞。

他们跳舞的方式非常独特。他们有由大树砍下来的大型木槽，就像东印度地区的人使用的容器，可是比较长也比较宽。他们把木槽反转过来，在上面跳舞，空心的木槽因而发出声响。

每个木槽背对背站着两排妇女，每排是四至五位。她们并不跳跃或跑，只是缓慢地移动她们的手脚，在反转的木槽上，沿着边缘绕圈。

当一队累了，另一队继续。跳舞通常持续两个小时，这就是他们庄严的丧礼。

尸体要放九天让他干燥，虽然每天都有擦洗，但还是发出恶臭。

第九天，尸体从竹台上移下来，生者将他用席子包起来，在屋子里架起另一个竹台。这个竹台围盖着许多衣服，就像个帷幕（pavilion），然后把尸体放在上面，大家再宴饮舞蹈庆祝以纪念死者。尸体这样子放了三年后，才把骨骼从台上移走，葬在屋子里，当时又会宴饮多次，但没有舞蹈。

以上是他们处理死者的简短描述。

另一种风俗只发生在大欧庞社，也就是前面提到的七个村子里头的一个。当一个人病重而且痛得非常厉害时，他们用绳子绕着他的脖子，把他拉起来就像他们要绞死或吊死他一样，然后突然把他放下来。他们的目的是要减轻他的痛苦和使他早死。

他们知道灵魂不灭的教义，所以他们才有如下的风俗。

当一个人死了，他们便在他的屋前盖座高起的轻便小屋，围满着各种树叶，装饰得很丰盛，插四支旗子在四个角落上。

在屋子里他们放一碗水，旁边有一根竹勺用来舀水，因为他们相信死者每天回来洗澡和清洗自己。

他们严格遵守这个有关死者的习俗，可是能够讲得出其中缘由的人百中无一。

他们认为他们必须这样做，因为这是习俗，他们也不再想已死的人。是年纪很大的老人告诉我前述的风俗，他们对这民族习俗的意义非常清楚。

《被遗误的台湾》—— 十七世纪 · 揆一

他们（西拉雅族）也相信灵魂不灭，因此他们认为人死了之后，他的灵魂，将因他生前行为的善恶而受赏罚，即认为在生前做了许多恶事的人，他的灵魂在死后将落在污秽的泥沼中；而在生前做了许多好事的人，他的灵魂将能渡过泥沼，到一个能享受一切快乐的地方去。

因此在有人死时，他们就在门前造一个木箱似的小屋，拿许多的植物、各种装饰品以及旗帜挂在周围。

在这座小屋中，放着一个很大的盛水的椰子壳和一个竹匙，他们认为死人的灵魂每天会来此洗去一切污秽。

十八世纪，一位西方画家根据传教士描述台南（大员）西拉雅族的葬礼情景，绘制而成的素描画作(Tayouan of Formosa, Hendrik Frans Diamaer，荷兰国立博物馆，1726 年），不过，与实际情形有所差别。

13. 西拉雅的十三位神灵

类别╲神灵　　地域╲南部

介绍

十七世纪的西拉雅人有“天神”的信仰，每位天神都有特殊的位阶、职责，并且男女分工。根据荷兰牧师干治士、揆一、苏格兰人戴维・莱特的记录，西拉雅人相信天上存在十三位神灵，组成了西拉雅族的主神信仰。但这些记录都没有提及现今西拉雅族普遍信仰的“阿立祖”“老君”“太祖”。

直到《安平县杂记》，才有文献以“李老祖君”的字词，称呼西拉雅人的神灵信仰。在日据时代，国分直一称呼“蕃仔佛”，台南文学家吴新荣则称呼“阿立祖（Aritt）”，是祖灵之意。“阿立祖”的信仰与这十三位神灵之间的关系，目前尚不知晓。

戴维・莱特的记述，清楚地说明了这十三位神灵的关系。

例如，居住于南方的男神塔码吉山嘉（Tamagisangak）以神力创造了男人，并且完善了男性的身体构造，让男子身强体壮。

女神帖卡露帕达（Teckarupada）则居住于东方，是妇女们的守护神。

西拉雅族传说，塔码吉山嘉与帖卡露帕达尽管是夫妻，却经常争吵不休，除了互相以言语激骂，甚至会暴力相向。当东方传来打雷声响，便是女神向男神斥责詈骂，男神听到了妻子的责骂，则会赶紧乘云驾雾，降下雨露。

因此，男神身负雨神的职责，女神则为雷神。借由这则传说，呈现出西拉雅族“母系社会”的传统，男神经常要听女神的号令。

在西拉雅族的传说中，另有邪神“法理海”（Farihhe Fikarigo Gougosey）在人间作乱。

邪神法理海居住于北方，拥有邪恶之力可以操纵人心，诱惑人们产生邪恶意念，或者让人们被厄运缠身。

满脸都是丑陋痘疮的法理海，也期望人们的面容与他相同。一旦心情烦躁，他会

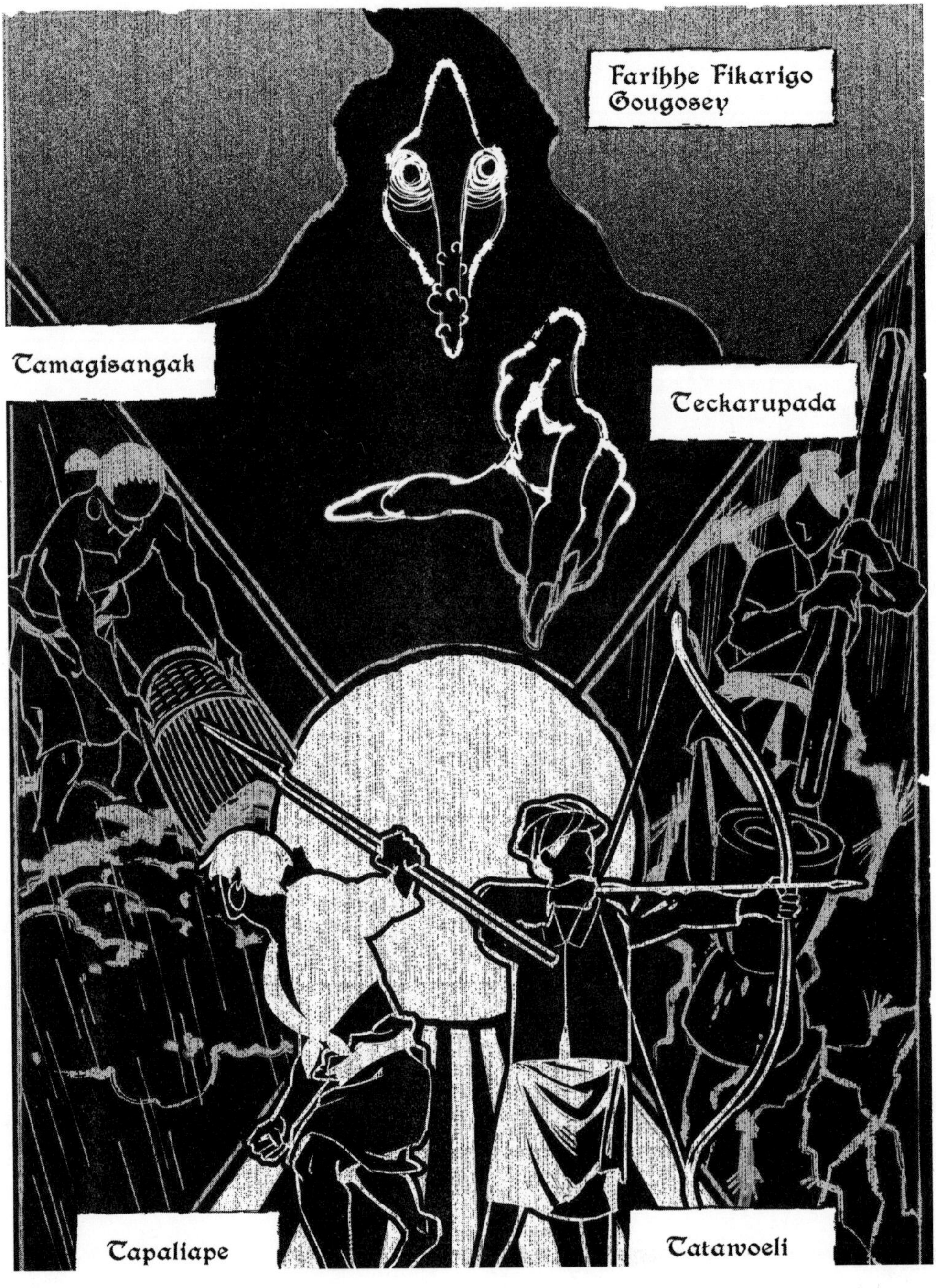
Farihhe Fikarigo Gougosey
Tamagisangak
Teckarupada
Tapaliape
Tatawoeli

迁怒于世间，降下恐怖的疫病，让人们身染痛苦的疾病，脸上也长丑陋的水痘。他还颁布了二十七条戒令，一旦人们不遵守令条，他就会降下灾祸。

为了抚慰情绪阴晴不定的法理海，西拉雅族的原住民很诚恳地向他祭拜，献舞祈祷，希望借由祈福仪式来安抚邪神的心情。

详细内容，可以参考叶春荣《初探"福尔摩沙"》（台南市政府文化局，二〇一一年）。

西拉雅神明列表

神灵名称（荷兰文）	译名（林昌华译）	性别	所在方位	职责
Tamagisangang	塔马吉山岗	男	西方天空	两人为夫妻，西拉雅族宗教信仰里，位阶最高的神灵
Takaraenpada	塔卡琅帕达	女	东方天空	
Tamagisangak	塔码吉山嘉	男	南方天空	两人为夫妻，丈夫造人、掌管雨水，妻子掌管谷物、蔬果以及雷霆
Teckarupada	帖卡露帕达	女	东方天空	
Tagittelaegh	塔吉铁拉	男		两人为夫妻，掌管疾病之事，病患向他们祈求医治
Tagisikel	塔吉熙克	女		
Tiwarakahoeloe	提瓦拉卡呼鲁	男		两人为夫妻，负责掌管狩猎，出猎前要向他们祈求
Tamakakamak	塔码卡卡玛	女		
Tapaliape	塔帕犁沛	男		两人为夫妻，掌管战争的神明，战士崇拜之神
Tatawoeli	塔塔巫里	女		
Takarye	塔卡莱	男		两人为夫妻，掌管宴会、祭典之事宜
Tamakading	塔码卡汀	女		
Farihhe Fikarigo Gougosey	法理海·费卡里句·昊勾希	男	北方天空	脾气暴躁的恶神，会降下瘟疫，颁布了二十七条戒令

典文

《初探“福尔摩沙”·“福尔摩沙”笔记》——原著：戴维·莱特，翻译：叶春荣

“福尔摩沙”人（不包括那些被荷兰人影响而改信基督教的人），不相信创造天地的上帝，而奉祀着十三位神像（idols）。

第一位也是最首要的一位称为 Tamagisangang，住在西边的天上。

他的妻子 Takaraenpada，住在跟他相对的东边。

这两位被视为最有力量的神，人们报以高度的虔诚崇敬他们。据“福尔摩沙”人说，假如他们的居住地被战事摧毁，或者有疾病与饥荒的情况发生，都要归咎于他们在奉祀这两位神明方面有所闪失。

第三位是 Tamagisangak，住在南边的天上，塑造漂亮的人。

第四位是他的配偶，住在东边的 Teckarupada，掌管谷物、蔬果以及雷霆。

人们说，这两位神掌控人类的生命，因此女人会用种子和植物来供奉他们。另外，他们相信雷声是女神 Teckarupada 在责骂她的丈夫 Tamagisangak 没有降下及时雨的声音，所以几乎每当来自 Teckarupada 的雷声作响时，Tamagisangak 就赶紧降下丰沛的雨水。

第五位是 Tagittelaegh，第六位是他的皇后 Tagisikel。他们负责治病，因而受人民崇拜。

第七位是 Tiwarakahoeloe，第八位是 Tamakakamak，他们主要是受经常出入森林打猎、捕杀野兽者的祭拜。

第九位是 Tapaliape，第十位是 Tatawoeli，掌管所有与战争有关的事，因此多半被士兵所祭拜。

第十一位是 Takarye，第十二位是 Tamakading，主要负责人们的年度节庆，如果不确实遵行习俗将会被他们严加惩治。

第十三位是 Farihhe Fikarigo Gougosey，据说是住在北边，人们认为他是一个任

性的、本性坏的神。他的工作是摧毁任何原来美好的东西，所以人们拜祭他是希望他不要毁坏他们的形体。

据当地人说，最后这位神本来是新港人，非常残暴，一副铁板面孔，鼻子很长，人们因而取笑他，他无法再忍受这样的侮辱，于是就祈求神把他也变成神，结果他的愿望很快就实现了。在那儿一段时间后，他又返回人间，给他的同胞颁布了二十七条戒令（commandments），要大家严格遵守，他威胁说如果大家不遵守的话，他就要带给大家许多的瘟疫。

人们要维持在每个月当月亮进入黄道十二宫的白羊座（Aries）时开始恪守这些戒令共十天，这个节令被他们称为 Karichang，从此之后就出现许多律法都与此节令有关。

"福尔摩沙"人相当懒散，即使土地肥沃会丰收，他们也很少耕种。还未在 Tamacuwalo 及 Tamabal 两座公廨供上两只神猪（two hogs）之前，没有人胆敢如此冒失地去耕种他们的土地。这两个公廨属于第三和第四个神（Tamagisangak 和 Teckarupada），而且这个祭祀还要由隶属同一公廨的祭司来主祭。

依照同样的方式，如果天降甘霖时，聚落中最年长的村民，也要带着一只猪和丰富的酒给那两个公廨的祭司，代为献给他们的神。第三和第四个神主管他们的农作之事。

第七和第八个神（Tiwarakahoeloe 和 Tamakakamak）则左右他们的狩猎之事。在他们出发前，他们互相告知前一晚梦境的情景，包括带有好预兆的情景，如此一般，如果 Aydak 鸟飞向他们，他们视为一个好征兆，但是如果 Aydak 鸟只在他们身边左右飞，他们会延后猎捕行动，择期进行。

Karichang 每月来一次，正当月亮进入春季的白羊座时。制定者是神明 Farihhe，他有着一副铁板面孔、鼻子很长而遭所有人嘲笑。他厌倦了这样频繁的嘲笑，总是有人把他的鼻子当作笑柄，于是渴望神把他带离这丑恶的世间，让他能变成神，结果据说他的愿望实现了。

而当上神一段时间后，他又回到人间，颁布了二十七条戒令（commandments）给他的同胞，作为之前大家对他嘲笑的惩罚。关于这些戒令，他要大家严格遵守，并威胁说如果大家懈怠的话，他就要给大家严厉的惩罚。戒令如下：

①禁止在Karichang的时间，建造房舍、城垣或是被称为Taekops休息的处所，也不得在田野中建造围栏或篱笆。

②禁止买卖兽皮、盐、Gangans布、彩绘过的衣物，凡是这类的东西都算在内。

③禁止已婚男子在Karichang的期间与他们的太太同寝，同时也禁止年轻男子结婚，或带家私、物资去给他的新娘，或是与她洞房，以免他不久后即死去，久病缠身或是生活在争吵之中。

④禁止在新田地上施肥，也不可以将稻草或青草放在上面，也不可以在其上播种，以免所有的劳力和完成的工作被浪费。

⑤禁止制造弓、箭、盾、刀、标枪或是陷阱，也不可以捕捉任何野兽。如果任何女人制作手镯，她们的胳膊会疼痛难忍。

⑥禁止穿任何新衣服，无论如何也不能使用任何新东西，包括用新的竹片或瓦罐饮用饮料，以免失去它们，且脖子会感到撕裂般的剧烈疼痛。

⑦禁止在通往房舍处建造桥梁（或将其盖在经过草堆处、猪圈前），以免桥梁倒塌、断裂，猪只死掉。

⑧禁止携带衣物、Gangans布、米、捣米器、有两耳的黑瓮、任何酒器到房舍；禁止砍下绿色的竹子，但已经干枯的则可以。这些禁止放在自己的房舍的东西，可以借放到邻居的房舍中，直到Karichang结束为止。

⑨禁止种植槟榔、棕榈树（Clapper－Trees）、竹子、马铃薯或任何其他植物。

⑩在被称为Kavo的新聚会处，不可生火，也不可睡在里头，以免重病缠身。

⑪禁止年轻男子参加名为Tragaduwell的比赛，进行运动以锻炼体能，以免招来生病之祸。

⑫禁止那个时候出生的新生儿被带离母亲，以免立刻夭折。

⑬禁止男人穿戴称为Salabim的臂箍，以免手臂产生酸痛。

⑭除葬礼外禁止杀猪，即便是最重要的朋友来访家中，也不可杀猪。

⑮除了供应饮食所需的分量之外，禁止不必要的打渔及狩猎。

⑯Karichang前盖好的新房子，里面如果没有养猪的话，不能在Karichang期间养猪，

否则所有的东西都将失去。

⑰禁止在那个时候替小孩起名，必须等到 Karichang 结束，以免小孩夭折。

⑱禁止母亲带着新生儿到处走动，只能在摆放婴儿床的房间到隔壁邻居房舍的范围之内活动。

⑲一个新的 Tamatawa（打仗时的领导），不可进行征战，必须等到 Karichang 结束才可。

⑳新郎不可和新娘走在一起，除非他以前曾和她一起外出过，以免某些危险的疾病降临。

㉑ Karichang 前，父母不可拔掉他们女儿的上面两颗牙齿（因为这是他们的习俗），也不能在 Karichang 期间帮她们穿耳洞。

㉒从未旅行过的年轻男子，严禁在这期间进行旅程。

㉓如果少女之前不曾在丧礼进行时，在门前的丧礼槽（funeral - trough）跳舞，在这期间也严禁如此做。

㉔幼童，或被称为 Taliglig，不可穿戴臂箍，以免招致不幸。

㉕除非之前去过，否则这段时间严禁任何人前往麻豆市镇进行大规模的朝拜（Pilgrimages，或称为 Zapuliung）。

㉖禁止在房舍收留陌生人，但可以带到邻居家。如果要签订任何合同或是结盟契约，就要手握一束稻草放在箱子上，对神祈问："我能否从这合同中获益呢？如果我生气地说话，他还会耐住性子与我打交道吗？"同时还要对神献上惯例的牲礼，包括米、酒、槟榔以及荖叶。

㉗禁止做任何 Mariche thad Kaddelangang，不论是在城镇、房舍、田野或在狩猎间，也不可以在 Karichang 期间 Vagacang。

14. 西拉雅的恶灵

类别╲神灵　　地域╲南部

介绍

在戴维·莱特的记录中，记载了西拉雅族的“恶灵信仰”。西拉雅人相信，一旦人会生病，都是被一名叫作“史契听利图”（Schytinglitto）的恶魔附身。

每当恶魔缠身时，西拉雅族人就会请伊尼婆（Inibs，女祭师）来驱邪，赶走恶灵。伊尼婆具有洞视邪魔的灵力，一旦被她发现，她就会用各种仪式来驱赶恶魔。

典文

《初探“福尔摩沙”·汉人的宗教》——原著：戴维·莱特，翻译：叶春荣

如果身体不适，且与日俱增成重病，比如痉挛或其他剧痛，他们归咎于一位叫作Schytinglitto的魔王。

他们请求女乩童用这样的方式作法来召唤恶灵：

首先，献祭之后，女乩童祈求神明保佑对抗恶灵，赶走她的所有恐惧感。

然后拿来一把刀和一瓮酒，呼求一些胆大勇于和她一起冒险的年轻勇士，在房舍的各个角落猎捕恶灵。

当女乩童发现恶灵时，她会大叫，借由年轻勇士的协助驱逐恶灵，发出一种可怕的声响。就以那样的方式将恶灵长途驱赶到河岸边或流动的水道，如果附近没有水流就赶到森林里，然后女乩童喝下一大口酒后，随手把装有剩下的酒的瓮朝向恶灵身后丢去，念着这些话：“拿去吧，已被驱赶的你不要再回到病人身上。”

语毕，女乩童在地上竖一根竹竿，因为据他们说恶灵很怕竹竿。

当恶灵靠近女乩童时（据她说），她猛烈地敲打它，并拿出她预先藏好的毛发示众，

以让他们相信（他们确实相信）她已经打破恶灵的头并取下恶灵的那些毛发。

之后，她收下一件被撕成条状、破裂不堪的红色袍子作为报酬，然后离开。

然而，如果病患身体持续不舒服，没有好转的迹象，他们会再次请求女乩童，她来到这里时会说："恶灵喜欢这房舍，想住在这里。"看在报酬的分上，同时应大家要求她将恶灵赶走，女乩童于是拿着铲子在房舍的很多地方挖洞，拿出她预藏的毛发，对所有、旁观的人厉声喊叫，表示她已经取下恶灵的头，而那些毛发正是恶灵的毛发，然后粗鲁地吼着驱赶着恶灵离开房舍。

当所有的努力都无效，而痛苦仍然无法减轻时，病患会全心将自己交由神明去处置。

当他们准备交出生命时，他们猛灌烈酒让酒流到喉咙，溢出嘴巴和鼻孔，呛溺而窒息。

然后，喘着最后一口气，旁人用哀伤的声音哭出来，比画着奇怪的手势、拍手、并用他们的手脚拍踩着。

他们到处鸣鼓，发出城镇中有人死去的消息。

结束后，用温水清洗遗体，给他穿上最好的衣服、戴上手镯和其他的装饰品，在他的身旁摆放着他的武器、祭品，所有的东西都留在遗体旁两天。

如果他们不这么做，据说他的灵魂会生气，他们同样会杀一只猪作为供品以供应他漫长的去程所需，之后他们则将遗体交给神，并在房舍前竖立一根顶端附有旗子的长竹竿，旁边放一大盆水给亡灵沐浴用。

傍晚，所有朋友聚在这里，而社中绝大多数的男人每个人都拿着一瓮酒在这里相伴。死者最亲的亲人则躺在遗体旁，并哀凄地诉说着："你为什么要死？你为什么要离开我们？我们对你做了哪些伤害？噢！我儿啊，我可爱的孩子来我们这儿，和我们在一起。如果你不愿意，带我们走，因为我们准备好了跟你一起死。没有你，我们该如何是好？你走了之后我们该怎么办？"

为了强调他们的悲伤，女人们用脚踩踏着门前中空的水槽发出哀痛的声音，站在那儿哭道："听着，失去这男人，这些树是如此沉痛。"

这脚踏排水槽的举动，被他们称为 Smaghdakdaken。

他们还雇了几个女人一直坐在遗体旁哭，偶尔发出悲恸的怨言，唱着他们命名为Temulidid的哀伤挽歌。

这些女人同样向神祈祷死者的灵魂在天国有个好处所、娶新太太和结交朋友。

卷二

明清时代

（一六六二—一八九五年）

公元一六六二年，国姓爷击败荷兰人，郑氏家族进驻台湾，建立“东宁王朝”，统理台湾的时间横跨二十多年（一六六二—一六八三年）。直到清朝施琅领命进攻台湾岛，郑克塽投降，台湾岛就此正式进入清廷版图。台湾的清朝时期，则维持了两百一十二年的岁月（一六八三—一八九五年），在马关条约之下，台湾转而纳入日本政权。

台岛经历明清两朝，共有两百多年的历史，数以万计的闽南泉漳厦的移民搭船前来台湾，欧美各国外邦人士也以传教、贸易、观光之由，踏足此岛。两百多年光阴之间，成就台湾岛屿各处海港、乡镇繁华富庶之荣景。

但在人声鼎沸的热闹海岛上，隐身于黑海与暗林的众百妖怪与魔神，也在汉人与西方人的眼前忽隐忽现……

汉人与西方人志异 /

海境之章

15. 魔尾蛇的诅咒

类别╲妖怪　　地域╲海境

介绍

自古以来，台湾海峡黑水沟的深海，乃是神秘魔尾蛇的栖身巢穴。

魔尾蛇，身长数丈，遍体花纹。其中又以红黑条纹的“红黑间道蛇”以及拥有双头的“双头蛇”两种蛇妖种类最为奇特。据说，每当魔尾蛇巡游海面时，就会带来巨大风雨。

魔尾蛇的尖长蛇尾经常浮出水面，甚至能绽放六瓣以上仿佛花瓣的奇异触角，若在海上意外触碰到蛇尾则会中毒而死，跌落海中被蛇妖吞食。

魔尾蛇也拥有召唤死亡的诅咒能力，能吐出腥臭毒雾变化出恐怖幻境，吸引舟船水手失神跌坠海中。

但也有其他传闻，魔尾蛇并不会食人，只是借由毒雾的魔力，将人类的噩梦引出来，蛇妖再以噩梦为食。噩梦被吞食的幸存者，则会记忆全失。

典文

《台湾杂记》—— 清 · 季麒光

黑水沟，在澎湖之东北，乃海水横流处。其深无底，水皆红、黄、青、绿色，重叠连接，

魔尾蛇

水中有蛇皆长数丈
通身花色尾有梢向上
如花瓣六七出红而尖
触之即死

而黑色一沟为险，舟行必借风而过。

水中有蛇，皆长数丈，通身花色，尾有梢向上，如花瓣六七出，红而尖；触之即死。舟过沟，水多腥臭，盖毒气所蒸也。

《海东札记 · 记洋澳》—— 清 · 朱景英

船将届澎湖，经黑水沟，乃海水横流处，深无底，水多青红碧绿色，势若稍洼，故谓之沟，广约百里。

舟利乘风疾行，迟则怒浪夹击，且水深不能下碇也。

传有怪蛇长数丈，遍体花纹，尾梢向上，毒气熏蒸，腥秽袭人。

《裨海纪游》—— 清 · 郁永河

二十二日，平旦，渡黑水沟。

台湾海道，惟黑水沟最险。自北流南，不知源出何所。

海水正碧，沟水独黑如墨，势又稍窳，故谓之沟。

广约百里，湍流迅驶，时觉腥秽袭人。

又有红黑间道蛇及双头蛇绕船游泳，舟师以楮镪[1] 投之，屏息惴惴，惧或顺流而南，不知所之耳。

《重修台湾府志》—— 周元文

海蛇浮游于水面，亦台将至。

---

① 楮镪：纸钱。

16. 海翁：喷火鱼如海中山

类别╲妖怪　　地域╲海境

介绍

现今称“海翁”“海鳅”，即是鲸鱼。

古早时代的台湾人相信海翁乃是海上王公，也是远古台湾海域的神奇硕鱼，身长百里，甚至能口吐焰火，吞食巨型船舶，一旦现身就会狂风大作。

当海翁沉睡之时，能在水面漂停百年，宽广的鱼背甚至会生长出绿色草木，犹如绵延山丘。若有人从海滩沿岸误登其背，此时若海翁苏醒，便会甩尾浮游远方，再也不知所终。

据说海翁曾与海中龙神缠斗千日而不敌，最后被天妃所救，所以每逢天妃圣诞，海翁便会浮海来朝拜。

台湾各地皆有流传海翁的故事，又属澎湖的民间故事最具特色。传说海翁欲娶丁香鱼为妻，这门亲事让鱼族众皆嬉笑，因为庞大的海翁与娇小的丁香鱼很不相配。甚至在澎湖西屿流传《天乌乌》的歌谣，也与海翁相关：“天乌乌，欲落雨，海翁娶丁香欲做媒，海鸟是媒人婆，海龟送礼大气吐。蟳牵车，蠘扑鼓，海鼠歕吹嘐嘐哺，虱䗪攑旗叫艰苦，虎鱼红帕帕，牵翼做蠓罩，明年予恁生一个挂膦脬。”（洪敏聪，《澎湖菜瓜》，二〇〇二年）

在黑水洋的海岸上，多传说巨鱼故事，翟灏记载在《台阳笔记》上的《大鱼》篇章非常奇特：“福建海坛镇，拥一沙滩十余里，历有年所。舟人渔子，傍宿其上。渐而居民日聚，市货者往来其间，积久成墟，店铺罗列百余家，俨然一小镇市焉。钉铁铲耙之类，不无所需，因有铁匠置炉，锤炼之声，日夜不绝。忽一日，水没沙沉，街民尽溺。方悟存沙之地，即大鱼之身。铁锤振动，不安其居；少为游移，而沙随鱼去、人随沙没矣。”

典文

《诸罗县志 · 物产志》—— 清 · 周钟瑄

海翁，即海鳅，大能吞舟，浮于水面，黑如牛背。

俗谓海翁现，则大风将作。

《台海使槎录》—— 清 · 黄叔璥

海翁鱼如小山，草木生之，樵者误登其背，须臾，转徙不知所之。

《小琉球漫志》—— 清 · 朱士玠

每岁天后三月诞辰，必有海鳅来朝。或潮退偶困泥沙，土人取大木长数丈，直拄其口，竟入腹内，割取脂膏数千石；及潮至，仍掉摆尾而去。

《台阳见闻录 · 海翁鱼》—— 清 · 唐赞衮

屈大均云："海鳅身长百里，口中喷火，能吞巨艚[①]。"

予往来厦南，闻诸土人云：每岁天后三月诞辰，必有海鳅来朝。

---

① 艚：可载货的木船，有货舱，并且舱上建有木造房间。

17. 金鳞火焰鳄

类别╲妖怪　　地域╲离岛、海境

介绍

台湾黑水域中有海神兽蛰伏，名曰“火鳄”“火鳞鳄”。此兽周身的金黄鳞甲能散发火焰，也能口吐朱火，筑巢礁下，栖游于黑水沟深海，平时难得一见。

在康熙二十二年（一六八三年，癸亥年），火鳞鳄无端爬上澎湖沙滩，呜呜呜叫似乎痛苦难耐。岛上居民很恐惧火鳞鳄的到来，纷纷燃烧纸钱祛除晦气，并且敲锣打鼓想要引导火鳞鳄重回海中。尽管火鳞鳄最后顺利返回海中，三日之后却仍然再度上岸，并且横死于当地居民林英的灶厨之下。

澎湖居民皆谣传此乃不祥之兆，果然当年施琅率兵攻下台湾，郑氏王朝覆灭。因此，清朝官员也盛传火鳞鳄之猝死，同时象征了郑氏运势的衰亡。但此说法，多半附会，火鳞鳄之死，莫知其详。

火鳞鳄的幻兽传说，广泛地流传于台湾两百多年，是许多台湾人议论纷纷的怪谈。但到了日据时代，火鳞鳄故事则逐渐被人淡忘，不再被人谈论。而在澎湖西屿，有挖掘出“潘氏澎湖鳄”的化石，是目前台湾出土的最古老的脊椎动物化石。

现今在澎湖马公，有流传《金珊瑚的故事》，与海中鳄鱼相关，或许两者有所关联？传说故事如下：澎湖附近有座美丽的小岛。有一天，龙王的公主出来游玩，看到这座小岛很喜欢，便搬到这里住。后来，在一个台风天，来了一个躲避风雨的少年，公主很热情地招待他，结果彼此喜欢上对方。不久这件事情被海龙王知道了，他非常生气，因为他不容许心爱的女儿和凡人交往，所以就强迫两人分离。但是公主不肯，因为她非常喜欢这个少年。龙王因此大怒，就把公主变成金珊瑚，让她永远住在海底，又把少年变成丑陋的鳄鱼。

但他们还是彼此爱着对方，所以鳄鱼时常围绕在金珊瑚的四周，而且只要有人要采珊瑚，鳄鱼就会出来吓走他们，以保护公主。（姜佩君，《澎湖民间传说》，圣环

一鱼长二丈余四足
身上鳞甲金色
边有火焰夺目
金鳞火焰鳄

图书出版，一九九八年）

典文

《台湾府志》—— 清 · 高拱干

癸亥年五月，澎湖有一物如鳄鱼，长四五尺，步沙而上，鸣声呜呜。

居民以楮钱[①] 送之下海，是夜登岸死焉。

《台湾外记》—— 清 · 江日升

澎湖狂风暴雨，涛涌翻天。

次日，波息浪恬，一鱼长二丈余，四足，身上鳞甲金色，边有火焰夺日，从海登陆。

兵民见而异之。

国轩率诸镇暨澎湖安抚司陈谟等，各烧献冥宝纸钱，金鼓送之下水。

越三日，乘夜登山，死于百姓林英之厨下。

① 楮钱：纸钱。

18. 旱龙：引来旱灾饥荒

类别＼妖怪　　地域＼南部、海境

介绍

旱龙，每逢天际星辰黯淡、黄尘飞扬之时日，将从海底翻腾出海。旱龙的灿黄龙身翱翔苍穹，肆虐大地，为人间带来无止尽的旱灾饥荒。

为了平息旱龙灾祸，百姓需设坛举行祈神降雨，安抚龙神之怒。

孙元衡的《祷雨篇》便描述台南赤崁当地，曾遭受旱龙袭击之景。当时，孙元衡为了防止旱龙灾祸，便命令商船运米赈灾，平稳米价，让台湾百姓免于饥荒之灾。

典文

《祷雨篇》——清·孙元衡

旻天[①] 阳道[②] 黄尘起，时见旱龙升海底。

天仓[③] 嘒嘒[④] 天稷暗，太微木入河无豕。

① 旻天：天空。
② 阳道：二十八星宿中，房宿南二星中间的运行路线。
③ 天仓：星名，西方七星宿中的娄宿。
④ 嘒嘒：星光微弱。

19. 木龙：船精灵

类别╲妖怪　　地域╲海境

介绍

木龙，龙鳞为棕橙色，是栖息于海船的守护龙神，也是船之精灵。

自古以来，台湾船夫相信，在海船完工之日，木龙便会诞生于海船的“龙骨”直木之中。龙骨是舟船底部最重要的承重结构，也是造船工程中第一个被建造的部分。

栖居于龙骨中的木龙生性羞赧，平时不轻易现身。若木龙现身，或者呦呦鸣叫，声如羔羊，即是“木龙叫”“叫幽泉”。

“木龙叫”，是为了谕示舟船将有灾难，警告众人。在福建泉州的民间信仰里，木龙则被视为白鳞之龙。据说妈祖庙中的“林巡检”神灵，便是专司“木龙”的神明。

典文

《赤崁集·飓风歌》——清·孙元衡

海船下用直木称为木龙，神实栖之，忽有异声，则云：“木龙叫”，主凶。

《裨海纪游》——清·郁永河

凡海舶中必有一蛇，名曰木龙，自船成日即有之。

平时曾不可见，亦不知所处；若见木龙，去则舟必败。

木龙

凡海舶中必有一蛇
名曰木龙
自船成日即有之

20. 鬼蝶：海上告凶预警

类别╲妖怪　　地域╲海境

介绍

船舶行驶于汪洋大海，若遇危难，除了海船的守护龙神会鸣叫提醒外，也会有万千鬼蝶，从天而降。

鬼蝶双翼大如手掌，蝶翼之上，也生有数十眼眸，每回拍翅就会眨闭眼睛。

航行台岛海域上的船上水手，若见鬼蝶，则心生恐惧，收帆稳舵，担忧大暴雨将临。

典文

《赤崁集·飓风歌》——清·孙元衡

木龙[①] 冥郁叫幽泉，桅不胜帆柁出位。

闪闪异物来告凶，鬼蝶千群下窥伺。

赤蛇逆浪掉两头，白鸟掠人鼓双翅。

① 木龙：海船的守护龙神，若鸣叫则预言灾祸降临。

21. 澎湖南屿：鲛人迁居

类别╲妖怪　　地域╲离岛、海境

介绍

澎湖三十六岛中的南屿，传说荒古之前曾有鲛人族栖居，后因风涛太过剧烈而迁游他处，尔后不知所终。

传闻若能寻到南屿的鲛人旧巢，将获得鲛人遗留之人鱼眼泪。

典文

《澎湖三十六岛歌》 —— 清 · 范学洙

南屿原有鲛人住，后以风涛居始迁。

22. 鲨鱼变鹿

类别╲妖怪　　地域╲海境

介绍

鲨鹿化变之传说，盛行于台湾岛明清两百年之间，翟灏更记录下春夏时分，曾有鲨鱼跃身岸上，三次翻身，终于成功化身为水鹿，并以舌舔舐湿淋淋的毛皮。

典文

《东瀛识略》——清·丁绍仪

相传台鹿皆鲨鱼所化，然沿海俱有鲨，即台地山前亦有之，未见有化鹿事。

独后山鲨鱼随潮登岸，即化为鹿，毛色纯黄，其孳生者始有梅花点。

《台阳笔记·闽海闻见录》——清·翟灏

台湾有鲨鱼，出则风起。每当春夏之交，云雾弥漫，即跳海岸上作翻身状，久之仍入水中。

如是者三次，即居然成鹿矣。

遍身湿淋，以舌舐[①] 其毛候干，怅望[②] 林泉，有射鹿之番取之而去。

此盖天地之化生[③] ，而理有不可解者也。

① 舐：舔。
② 怅望：忧愁观望。
③ 化生：出生。

鲨鹿儿

台湾有鲨鱼出则风起
跳海岸上作翻身状
居然成鹿矣

23. 鲎妖好淫

类别╲妖怪　　地域╲中部、海境

介绍

鲎[1]，又名“夫妻鱼”“海鸳鸯”。每逢春夏繁殖季节，雌雄鲎鱼经常形影不离，身形较大的雌鲎会驮着雄鲎而行。在苗栗县西南部的通霄海岸，有风鲎山，乃是两座小山对立，相传是两鲎妖所变化。传说每逢风起海涛时刻，鲎妖会爬行于沙滩海岸，双双化身赤裸男女，入海互拥相交，风月无边，因此名为风鲎。

典文

《苑里志》——清·蔡振丰

风鲎山，在通霄湾。两小山对排，近大海。

相传渔人每朝见有两鲎行迹连印沙埔；谓鲎性好淫，入海相交，故名为风鲎。

自杨桂森竖石烛以后，无鲎行之脚迹矣。

① 鲎：无脊椎动物，属于节肢动物门，外形奇特如钢盔，古生代泥盆纪即已经存在。

24. 安平妖怪：飞行巨牛

类别＼妖怪　　地域＼南部

介绍

在康熙五十一年（一七一二年，壬辰七月），台南的安平有异兽现身，其形如巨牛，高可五六尺以上，面庞如猪，宽大的双耳有编竹披覆，嘴中牙齿长而尖锐，粗糙皮肤犹如水牛，毛皮犹如水獭，四足则像是巨龟之爪，有长尾，甚至能飞行水上。

当地人都很惊恐，争相用绳索或者木棍攻击异兽，想捕抓它，却是徒劳无功。

最终，异兽奔翔到海岸边，用后脚直立起身，大声呼号三次，随即颓然猝死，当场见闻的人们都心惊肉跳，无人能知异兽来历。

典文

《重修福建台湾府志 · 卷十九 · 丛谈》

康熙壬辰七月，安平有物大如牛，高可五六尺，面如豕，长须，双耳竹批，牙齿坚利，皮似水牛，毛细如獭，四足如龟，有尾，飞行水上。

土人争即之，绳木立碎。

后遂至海岸，竦身直立，声三呼号。闻者莫不惊悸。

既死，郡人有图形相告者，究不知为何物？

25. 天妃女神护船

类别╲神灵　　地域╲海境

介绍

徐宗干在道光二十七年（一八四七年），奉命调任来台湾岛。自古以来，皆传言黑水沟凶险，徐宗干在搭船启程前也心生不安，因此开坛捻香，祭拜海神妈祖天妃，祈求万事平安。

隔日，徐宗干乘舟赴任台湾，途中莫名遭遇巨大风雨，船只也有大半淹没于海下，这时，船只帆布下方却突然有灯笼闪耀。

同舟的友人刘沂泉倏然见到滔天海浪前方，端坐两位红衣孩童，也有两只雀鸟现身，一只立于帆杆上，一只飞入舟中。

徐宗干那时正逢晕船，精神困倦，抱着怀中稚儿昏睡的时候，也在迷迷茫茫之间，望见海中有两名孩童卧坐。当他醒来才知是神佛显灵的幻象，天妃拯救了一船人性命，让他们能顺利抵达台湾岛。

典文

《斯未信斋文编·浮海前记》——清·徐宗干

四月初一日，祭海，为文曰："维某年四月甲辰朔，某敢昭告乎天后圣母、风神、海神之前曰：恭奉诏命，授职东瀛。吁求圣母，慈悲显灵。诸神保护，稳渡开行。天清日朗，风顺水平。出口入口，无惧无惊。誓尽心力，报国安民。天地鬼神，鉴此丹忱。谨告"。祭毕，回馆。……

初二日，登舟。……

（大风雨），副驾船在后见余舟大半侧入浪中，船底高出水上，有绿色灯球在帆樯上下隐现。

沂泉见浪花中坐两小孩，身着红衣；有雀入舟中，一立樯上、一入舟，翔视众人而去。

余抱儿昏睡时，见有两儿同卧，皆神佛幻象也。

26. 海和尚：海中妖怪

类别＼妖怪　　地域＼海境

介绍

海怪海和尚，即出没于台湾沿海潮流的水猿，上身犹如猿猴人形，无鳞但有短皮毛覆盖全身，下身则犹如虾鱼摆尾，或形如八爪章鱼，浑身上下是鲜艳的赤红色，并且背上长有四只肉翼，退潮时偶尔会停歇于偏僻海滩。

据说，行船时望见海和尚则会有灾厄发生，抑或遭遇飓风暴雨，所以需要焚烧香灰，驱赶不吉利的海和尚，否则便会翻船。另外也有传说，遇到海和尚之时，这种奇异的海怪会向渔人讨取渔获，若违背海和尚的请求，就会遭受厄运。

典文

《噶玛兰厅志》——清·陈淑均

海和尚，色赤，头身似人形，四翅无鳞。凡行舟遇此者不祥。

《澎湖厅志》

海和尚，色赤，头与身略似人形，见人辄笑，见则为台飓之征；行舟遇之不祥，必焚香楮而引避之。

27. 黑水洋魔巨蟹

类别╲妖怪　　地域╲海境

介绍

翟灏在乾隆五十八年（一七九三年）来台任职，在嘉庆十年（一八〇五年）离台。

他由澎湖岛屿搭船返回唐山之时，曾在汪洋大潮中，望见海流中浮现一只巨蟹，蟹身长宽犹如桌面，两只蟹螯如同尖锐的巨剪，从北方顺流南游。

船中之人都大惊失色，不敢言语，也不敢发出任何声响。

巨蟹浮现片刻，随即就隐身于海潮之中，消失不见，这时候众水手才松了一口气。因为若是船只与巨蟹相撞，船底则会被大蟹的双螯刺穿两个洞，船只也会淹没。船夫说，巨蟹是潜伏在台岛海域中的巨型妖怪。

所以，每当在台湾的海道中望见奇异巨蟹，都要尽力躲避巨蟹，以免发生不测。

黑水洋魔巨蟹
大溜中见一蟹阔如桌面
两螯如巨剪自北向南顺流而来

典文

《台阳笔记 · 闽海闻见录》——清 · 翟灏

余乙丑年解组[①]，由澎湖驾艨艟航海。

行十三昼夜至弥陀山外洋，大溜[②]中见一蟹阔如桌面，两螯如巨剪，自北向南，顺流而来。

舟子[③]各皆失色，寂不敢声。

余适[④]坐船尾上，望之了然[⑤]。

瞬息[⑥]不见，询之舵工，云船若与之抵[⑦]，即一夹两洞，其锋利如是。故遇之辄避去，无敢向者。

---

① 解组：解下官印，辞官卸任。
② 大溜：大水。
③ 舟子：船夫。
④ 适：恰巧。
⑤ 了然：一清二楚。
⑥ 瞬息：极短的时间。
⑦ 抵：触撞。

28. 人面鱼：开口嬉笑

类别╲妖怪　　地域╲中部、海境

介绍

人面鱼，身躯为大鱼，但却拥有人面双眼口鼻的脸庞，形态诡异万分。若人面鱼浮立于水面，只要见到人，就会开口呵呵嬉笑，甚至以鱼鳍做合掌的模样。也有人说即是“海和尚”。

在台湾中部外港，曾有老渔夫出海捕鱼时，意外捕获人面鱼，心生恐惧，便燃烧纸钱以祛除腥秽厄运。没想到还不到十天之后，老渔夫的钓船在海上翻覆，幸好被同伴所救。因此，老渔夫更加笃信人面鱼会带来灾祸。

典文

《台湾纪事·卷一·纪台中物产》——清·吴子光

有老渔者为余言：

曩结网海滨，获得一怪物，面目口鼻具体人形，见人则合掌嬉笑，如金装弥勒佛状。

按此，即木华海赋所言海童塞路者是也。

时伊心怯甚，因捏金纸替身并楮帛等厌胜之。

不浃旬，钓舟覆，溺于水濒殆，遇有同伴船相救，吐腥涎升许，良久始获苏云。

昔人言察见渊鱼不祥，信矣。

《金门志》——清·林焜熿纂，其子林豪续修

康熙元年，大嶝海中有人面鱼立水面，见人笑而没。

人面鱼
面目口鼻具体人形
见人则合掌嬉笑

29. 长尾三娘鲨与音乐鱼

类别＼妖怪　　地域＼北部

介绍

公元一八八四年至一八八五年之间，由于越南问题，清政府与法国终于开战，法国将军孤拔（Anatole Amédée Prosper Courbet, 1827—1885）与清朝将领刘铭传在台湾岛海域展开激烈对战。

对于法国军队来说，尽管曾经一度占领基隆，封锁台湾海峡，但仍然是一场艰难的战役。因为台湾亚热带潮湿的气候，士兵水土不服，因而有许多将士葬身此海岛，最终法军也被刘铭传击退。

在这场轰轰烈烈的战争中，有一名参战的法国少年士兵，名叫让（Jean），以信件的形式写下在台湾打仗的第一手战地记录，并且寄回给家乡的母亲与朋友。

之后这些书信，便刊载于一八九〇年十月至一八九一年五月间在法国刊行的杂志《地球画报》（*La ferreIllustrbe*）。

一百多年后，这些材料经由法国学者石岱（Stephane Ferrero，1970—）发现，并且翻译成《当 Jean 遇上“福尔摩沙”：一名法国小兵的手札（一八八四—一八八五年）》，其史料价值弥足珍贵。在魏乐富（Rolf－PeterWille）著作的《“福尔摩沙”的虚构与真实》也翻译了一些片段。

法国少年士兵让，出生于不列塔尼（Bretagne）的布雷斯特港（Brest），此港是面向大西洋的重要军港。让参军后，便搭船前往远东，参与了中法战争。

让的记录中，他说自己听闻台湾沿海的“长尾三娘鲨”拥有人面邪眼，淡水河也栖息着一种能咏唱歌声的奇妙鱼类。此种“鸣鱼”，曾记载在龚柴的访台记述中，而台湾乌龙茶之父托德（John Dodd）也曾经听闻这种奇异的“音乐鱼”。

对于台湾的各项奇事，让感到十分好奇与兴奋，并在寄给母亲的家书中提及这些故事。

典文

《台湾舆地汇钞》——清·龚柴

淡水河内生鸣鱼，发声如鼓乐，闻百步外。

《地球画报》·一八九〇年——少年法国士兵让 一八八四年九月二十四日

那里有一种鲨鱼，人们给它超乎奇特的名字为“长尾三娘鲨”（tchangoncisanniangcha）……他们说这种鲨鱼不止有个女人头，而且也有邪恶的魔眼，如果抓到它将会带来厄运。

……

我还听说了一件是我必须亲眼所见或亲耳所闻方能相信的事，就是有一条叫淡水的河里面有会唱歌的鱼。

母亲你相信这种事吗？

《泡茶走西仔反——清法战争台湾外记》——托德（John Dodd）

大海的确神秘，有次我搭船从淡水到基隆，中途下锚午餐，餐后躺在舱中正想午睡，忽然听到舱底船板传来阵阵有规律的声音，吓了我一大跳。声音隔着船板从海底传来，像模糊的“咚、咚、咚”的鼓声，每次持续相当久。会不会就是传说中的“音乐鱼”（Musical Fish）？

船长说他常在基隆港内听到这种声音，但不曾在别的港口听过。音乐鱼的曲调很美，但节拍缺乏变化，殊为可惜。

30. 龙碽：铜炮妖怪

类别╲妖怪　　地域╲海境

介绍

龙碽，乃是铜炮妖怪。

国姓爷在广东海外望见水中有两抹异光，打捞起来，一抹异光化为飞龙遁往天空，另一异光则化身为铜炮神物。

每当国姓爷携带龙碽上阵打仗，战无不胜。

典文

《裨海纪游·伪郑逸事》——清·郁永河

龙碽[①]者，大铜炮也。

成功泊舟粤海中，见水底有光上腾，数日不灭，意必异宝。

使善泅者入海试探，见两铜炮浮游往来，以报。

命多人持巨絙[②]牵出之，一化龙去，一就缚。

既出，斑驳陆离，若古彝鼎，光艳炫日，不似沈埋泥沙中物，较红衣炮不加大而受药弹独多。

先投小铁丸斗许，乃入大弹；及发，大弹先出，铁丸随之，所至一方糜烂。

成功出兵，必载与俱，名曰“龙碽”。

然龙碽有前知，所往利，即数人牵之不知重；否则百人挽之不动，以卜战胜，莫不验。

康熙十八年，刘国轩将攻泉郡，龙碽不肯行。

强舁[③]之往，及发，又不燃。

国轩怒，杖之八十，一发而炸裂如粉，伤者甚众。

---

① 碽：音gònɡ。

② 絙：大绳索。

③ 舁：扛抬。

汉人与西方人志异 /

山野之章

31. 钩蛇：巨蛇能吞鹿

类别＼妖怪　地域＼山野

介绍

远古蛮荒台湾，魑魅精怪横行之地，不止黑水洋下有魔尾蛇环伺，深山丛莽也栖息着恐怖骇人的巨蟒长蛇。

居住在台湾北部与中部山林的巨型怪蛇，名为“钩蛇”，或曰“修蛇”。

怪蛇身长百里，可以用蛇尾将一只成年水鹿团团卷起，等待鹿只无力将近窒息之时再张开巨嘴一口吞吃。

据说，郑经曾率领军队入山，亲眼见识到钩蛇吞食鹿只。整只水鹿已然进入蛇嘴之内，只剩下鹿角还在蛇嘴外剧烈晃动，钩蛇必须再三仰首，调整姿势，让水鹿顺势滑入肚腹之内。

尽管郑军有三千人，却也万分惧怕蜷曲成山丘般大小的钩蛇，不敢向前。

传言钩蛇喜爱夜鸣，若半夜时分，听闻远方传来急促的钟鼓响声，则是钩蛇夜吼。

典文

《长蛇篇》——明 · 卢若腾

闻道海东之蛇百寻长，阿谁曾向蛇身量；

蛇身伏藏不可见，来时但觉勃窣腥风扬。
人马不能盈其吻，牛车安足碍其肮！
铠甲剑矛诸铜铁，嚼之縻碎似兔獐。
遥传此语疑虚诞，取证前事亦寻常；
君不见巴蛇瘗骨成邱冈，岳阳羿迹未销亡。
当时洞庭已有此异物，况于万古闭塞之夷荒；
夷荒久作长蛇窟，技非神羿孰能伤。
天地不绝此种类，人来争之犯不祥；
往往活葬长蛇腹，何不翩然还故乡！

《巨蛇吞鹿歌》——清·孙元衡

一岛三千麋鹿场，甡甡出谷如牛羊。
台山不生白额虎，族类无忧牙爪伤。
野有修蛇大于斗，飕飕草木腥风走。
气腾火焰喷黄云，八尺斑龙入巨口。
九岐璚角横其喉，昂霄下咽膏涎流。
狞蕃骇兽不相贼，奔窜林莽争逃钩[1]。
我闻巴蛇吞象不烦咬，三岁化骨何阴狡。
尔鹿尔鹿甚微细，此蛇得之应未饱。

《台湾通志·物产》

北路有巨蛇，可以吞鹿，名“钩蛇”，能以尾取物。

① 钩：即钩蛇，能以尾取物。

《裨海纪游·卷中》——清·郁永河

虽前山[①]近在目前，而密树障之，都不得见。

唯有野猿跳踯上下，向人作声，若老人咳。又有老猿，如五尺童子，其箕踞怒视。

风度林梢，作簌簌声，肌骨遇寒。

瀑流潺潺，寻之不得，而修蛇乃出踝下，觉心怖遂返。

《裨海纪游·番境补遗》

金包里是淡水小社，亦产硫。人性巧智。

台湾多荒土未辟，草深五六尺，一望千里。草中多藏巨蛇，人不能见。

郑经率兵剿斗尾龙岸，三军方疾驰，忽见草中巨蛇，口衔生鹿，以鹿角碍吻，不得入咽，大扬其首，吞吐再三；荷戈三千人行其旁，人不敢近，蛇亦不畏。

余乘车行茂草中二十余日，恒有戒心，幸不相值。

既至淡水，卧榻之后，终夜闻阁阁声甚厉，识者谓是蛇鸣；而庖人严采夜出庐外，遇大蛇如瓮；社商张大谓："草中甚多，不足怪也。"

---

① 山：指台湾中部的"大肚山"。郁永河曾途经此处，对于大肚山很感兴趣，想爬上山，看看山后（现在的台中盆地）有何景色。尽管当地平埔族人劝他不要入山，但他仍旧踏足山腰处，最后还是因为心生恐惧而折返。

32. 麞妖：鸣则火灾

类别╲妖怪 地域╲南部、山野

介绍

半屏山，位于现今高雄、左营与楠梓的交界处，因为是一座“东北—西南”走向的小山丘，形如屏风，故有此名。另外也有人称呼“半边山”“半崩山”“屏山”。

流传于半屏山的民间传说众说纷纭，大致上可归类为“两山比高下传说”“美食试人心传说”“仙洞出白米传说”“二仙争一女传说”。详细内容，可参考彭衍纶《高雄半屏山形成传说探源》（台湾文学研究期刊，二〇〇九年二月）。

除此之外，也盛传妖怪的故事。自古以来，半屏山的山顶居住着四蹄奇兽，外形似棕鹿，拥有一对尖白细长的犬齿獠牙，常隐匿于芦苇草丛深处，生性羞赧，此幻兽名为麞。

麞若啼鸣，声音犹如婴儿啼哭，凄厉万分，会引来剧烈火灾，朱焰延祸百里。

曾有猎人想捕抓麞兽，每次上山却总是徒劳无功，最终麞兽也不知所终。

考察台岛生态，四百年前，曾有麞分布于西部平原等地区，但如今早已灭绝。若比对高雄当地民间传说，古籍中拥有异能的麞会替换成“山羌”，只要“山羌”鸣叫就会发生不可思议的事情。之所以产生这种相通性，可能因为雄性的山羌与麞，都具有一对发达的上犬齿，是其他鹿科动物都没有的特征。山羌，是在一万年前的冰河期之后，与中国南方的“麂”祖先隔离，独立演化而成。

因此，半屏山附近居民，也称呼此幻兽为“老山羌”。据说，山羌幻兽经常会游过莲池潭到龟山去巡游。当地盛传，若半屏山的老山羌长鸣，会发生火灾，而寿山的山羌长鸣，三日后则会带来暴风雨。

战后初期，此幻兽逐渐被民间视为“火神”的象征，而半屏山居民也曾在土坡上（莒光三村一带），设立一丈高的灭火神“解山王”，用来阻挡厄火，不过现已拆除。

典文

《台阳见闻录 · 半屏山》—— 清 · 唐赞衮

半屏山在凤山县治东北七里，形如画屏；至莲花潭山，忽截削数十仞，肖屏风之半，因名。

俗相传，昔有麞在山巅，鸣则在近地火灾。

猎者捕不可得，后莫知所之。

33. 仙狗踏石

类别╲妖怪 地域╲北部、山野

介绍

仙狗，即为“天狗”，《山海经》记载，是一种像是狐狸、头是白色的怪兽，能够御凶，相传日食的原因就是“天狗食日”。一旦发生“天狗食日”的异象，民众就必须敲锣打鼓放鞭炮，用来吓跑天狗。甘为霖[①] 便在《素描“福尔摩沙”》中记录他在嘉义城的所见所闻：

“他们（汉人）真的很害怕日食、月食的出现，以为那是大难临头的预兆。在他们的观念里，日食、月食的出现，是因为有巨龙或天狗要进行大规模地破坏，所以一定要用各种方法把怪物吓走，这样太阳或月亮才不会被怪物吞掉。以前的皇帝还会下令全国的地方官员，要他们在日食、月食出现时，监督某种吵闹的习俗是否有在确实进行。我在嘉义时，刚好听到这个现象要出现了，所以有机会目睹了当地奇特的仪式。那次是发生在晚上的月食，知县大人和他的属下来到广场的看台上，底下都是围观的民众。知县站在供桌后，点了几炷香，便开始对月亮进行冗长的行礼祭拜。当月亮开始变暗时，知县的动作变得激动起来，底下的所有民众则努力敲锣打鼓、放鞭炮，每个人好像都发疯似的，一直在那里大吼大叫。当然，不会有天狗或巨龙受得了这种叫嚣，所以过了不久，嘉义的月亮又露了脸，民众便很安心地去庆祝了，直到下一次日食、月食再发生。”

在日据时代的《民俗台湾》书页上，立石铁臣也曾以版画的形式，绘画出在一九四一年九月二十一日发生的日食现象，台湾民众跪地求拜、敲打盆罐的景象。

据说，在新竹县的东部，有一处仙狗石，位于石冈子的山上，在现今新竹县关西镇的石光里。仙狗石极其巨大，高约三米以上，周长则有三十米以上，石上有仙狗（天

---

① 甘为霖：生于英国苏格兰格拉斯哥，长老教会传教牧师，在一八七一年十二月二十日抵达打狗（高雄古称），来台湾传教，时间长达四十五年。

狗）之巨蹄痕迹。并且，此巨石也具备预言天气晴雨的奇妙能力。

台湾人相信神狗的存在，除了来自汉族的习俗外，但也有可能是源自原住民与狗只相处的历史。根据记载，十七世纪的西拉雅族便会利用狗只进行狩猎，在揆一《被遗误的台湾》中也记载西拉雅族“他们最好的衣服，是用狗毛做的。欧洲人为剪羊毛而畜羊，台湾人也为剪狗毛而养狗，每年剪取狗毛，纺起来织成衣服。他们编制狗毛的带子，用以装饰衣服”。并且，在台湾原住民各个族社，也流传着许多与狗相关的神话传说。

典文

《新竹县采访册》——清 · 陈朝龙

狗迹石，在县东三十二里石冈子山半。

有石高三丈余、周十余丈，有仙狗踏迹宛然可辨。

每天欲雨，石罅[①] 吐出浓雾。久雨欲晴，石罅亦起黑烟。

---

① 罅：裂缝。

34. 古树有邪神

类别╲妖怪　　地域╲山野、中部

介绍

龟佛山位于现今嘉义县的鹿草乡，传说在山脚下有一株千年古树，有神仙精灵凭附树身。树神虽为神灵，却属邪恶，会将灾祸带给附近居民。凡是居住在古树周遭的居民多会染上奇怪疾病，或者小孩夭折而死。因此，众人皆迁居三里之外，远离古树邪神。古树除了会被邪神附身之外，也有树神会成为正神信仰。

例如，相传凤山有一株老树，有神灵寄宿其中，被称为“榕将军”。

典文

《台湾府志》——清·高拱干

西北而小龟佛山，在覆鼎山西南。其形如龟，故名。下有古树高数丈余，俗传有神附焉。

乡民近此居者，多疾病夭折；故农家皆徙三里之外为舍。

35. 疟鬼：恶疾纠缠

类别╲鬼魅　　地域╲山野

介绍

台湾岛内蛮荒野林，向来是疟鬼族类栖息之地，若意外被疟鬼纠缠，则会疟疾缠身，痛苦难当，严重者甚至死亡。

台湾习俗传说，疟鬼昼伏夜出，喜爱群居于水泽河川，形体犹如孩童，属于专门威吓孩童与病弱之人的小儿鬼。

疟鬼游荡世间，除了在深山沼泽间现身外，偶尔也会进出乡镇暗巷，缠祟人类，让人们罹患苦病绝症。

被疟鬼纠缠之情景，曾经被清朝文人唐赞衮以诗文记录。当时他在台南担任巡抚，意外被疟鬼附身，虽然痊愈，但疟鬼阴气尚未全部驱除。

当唐赞衮卸任往厦门而去，疟鬼反扑，他与病魔再度缠斗两个月，身心痛苦难耐，忽冷忽热，全身骨节犹如被醋浸泡，酸疼不已。

因此，唐赞衮想以诗文之力，祛魔除魅，并祈求疟鬼绝迹于台湾岛，不再有人因疟鬼而受害。

典文

《台阳集》——清 · 唐赞衮

诗序

余在台南患疟已痊，解任过厦，疟忽大作，缠绵两月，其苦万状。

疟魔出祟，作诗驱之，亦昌黎驱鳄意也。

诗文

病痁[1]又忽两月余，困人独与他病殊；

颠倒寒热分昼夜，有鬼伺隙[2]相揶揄。

忽如寒冰狱中之囚犯，忽如炽炭瓮底之罪孥。

三百六十骨节，节节醋浸酥；

四万八千毛孔，孔孔汗滴珠。

一鬼甫去一鬼来，恨无葛翁[3]之仙符；

壮夫当之犹胆怯，况我脆弱之顽躯！

凡诸苦境我身历，一日顿止疑神扶[4]。

初无奇方及仙饵，片念绝胜浇醍醐。

人生正如疟，日与寒热俱；百年尚可耐，何必争须臾！

热吾视之为夏扇，寒吾视之为冬炉；

达人古今等旦暮，以日抵岁何伤乎！

疟鬼大悟废然返，伎俩止此毋庸驱；

我复神旺跏趺坐，鬼已销声匿迹鹭岛之东隅[5]。

---

① 痁：患上疟疾。
② 伺隙：有机可乘。
③ 葛翁：葛洪，东晋时期医术高超的医生，也是一名道士，擅长养生仙术。
④ 神扶：有神扶助，身体突然好转。
⑤ 鹭岛之东隅：鹭岛即是“福建厦门”，而鹭岛之东隅，则是指台湾。

36. 疫鬼：降灾之鬼

类别╲妖怪　　地域╲山野、中部

介绍

疫鬼，带来瘟疫之妖鬼，外形浑身墨黑，状如婴孩小鬼，却满脸皱纹丑陋，犹如野兽。疫鬼经常隐身居住于水域之中，属于魍魉蜮鬼、小儿鬼。上古传说，疫鬼与疟鬼乃是五帝之一的颛顼氏的儿子死后化身。

另外，台湾传说，疫鬼是在恶疫发生时死亡的人类阴魂，会幻化成螟虫、蝗虫。在日据时期片冈岩的《台湾风俗志》中便云："一时流行恶疫，很多人死亡时，相信他们的阴魂都不散，变成螟虫、蝗虫等害虫，来加害农作物。"

疫鬼个性阴险狡诈，时常以花言巧语，诱惑他人，若稍有不顺心，则凶暴易怒，天性专横跋扈，喜爱缠祟于心术不正，素行不治者。据说疫鬼喜爱沿着墙壁移动，所以要尽量避免靠近染疫人家的墙垣。也有传言，疫鬼害怕红色的豆子，只要用红豆粥或者红色的布帘挂在门楣，都能让疫鬼退避三舍。

古早台湾，人们为了躲避疫鬼降灾，会招请道士举行息灾赐福之祈祷，称为"醮"，借此驱逐恶疫。台湾常见的逐疫祭有平安醮（祈安清醮）、瘟醮（王醮）以及庆成醮（福醮）。这些祭仪都是为了禳灾祈安，驱逐瘟疫，消除灾难。

如果乡野发生战事，兵燹连年。每逢战事停歇，人们虽欢喜，但天灾疫疠随后会肆虐世间，疫鬼与魑魅魍魉诸多百鬼也会现身，攫人吞食。此时，台湾百姓会发起"逐厉祭""逐疫祭"，建塔禳醮，期望逐退百鬼。林豪的《逐疫行》则叙述，阴谋狡诈的疫鬼，在逐疫祭时，为了躲避祭典的威力，而以谗言诱惑官员，摆布官吏。最终，疫鬼动摇有司官吏的气节，让官吏产生邪心，甚至与疫鬼一同作恶，以残酷手段压榨灾民，强取民脂民膏。

典文

《逐疫行 · 同治丙寅在淡水作》——清 · 林豪

炎风煽地如炉烘，妖云十丈垂天红。
祝融炽炭旱魃[1]舞，阳亢[2]阴死蒸蕴隆。
十里五里成焦土，五月六月悲三农[3]。
疫鬼跳梁舞而出，白昼攫人入其窟。
十旬[4]大索天亦惊，一城哭声气愁郁。
有司[5]曰噫无他策，谕令尔民且逐疫。
狞狞闯出丈六躯，眈眈四目射妖蜮[6]。
连宵鼓角喧通衢[7]，欲荡幺魔禳此疾。
疫鬼愀然语有司，公今误矣逐何为。
溯公下车清和节，可有甘雨车前随。
公心为炉汤沸鼎，煅炼成狱张炎威。
摸金校尉虎而冠，张牙舞爪如鹰饥。
或摧凤翅晒赤日，或肆狼餐剜膏脂。
或入瓮中醉其骨，或纳一网敲其皮。
或头为焦或额烂，大者剥肤小噬肌。
累累犴狱如束湿，无辜吁天天岂知。
未免闾左蓄怨毒，上干天怒灾乃施。

---

① 旱魃：魃，引发旱灾的妖怪。
② 阳亢：阳气极盛。
③ 三农：居住在山区、平地与水泽的农民。
④ 十旬：一旬是十天，十旬则是三个多月。
⑤ 有司：官吏。
⑥ 妖蜮：蜮，在水中害人之妖怪。
⑦ 通衢：道路。

吾曹[①]戾气所酝酿，乘时为厉应奔驰。

随公一气为消长，气焰所趋不可医。

君不见南交吏酷珠尽徙，东海妇冤天不雨。

蝗蝻入境市有虎，毋乃感召由天鼠。

古来青祥黑眚[②]为咎征，鸡祸犬祸[③]随所取。

山妖水怪有由兴，吾曹与公问谁使。

公无杜陵[④]忠爱之胸襟，纵诵子章髑髅能止灾不侵。

误读周官效安石，欲遣方相禳氛祲[⑤]。

执盾扬戈直戏耳，抱薪救火灾愈深。

而况吾曹纵敛手[⑥]，未必公能舍此现婆心[⑦]。

区区小民何足惜，饱公之囊果吾腹。

天若爱民不遣公，吾曹为祸公岂福。

不然公如两袖清风清，吾曹逝矣何庸逐。

有司曰噫无他策，此曹鸱张[⑧]何能斥。

欲解苍生命倒悬，安得青天一声鸣霹雳。

《逐疫有感》 ——清·郑鹏云

逐疫年来更赛神，王爷骨相俨然真。刀光如雪甘心试，太息乩童不惜身。

迎神也达长官知，多少旌旗[⑨]杂国旗。信士唯余香一瓣，求须我佛叩慈悲。

---

① 吾曹：我们。
② 黑眚：五行水汽产生的灾祸。
③ 鸡祸：鸡瘟，每逢水患，鸡多疫症。犬祸：与狗有关的变异，是凶兆。
④ 杜陵：唐朝诗人杜甫。
⑤ 祲：预兆灾祸之云气。
⑥ 敛手：束手，不敢妄为。
⑦ 婆心：慈悲善良的心。
⑧ 鸱张：态度嚣张。
⑨ 旌旗：旗帜，王醮的旌旗会悬于灯篙，挂上灯火，招引天界众神、孤魂野鬼。

《流疫歌》——清·黄赞钧

大兵之后继凶年[①]，法寇销声鬼哭喧。

阴霾黯黯天无色，魑魅魍魉攫人传。

慧星初匿迹，闾阎手加额[②]。

谓可致升平，共相登衽席[③]。

阴阳失时旱涝起，旱苦妖魃涝苦水。

疫疠中人[④]甚蛇蝎，死丧沦亡等蝼蚁。

清宵逐厉观乡傩，街头宝塔纷笙歌。

爆竹轰轰阴气散，人心安定天灾过。

天灾过，乐如何，

男勤耒耜女勤梭[⑤]。

交修德，召太和。

---

① 大兵：光绪十年（一八八四年），法军侵扰台湾北部基隆、淡水。凶年：饥荒之年。

② 闾阎：指乡里之人。手加额：把手放于额头，表示感激庆幸。

③ 衽席：指卧榻，借喻太平安居之生活。

④ 中人：指伤害人。

⑤ 男勤耒耜女勤梭：男耕女织的平安生活。

37. 墓坑鸟：阴间返魂

类别╲妖怪　　地域╲离岛、山野

介绍

墓坑鸟，或曰“鬼鸟”，是人类冤死而不散之魂气，凝聚成尖嘴邪鸟，眼红如血，恶声尖戾。相传墓坑鸟会从狱间飞返世间，带来不祥，作祟于人。

在金门人口中相传，“戴胜”即是鬼鸟。这种鸟禽在春季三月是繁殖期，喜爱筑巢于土穴、树洞之中，因此也会营巢于破墓坑穴之间，所以被人们称为“墓坑鸟”。金门地区经常有墓坑鸟的踪迹，当地人盛传此鸟是死神化身，若意外遇见此鸟，则要吐口水，借此袪除晦气。

卢若腾的《鬼鸟篇》诗中叙述，永历十六年（康熙元年，一六六二年，壬寅年三月），鬼鸟袭击金门村镇之奇事。士绅子弟洪兴佐，生性残暴无良，经常折磨家中一位名叫新儿的女婢，对她残忍鞭打，甚至以绳索将她捆绑，丢入深潭溺毙，再剥光尸体衣物，掩埋于沙滩上。新儿阴魂含冤，死不瞑目，因而化身为鬼鸟，重返人间。

来年洪兴佐罹患重病，病榻外常有一只红眼异鸟聒噪不休，甚至向他飞扑袭击。村中老巫以神通视之，才知鬼鸟乃是冤死的新儿魂魄幻化。奄奄一息的洪兴佐心生恐惧，祝祷上天，恳求悔过。虽然祈福仪式过后，鬼鸟飞离村树，但三日后洪兴佐仍旧回天乏术，重病惨死。洪兴佐死之日，正是去年杀婢之日。

墓坑鸟

鬼鸟鬼鸟声何悲
非鸦非鹏又非鸱
何处飞来宿村树
晨昏噪聒不暂移

典文

《鬼鸟篇》——明·卢若腾

诗序

洪兴佐，世家戚也。性本凶暴，兼倚势作威，屡以小过杀婢仆。来寓浯之后洲村[①]，村民徧受毒虐，婢新儿触怒，榜掠[②]无完肤，复缚投深潭溺而杀之，裸瘗[③]沙中。

踰年，兴佐病，咯血垂危。有鸟，花色短尾，红目长嘴，厥状殊异，来栖兴佐屋后树间，更不他适。

兴佐病久，燥火愈炽，求睡不得，而鸟日夜嘲哳聒扰之。已径升其堂，视兴佐，鼓翼伸爪作啄攫。时有巫能视鬼，召令视之，巫作鬼言曰："吾新儿也，枉死不瞑，今化为鸟索命耳。"于是家人呼新儿，则鸟随声而应。

兴佐始惶惧祷祝，鸟去三日，而兴佐死。死之日，即去年杀婢之日也。

村民转相传述，谓死者有知，人不可妄杀。

余闻而悲之，亦快之，作鬼鸟诗。岁壬寅三月。

诗文

鬼鸟鬼鸟声何悲，非鸦非鹏又非鸱[④]。

何处飞来宿村树，晨昏噪聒不暂移。

忽复飞入病人屋，跳跃庭中啾啾哭。

病人扶向堂前看，张嘴直欲啄其肉。

羣将矢石驱逐去，宛转回翔无觳觫[⑤]。

---

① 浯：即浯洲屿，简称浯屿，便是现今的金门。后洲村，位于金门的榜林村西。
② 榜掠：鞭打折磨。
③ 瘗：掩埋。
④ 非鹏又非鸱：鹏，形状似猫头鹰。鸱，形状像黄雀，嘴短而弯。
⑤ 觳觫：因为恐惧而战栗。

假口神巫说冤情，举家惊呼故婢名。

鬼鸟应声前相讶，似诉胸中大不平。

病人惶恐对鸟祝，我愿戒杀尔超生。

鬼鸟飞去只三日，病人残喘奄奄毕。

知是冤魂怨恨深，拽赴冥司仔细质。

年来人命轻鸿毛，动遭磔剁如牲牢[1]。

安得化成鬼鸟千万亿，声声叫止杀人刀。

---

① 磔：磔，宰割之意。牲牢：豢养的牲畜。

38. 赤虬：掌管风雨之龙

类别╲妖怪　　地域╲天界

介绍

赤虬，是一种浑身赤炼的有角蛟龙，掌管风云雨露。此龙能引发洪水，兴风作浪，喜爱与雷电之神在云间嬉闹游玩。

陈肇兴的诗中记述，一八五四年（甲寅年），曾有赤虬乘黑云而来，引发猛烈风雨，浊水溪洪水暴涨而改道，沿岸泛滥成灾，百间屋舍惨遭淹毁，稻田也一片汪洋。

典文

《大水行》——清·陈肇兴

黑风吹海使倒立，百川水从内山入。
排云驾雨鞭蛟龙，白浪高于天一级。

《捒中[①]大风雨歌》——清·陈肇兴

横吹黑雨卷山来，飞洒如麻乱相扑。
鞭策百怪驱蛟龙，电公曦母纷相逐。
半空纯是金甲声，时有赤虬[②]飞贴肉。
使风挟雨雨倒吹，驾雨助风风更速。
朝南暮北一旋转，有若天轮回地轴。

---

① 捒中：猫雾捒，台湾中部台中盆地，范围包括：丰原、东势、石岗、新社、大雅、与台中北屯与西屯。
② 虬：有角之龙，其角呈现螺旋状。

39. 麒麟飓：风中火云

类别＼妖怪　　地域＼天界

介绍

麒麟飓，或称“火麒麟飓”“麒麟暴”，龙首马身，周身鳞甲散发火焰，是一种居住于台湾山间之奇兽。台湾在夏秋之际时常出现的焚风，便是麒麟飓造成的异象。

大陆麒麟踏蹄则草生，但台湾岛的麒麟却截然不同。每当山上的麒麟飓乘云下山时，将产生灼热之火烧风，高温滚烫的旋风会席卷人世，让绿草植物枯死，甚至引发大火延烧大地。

若高山冰雪被麒麟飓的四蹄所踏，山雪也将融化造成雪崩，引发洪水泛滥。

麒麟之飓火为妖
飑飑惀惀如焚烧
麒麟飓

典文

《东瀛识略》—— 清 · 丁绍仪

有时风愈烈，燥热愈甚，风过草木皆焦，名“麒麟暴”，谓风中有火云。

《赤嵌集 · 飓风歌》—— 清 · 孙元衡

又有麒麟之飓火为妖，颮颮惀惀如焚烧。
黄发遗民一再见，阖门坚壁逃蒸熇。
青青者黄、黄者黑，死海破块山枯焦。
飞廉狂痴肆其虐，祝融表里夫谁要。

《咸雨叹》 —— 清 · 林豪

噫嘻乎悲哉！
狂风刮浪吹为台，麒麟之飓挟火来。
青青草树变焦赤，四野[①] 得雨翻成灾。

① 四野：四处。

40. 蛇首族：飞天妖魔

类别╲妖怪　　地域╲北部、山野

介绍

传言，台湾东北部海岸或附近某处离岛，有蛇首人身妖怪栖居，面容如狰狞蛇头，吐舌嘶嘶，名为“蛇首族”。

蛇首族能以背上肉翼飞翔，性喜食人。

清朝时，福建将领万正色（一六三七——一六九一年），身形魁梧，声如洪钟，曾率领船舰东行日本。船队途经台湾北部海域时，遭遇洋流牵引，船舵不受控制，停泊于台湾岛基隆山附近某处无名海岸。万正色命令四名士兵下船查看，探询路径，却骤生意外，被当地的蛇首族发现，其中一人被抓获，遭众妖怪吞食，其余三人惊吓逃离。返回船舰的途中，他们又在林野之间，遇见同为遇难之人，与他一同返回船上。

遇难者说，蛇首族世居此地，生性凶暴残虐，他的同伴们也都被蛇首族所吞吃，唯独剩他一人。而他之所以能逃过蛇首族魔爪，乃因他身上所系的囊袋藏有雄黄，蛇首族畏惧雄黄辛辣，不敢近身。

万正色众人闻言欣喜，连忙将船内的竹编箱子打开，取出百多斤的雄黄，分发给船上每人。这时，数百蛇首族也飞身来到，却因为惧怕雄黄异味，始终不敢靠近。众人赶紧扬帆起舵，急速远离此岸。

蛇首族
鸡笼山后某地
山中人蛇首狰狞
能飞行畏雄黄

典文

《重修台湾府志》

陆路提督万正色，有海舟将之日本，行至鸡笼山后，因无风，为东流所牵；传台后万水朝东，故其舟不胜水力。

抵一山，得暂息。舟中七十五人，皆莫识何地。

有四人登岸探路，见异类数辈疾驰至，攫一人共噉[①]之，余三人逃归。

遇一人于莽中，与之语，亦泉人。携之登舟，因具道妖物噉人状。

莽中人曰："彼非妖，盖此地之人也。蛇首狰狰，能飞行，然所越不过寻丈。往时余舟至，同侣遭噉，惟余独存。"

问何以独存故，则举项间一物曰："彼畏此，不敢近耳。"众视之，则雄黄也。

众皆喜曰："吾辈皆生矣！"出其簏[②]，有雄黄百余斤，因各把一握。

顷之，蛇首数百飞行而来。将近船，皆伏地不敢仰视；久之，逡巡而退。

逮后水转西流，其舟仍回至厦门。

乃康熙二十三年[③] 甲子八月间事。

---

① 噉：吃。
② 簏：竹编箱子。
③ 康熙二十三年：一六八四年。

41. 濑口大牛

类别╲妖怪　　地域╲南部、山野

介绍

在康熙六十年（一七二一年）三月，台南再度出现奇牛异兽的踪影。当时大雨倾盆，巨型奇牛冒雨从河口下水，在经过城镇、柴桥头，纵跳入海，往港外奔游而去，就算以小船追寻，也不知所终。

典文

《重修福建台湾府志·卷十九·杂记》

康熙辛丑三月二十八日，大雨如注。六月六日始晴，山摧川溢，溪涧阏塞，田园沙压。

濑口[①] 有大牛，冒雨儯腾，下岸入水。过三鲲身登陆，由镇城从柴桥头入海，向大港而出，小艇追之，不及而还。

此不知为鳄、为鲸、为水牛，或兆鸭母之乱，旋即歼灭乎。

---

① 濑口：河口。

42. 东北暗澳山：鬼魅国

类别╲鬼魅　　地域╲东部、山野

介绍

台湾东北部，有一处暗澳山（或曰“暗洋”），是千万鬼怪栖居之地。

许久以前，西方人（荷兰人或西班牙人，或其他外域种族）曾经搭船经过暗澳，停泊此处，上岸后看见天空混沌，日夜不明，无人居住，但却奇花异草漫山遍野，犹如仙境。

因此，船长决定派遣船上的两百名蛮夷水手驻扎在此，并且留下足够维持一年的食物。

但是，当来年再度到达暗澳山时，山中却是一片漆黑，黑夜常暗，驻留之人毫无踪影，犹如神隐。

于是他们点火搜寻，才发现有石碑留字，写下详细情况：“此地一到秋天就昏天暗地，到了春天才有白昼。一旦入夜，暗澳山中皆是恐怖鬼怪。”山中鬼怪会杀害生人，因此，停留山中的人数逐日减少。

暗澳魔山，原来是一年一昼夜。

此传说遍载于台湾的清代古书，是当时极为盛行之魔山奇谈。

典文

《蓉洲诗文稿选辑·东宁政事集》——清·季麒光

暗洋，在台湾之东北。

有红彝舟泊其地，无昼夜，山明水秀，万花遍山，而上无居人。谓其地可居，遂留二百人，给以一岁之粮，于彼居住。

次年再复至，则山中俱如长夜，所留之番已无一存。

乃取火索之，见石上留字，言："一至秋即成昏黑，至春始旦；黑时俱属鬼怪。"其番遂渐次而亡。

盖一年一昼夜云。

43. 鳅鱼精

类别╲妖怪　　地域╲南部、山野

介绍

恒春县的东部山丘，有一处洞穴名为“雷公窟”。窟中有碧蓝水潭，潭中有硕大石柱，传说有鳅鱼精居住在水潭深处。某日，风云四起，狂澜暴雨中有雷电击中石柱，从此之后再也不见鳅鱼精踪影。据传，在恒春的二重溪桥旁“出火”景观处的附近平台，有一块中间裂缝的大岩石，便是当初被雷电击中的痕迹。

典文

《恒春县志》——清 · 屠继善

雷公窟，在县东二里。

窟深六七尺，水清澈，上有石如砥柱，相传有鳅鱼精在窟中。

一日黑云四起，雷霆交加，大雨中霹雳一声，击去石柱，以后怪遂绝。故名为雷公窟。

44. 制风龟：飓风止息

类别╲妖怪　　地域╲山野

介绍

制风龟，台湾岛屿荒古幻兽，平时栖巢于山谷渊潭深邃处，偶尔也会下山游历，现身于海港水滨。

制风龟出游时，其四足之下会有四小龟，负载制风龟身躯。据说，制风龟拥有异能，只要现身山野间，或者吼叫，便能让大风停息。

虽然制风龟平素难见，更遑论捕捉，但某年在台南的安平港，曾有制风龟意外深陷渔网，被渔翁所擒。某位王姓官员眼见奇龟有趣，便以铜钱购买，但随后渔翁梦见龟族神灵托梦，惊吓醒来，便赶紧找寻王姓官员要赎回异龟，再将它放生水中。

典文

《台游日记·光绪十八年六月》——清·蒋师辙

过惠庵斋，禹门亦至，为余述一异云：

“往岁，台南安平港有渔翁网得一龟，大可六寸，足踏四小龟而行。司榷王君以缗钱[①] 数千得之。渔翁夜梦神示异，惊悖而醒，仍从乞还，置诸水滨，蹒跚而去。不审何怪？”

---

① 缗：吊绳。缗钱：指成串吊绳的铜钱。

制风龟

出时四小龟载其四足而行
遇大飓风是龟出即止

《云林县采访册》——清·倪赞元

制风龟，产山谷中。

出时，四小龟载其四足而行。

遇大飓风，是龟出即止，故名制风龟。

樵夫曾望见之，究神异不可得。

45. 巨芦鳗精怪

类别╲妖怪　　地域╲北部、山野

介绍

在新竹地区的东部，有一座石壁潭（现今位置是新竹的芎林乡石潭村）。石壁潭的潭水清澈碧绿，旁边的石壁则高立千丈，在石壁旁则有一个石穴，岩壁上有千万绿藤攀附，碧潭岩穴，犹如水神的宫殿所在。

每逢天气阴暗，大雨倾注，则会有壮观大浪从潭中涌现，犹如龙神张牙舞爪，目睹者都惊恐万分，据说，潭中有巨芦鳗精怪栖息。

典文

《新竹县采访册》——清 · 陈朝龙

石壁潭，在县东二十五里石壁潭山下。

壁立数仞，下有深壑，其水碧色。旁开一穴，若岩。攀藤俯注，如瞰冯夷[①]之宫。

每当雨晦天阴，浪从中喷，恍若蛟螭攫物状，观者莫不惊怖欲绝。

或言，中有巨芦鳗云。

① 冯夷：水神、河伯之名。

46. 旋风蛟：狂风过境

类别＼妖怪　　地域＼北部、南部、山野

介绍

旋风蛟，栖息于台湾南部山涧深处的古代幻兽，双翼拍荡会引来回旋飓风，横扫千里。

光绪四年（一八七八年），有一旋风蛟从台南郊外现身，引来狂风大作。旋风蛟拍翼扑飞，片刻之内便从台南飞抵台北，消隐于山峦间。旋风蛟翱翔经过之境，皆是满目疮痍，城镇毁坏，屋舍倾倒，森林大树遍皆折断，尤其是嘉义县内的政府官署，受创最为严重。

典文

《嘉义管内采访册》

光绪四年四月二十一日戌时，有蛟龙从台南震动，狂风甚大，数刻之间，直抵台北而没。

所过之城邑市镇，屋宇被风扫倒，大树飘飞，难以尽举。

惟城内文武官衔，受摧折尤甚，各处皆然。

令人莫解，此为大异也。

47. 婆娑鸟：台阳妖鸟

类别╲妖怪　　地域╲中部、山野

介绍

据闻，乾隆五十一年（一七八六年），有百姓目睹妖鸟现身，二十几日之后，妖鸟才不见踪影。

妖鸟停歇时，若啼鸣，便吸引百鸟来朝，甚至会引来体型比牛马还巨大的海鸟来朝拜。百鸟会衔抓虫食鱼虾献给妖鸟，就算妖鸟飞往他树，百鸟也紧随其后，如同士兵拥护将帅前行。

典文

《无稽谰语 · 台阳妖鸟》—— 清 · 王兰沚

至秋将尽，复讲称彰邑有凤凰来，余不信，遣役往视。

反命曰："有海鸟数千，集李氏废园中，大者倍于牛马，小者如蜩蝉，中一鸟大才如鹅，形如牝鸡，毛羽灰黑色，不闻其鸣，立必居中。群鸟环卫之，且争衔鱼虾之属置其前，俟黑鸟食已，然后众鸟敢食。营将率兵已火枪击之，轰然高举，不能中其一，兵退复集，凡三日始去。"

余曰："凤九苞而修尾，声中律吕，此特海中之妖鸟耳，何足异耶？"

然私心耿匕，殊怀杞忧，密遣干朴往彰侦探。

覆云："彰之东境地名大里杙[①]，密迩番界，居人数于户，皆林姓，内林爽文向为族众推服，今将应清溪凤见之兆，谋不轨。"

① 大里杙：现今台中市大里区。

婆娑鸟

妖鸟大如莺身五色
集处百鸟环绕衔物献之
飞集他树百鸟亦随而环绕之

《彰化县志》——清·周玺

乾隆五十一年夏四月，柴坑仔庄有妖鸟栖于树，二十余日乃去，不知所往。

妖鸟大如莺，身五色，集处百鸟环绕，衔物献之，飞集他树，百鸟亦随而环绕之；若士卒之卫帅然。

是冬十一月，林爽文作乱。

48. 傀儡山之云龙

类别╲妖怪　　地域╲南部、山野

介绍

云龙，浑身墨黑，能招引风雨，栖息于台湾南部的傀儡山峰。

在乾隆三十七年（一七七二年），有一尾云龙从傀儡山壑旋舞而出，带来彻夜大雨，并且为山下的南路港带来洪水灾祸。

云龙显现龙身，前兆常有彗星引路。

典文

《福建通志台湾府》

乾隆三十七年七月，台湾彗星见。

数日后，南路港东里大水。

先一日巳刻，傀儡山云中有物，头角鳞爪毕具，蜿蜒隐见数刻，大雨彻夜不止。

《台湾采访册》——清·陈国瑛

乾隆，彗星散曜之年月，数日后，南路港东里遂有洪水之灾。

先一日巳刻，傀儡山黑云四布，望之如墨云，中有物，头角鳞爪毕具，蜿蜒隐现，如世所画云龙状，不数刻，大雨如骤，彻夜不止。

49. 鼠尾云：鼠妖作祟

类别＼妖怪　　地域＼山野

介绍

鼠尾云之妖，又称“鼠尾”“鼠尾妖”，形状如大鼠，喜群居，窜爬在万丈高云之上。

若仰望天际云层，常可见鼠兽的黑尾从云缝间垂下，其尾可蜿蜒百里之长，有时伸长有时收缩，有时细如鼠尾，有时又如同巨大的牛尾摇摆。眨眼之间，数十条、数百条鼠尾晃动，逐渐成围，扰乱云气，并制造出弥天漫地的暴风雨。

每当鼠尾妖搅动云层，挥出狂风，就会以细长鼠尾卷起路上行人。曾经有轿夫被鼠尾卷到上空，丢掷在树木顶端，大声呼救。若船夫行船时，望见墨黑尾鼠在云下窜动，便心生害怕，希望快点逃离鼠尾卷扫范围。

古早时代，台湾林野之间的鼠类体型硕大，尤以“竹鼠”为最，翟灏记载在《台阳笔记》上的《竹鼠》篇章，有此说明：“台湾随地皆竹，居民种之作墙，以蔽内外。竹林出鼠，大如猫，露门牙二，刚利无比，食竹根为活。以之供厨，肥美加于别味。然不易得。余在龙岩时，曾获二头。后不见有售者。”

典文

《福建通志台湾府》

台湾青天白日，忽黑云四布从远岫起，人见之有尾在云际，蜿蜒不知何物，曰“鼠尾云”。

初见在云脚间，或伸或缩，如丝如鼠尾，再睹则如绳如牛尾矣。少顷间，小者、大者数十条，更有广至数围，渐渐逼近，风遂暴起。

每风起，直卷人上至天半，而不致害命。

尝有一人坐肩舆及两舆夫被鼠尾卷去，自空而下，刚在树杪，大呼救命。

众骇见而无如何。

忽前舆夫力不支坠地，后舆夫亦寻坠，坐舆人傍徨四顾，半晌亦坠下，皆无恙。

又闻人被鼠尾风卷上，只茫茫然不知所以然。

既而风渐静，则徐徐而下至地，呆立不动，片刻间始能行。

计所止之地，距腾空处相去十有余里矣。

《台湾采访册》——清·陈国瑛

青天白日，忽黑云四布，从远岫起。人见之，有尾在云际蜿蜒，不知何物，咸称之曰："鼠尾"。

尝上北路，至湾里溪，渡中流，见一物，在云脚间，或伸、或缩，初见如丝、如鼠尾，再睹则如绳、如牛尾矣。少顷间，小者、大者数十条，更有广至数围，渐渐逼近，风遂暴起。

舟子惊曰："鼠尾起矣！"不速至，必被淹没，舟人大恐，甚有哭者。

幸到岸，急风大至，与舆夫俱蹲竹下，有顷，风止乃得行。

50. 大肚山：巨妖所栖

类别╲妖怪　　地域╲山野、中部

介绍

中部的大肚山，又称“大肚台地”。最高处约为海拔三百多米，被称为“望高寮”，是因为西望可远观台湾海峡，东望可以俯瞰台中盆地的夜景。虽然地势不高，但周围皆属平缓地势，故立足此山，能将八方景致一览无遗。

世居台中大肚山脚的耆老传言，有一巨妖被斩首斩尾，死后骨骸，化作大肚山。因此，大肚山犹如人形躺卧于丘壑之间。但详细故事，莫知其详。

巨妖虽只剩空壳皮囊，但其残存的精气血脉却流渗周围，孕养森林植被，涵纳万物生长。草木吸收巨妖血气，因而散发奇味异香，百姓也在此建立乡镇。

大肚山人杰地灵，也有奇异物种居住其间。根据“特有生物研究保育中心”的调查，除了在苗栗与嘉义有“石虎”的踪迹之外，在台中龙井的大肚山西南侧森林，也有石虎的身影。

早期的大肚山记载，可以参考戴维·莱特的记述，他说明了大肚山南侧的“大肚溪”被西班牙人称为“耐心河”的原因：“离 Middag（大肚）北方约七个里格（Leagues），离海边约四个里格处，有座‘大肚台地’，此山因为难以攀登而被称为此名。这山像方桌，匀称平坦简直如艺术品，根本不像是天然形成的地形，同时它还拥有邻近平原环绕的例轴（Brambles）丛生。在南部的山脚下，有一条湍急的河流①，就算是最强壮的土著（他们同时也是体格强健的男人），也不敢任意涉水而过。若要涉水而过，他们至少要二三十个人，手紧握着手才行。因此西班牙人开玩笑地称此河为 Rio Patientia（耐心河），因为要通过这湍急的河流不仅需要大量的劳力，也需要一些耐心。”②

清朝时代，郁永河的《裨海纪游》曾记录此地，说明当时彰化以北的地域少有汉

---

① 河流：即是“大肚溪”，此溪水又称“乌溪”，河长一百公里以上，是现今台中市与彰化县的界河。在十九世纪，乌溪的入海口处，曾有繁荣一时的大港口“涂角窟港”，但在一九一二年已因大洪水暴发而淹没于水底。

② 此段文章，摘录自《初探“福尔摩沙”·“福尔摩沙”笔记》，原著：戴维·莱特，翻译：叶春荣。

人足迹，是十分危险的地区，甚至可能遭受原住民猎杀："十二日过哑束社[①]，至大肚社[②]，一路大小积石，车行其上，终日蹬殊因，加以林莽荒秽，宿草没肩，与半线[③]以下如各天。至溪涧之多，尤不胜记。十三日，渡大溪[④]，过沙辘社[⑤]至牛骂社[⑥]，社屋隘甚，值雨过，殊湿，假番室牖外社埸，缘梯而登，虽无门栏，喜其高洁。……前山实为藩篱，不知山后深山，当做何状，将登麓望之。社人谓：'野番常伏林中射鹿，见人则矢簇立至，慎毋往！'余颔之，乃策仗披荆，拂草而登，既陟颠，荆莽樛结，不可置足，林木如猬毛，连枝累叶，阴翳昼冥，仰观太虚，如井底窥天，时见一规而已。"

时至十八世纪、十九世纪，大肚山周围地区逐渐被开垦，诸多汉人移入此地。清朝官员秦士望[⑦]便写诗《肚山樵歌》，吟咏此地风光："山高树老与云齐，一径斜穿步欲迷。人踰贪随岩鹿隐，歌声喜和野禽啼。悠扬入谷音偏远，缭绕因风韵不低。刈得荆薪偿酒债，归来半在日沉西。"

嘉义诗人赖雨若（一八七七—一九四一年）也曾赋诗《肚山观海》："平地焉知海阔何，欲宽眼界上嵯峨。纵观始信难为水，极目汪洋万顷波。"

早年，大肚山是土匪强盗盘踞之地，若有商人要路过大肚山，前往西侧的涂角窟港、梧栖港，都恐惧盗匪袭击，甚至流传俗语："若要抢人，即到大肚。"根据传闻，丘逢甲[⑧]在乙未年六月（一八九五年七月）曾暂宿台中大雅张家的"学海轩"私塾，隔日在张家协助下，躲避大肚山土匪"红炮"秋猛的劫掠，顺利前往涂角窟搭船渡海。

大肚山，也有一地区唤为"王田"，据传是大航海时代的荷兰东印度公司垦田之处，将土地贷给平埔族、汉人来耕种。

中部乡野传说，大肚的王田也是郑军与荷兰军交战之处，许多荷兰人战死此地，成为孤魂野鬼。每当天气转坏，即将下起倾盆大雨时，大肚的乡间田野，就会传来"咻！

① 哑束社：大肚溪南岸的平埔族社。
② 大肚社：社址位于大肚溪的下游流域。
③ 半线：现今的彰化市。
④ 大溪：大肚溪。
⑤ 沙辘社：台中市的沙鹿。
⑥ 牛骂社：台中市的清水。
⑦ 秦士望：公元一七三六年来台，就任台湾府彰化县知县。
⑧ 丘逢甲：曾参与台湾的抗日行动，兵败后，他避于"学海轩"，题写《离台诗》："宰相有权能割地，孤臣无力可回天；扁舟去作鸱夷子，回首河山意黯然。"

咻！”的怪声，是荷兰鬼魂在古战场上集体哭泣。只要听闻这种怪声，三日之后，就会出现大风雨。

典文

《台湾纪事 · 卷一 · 纪诸山形胜》——清 · 吴子光

大肚山，无首无尾，如人卧地上，只一副腰腹空壳，别无精神血脉之留。山以大肚名，肖甚亦陋甚。

山长三十里有奇，宽二十里有奇，有村，有市，有田亩。有果蓏，多秀色，有草木，多异香。台山之最膏腴者也。

51. 酒桶妖：山中怪物

类别╲妖怪　　地域╲北部、山野

介绍

在新竹县尖石乡和苗栗县泰安乡的中间，有一座酒桶山，形状犹如大酒桶，山形圆柱，寸草不生，凡人难以抵达。

此山也就是现今称呼的“大霸尖山”，位于雪山山脉的北棱线，是台湾著名百岳，属于雪霸公园。

耆老传说，在酒桶山的某处山腰，有一座石洞，曾经有一名原住民打猎时经过，看见洞中出现一名恐怖妖怪，略具人形，龇牙咧嘴想要食人，原住民因而惧怕逃走。

典文

《台湾纪事 · 卷一 · 纪诸山形胜》—— 清 · 吴子光

酒桶山在新竹县境，山形如酒户炊桶，故名。

径路险绝，谢客屐齿[①] 所不到处也。

故老相传，山腰有石洞，昔有野番射猎到此，遥见一物具体人形，目眈眈似怒似骂，意欲搏人而噬之者，番急拼命走避，遂以此地为畏涂云云。

---

① 谢客屐齿：传说东晋时代的文人谢灵运，曾经发明一种特殊的木屐，可以拿掉木屐的前齿，方便上山时让身体重心平衡。下山时，则可以舍去木屐的后齿，便于下山时保持身体平衡。

52. 獠人族：鸟爪三指人

类别＼妖怪　　地域＼山野

介绍

台湾岛内域深山，有“獠人族”居住。奇形怪状，双手是三指鸟爪，尖锐无比，擅长飞荡于森林树丛之间。獠人族会在树巅打造木造屋舍，居住其中，并且也精通耕种粟米，会将收成谷获珍藏在高耸的树洞之内。并且，獠人族通达弓弩箭术，一旦敌人靠近他们的树国领域，便会在树梢以弓箭攻击，让任何人都无法靠近。

典文

《澎湖台湾纪略》—— 清 · 杜臻

或盛言封畛辽阔，獠人错居，多奇怪。

有三指人，爪锐如鸟，跳踯山林如猿玃，居于树颠。树绝大，其颠平广可置屋。

其人亦能耕获，得谷辄徙置树上。

又善弩人，迫之辄注矢下向，终莫能近也。

53. 长髯矮人

类别╲妖怪　　地域╲山野

介绍

传说，台湾丘陵凹地之间，居住着长胡须的矮人族。

矮人族个性多疑聒噪，无论男女老幼的形态都像是矮小孩童，发须都会长过腰腹。矮人族个性活泼热情，喜爱恶作剧，居住在地势险峻的山谷或水道深处，在某些传说里有吃人的习俗。

典文

《澎湖台湾纪略》——清·杜臻

有长髯矮人，仅如十岁小儿，而须皆过腹。

54. 乌蝶妖怪：蔽日遮天

类别＼妖怪　　地域＼山野

介绍

乌蝶，乃是出没于台湾平野的奇形妖怪，形体大如茶杯，若群起而飞，甚至能遮蔽太阳，呈现白昼夜景的画面。

每当乌蝶妖怪群飞遮日，便是预告将有不吉祥的事发生。

典文

《树杞林志》

光绪六年，有乌蝶大如茶杯，群飞蔽日而南。

咸丰四年，乌蝶重见二次，地方皆不宁。

55. 西班牙白马幻影

类别╲妖怪　　地域╲北部、山野

介绍

罗伯特・史温侯（Robert Swinhoe, 1836—1877。或译为郇和、斯文豪），是英国人，出生于大英帝国统治下的印度加尔各答。他是一名英国外交官，在一八五六年来台湾岛做短期的考察，在一八五八年曾搭船环绕全岛一周。史温侯在一八六一年到一八六六年之间，担任英国驻台领事，负责英国与台湾的各种外交事宜，但他最为人知的功绩，则是作为一名博物学家，研究台湾岛屿的生物。

他回国后，曾在英国皇家地理学会、伦敦民族学会、伦敦大展进行演讲，介绍台湾岛屿特产、种族、鸟兽生态等风貌。一八六二年，史温侯发表论文《“福尔摩沙”哺乳动物学》（*On the Mammals of Formosa*）描述了台湾黑熊、台湾猕猴、台湾云豹等哺乳动物的生态记录。

史温侯喜爱在台湾各地旅行，记录当地的生态物种，在某次的北部历游时，他来到了棕榈岛，也就是现今的和平岛，位于基隆港东北方的一座岛屿。最早，岛上的原住民巴赛族称呼此岛为“Tuman”，十七世纪时汉人称呼为“社寮岛”，西班牙人抵达此处，称呼为“棕榈岛”，并且在岛上建筑城墙，称为“圣萨尔瓦多城”，现今则称为“和平岛”。当史温侯在两百年后来到此岛，西班牙人建筑的城堡早已倾颓，只剩下断壁残垣，并且当地居民告诉他，古城废墟常有白马幽灵彻夜徘徊，仿佛暗示墙下埋有宝物。

罗伯特・史温侯

白马幻影
棕榈岛西班牙城堡废墟
白马灵影护守墙下珍宝

典文

《英国皇家地理学会学报 · 第十期第三号 · 一八六六年 · “福尔摩沙”记行附录》
——史温侯

我们走遍港口一个小岛的大部分地方。那岛叫作棕榈岛（Palm Island），如此命名是由于在其山丘表面显眼处长着小棕榈树（Phoenixsp）。

此岛内部的一角仍可见到西班牙城堡的废墟，有一道很长但已倾颓的矮墙，上面布满植物，围住约三英亩的土地，面对内港的一角。

在隆起的地面上，耸立着废墟残骸。同岛的最高小山上，有一座曾一度居高临下，对着岛屿入口、朝向海面的小城堡，现在只留下几块石头。

随我上岛的当地居民，很确信地告诉我，约三十年前，可见到一匹白马的幻影，幽灵每天傍晚都站立在此城堡上，似乎表示墙下藏有宝物。

移垦者赶到那地点，拆毁城堡来寻找，结果什么也没找到。

汉人与西方人志异 /

乡里之章

56. 五通：伪神求香火

类别＼妖怪　　地域＼南部、乡里

介绍

五通，或曰“五妖”，原为中国江南地区的山魈鬼族，从宋朝至明朝，江南民间常有祭祀五通之祠庙。事实上，五通原形为邪魔外道，只是披上神明假皮，借此谋取香火。

清朝时，五通信仰流入福建等地，后因闽人渡台，五通也借机随船而行，窜入台岛。

姚莹担任台湾知县时，听闻某位姓许之人在病重之际，被五妖强行索求祭祀，其兄长因此赶紧筹措资金，倾家荡产，制作五妖的神像并且隆重祭拜。

姚莹因此大发雷霆，为了遏止民间秘密祭祀五通，便禁止淫祀淫祠，并开庭审判此魑魅妖言惑众。姚莹甚至遣人拘捕来五通的神像，以棍棒击碎，将残骸投于火堆之中。

典文

《东溟外集 · 卷四 · 焚五妖神像判》——清 · 姚莹

闽俗好鬼，漳、泉尤盛。小民终岁勤苦，养生送死且不足，辄耗其半以祀神。病于神求药，葬于神求地，以至百事营为不遂者，皆于神是求。

愚民之情，亦可哀矣。

然皆求福而祀，未有害虐我民如五妖者也。

稽尔五妖，本五通之遗孽。昔在三吴为祟，抚臣汤以天子命驱除之。吴民至今安堵。

妖顽不泯，窜入闽中，以至海外，尔宜造福此方，即潜匿民间，窃血食，有司体皇帝爱民之意，岂不尔容？

胡乃怙恶不悛，肆其凶慝！

台湾民人许某者，兄弟和爱，负贩养亲，年未三十，邻里咸称谨愿。

昨者无故体病，谓尔五妖责求祭祀。

其兄贫莫措，尔益为厉，以致于死。

许某将死，语兄若不祀尔者，且祸一家。其兄大惧，因称贷毁家，作尔像，盛礼迎祀，阖郡喧然。

吾既为天子守土宰，境内之事，吾得主之。

今尔敢虐吾民，肆为妖妄，岂可容纵？

且人之死生有命，非尔魑魅所能擅权。

不过适见许某将死，尔欺愚民无知，遂凭之为祟耳。

惑世诬民，莫此为甚！

今遣役械絷尔像，公庭鞫尔。

尔之妖妄已着，是宜杖碎投火，绝尔妖邪之具，开吾赤子之愚。傥[1]尔有灵，三日内降祸吾身，使吾得闻诸上帝。

此判！

① 傥：如果。

57. 鬼哭明伦堂，雷起大成殿

类别╲鬼魅　　地域╲中部、乡里

介绍

彰化著名传说，咸丰十一年（一八六一年），彰化孔庙之内的明伦堂突然传出鬼声，数十日哀号不绝，让人心惊胆战。来年，天降大雷霹雳，劈落于孔庙的正殿大成殿前方。

当时，正逢戴潮春起兵作乱，因此民间盛传此乃灾厄前兆。日据时代的知名作家赖和，曾在《我们地方的故事》中，叙述了这则传说，还提及孔庙左侧的明伦堂曾经被当作监狱，有将近七百人丧命其中。

典文

《东瀛纪事 · 灾祥》—— 清 · 林豪

辛酉年秋，彰化明伦堂[1] 鬼哭数日，闻者惊悚。

越明年春，雷起彰邑孔庙，人以为孔道偾事之征云。

① 明伦堂：位于孔庙内，作为教学讲经之教室。

彰化孔庙外观：彰化孔庙建于清雍正四年（1726 年），由彰化知县张镐所倡建。孔庙主祀至圣先师孔子，是清朝初年台湾学宫体制最完善的学府，过往台湾四大书院之一的白沙书院，便设置于此地。

彰化孔庙内的嘉庆年间所制铜钟。

彰化孔庙的大成殿：奉祀孔子与十二哲人，殿前有平台，称为月台，供祭孔大典使用。

58. 老猴魅：贤者镇妖

类别╲妖怪　　地域╲南部、乡里

介绍

方邦基，曾任职凤山县（今高雄市、屏东县）知县、台湾府海防补盗同知。在乾隆十二年（一七四七年），方邦基因为政绩，升任为台湾府知府。

传闻方邦基任内功德爱民，除了以贤能著称外，同时也以高超的道士仙法闻名。他在凤山为官时，曾听闻居住于凤山的某妇女被妖邪作祟缠身，甚至被盗取亵衣。方邦基为解救民难，因而在城隍府前设坛祭醮，颂咒祈神，一时之间风云呼啸。

最终，妖邪不敌，被天神雷电击中，魔身遭破，翻滚倒身于地穴之内，因此现出原形，原来是妖怪"老猴魅"，是一种危害乡野的恐怖妖怪。

方邦基将妖怪的尸身从地穴掘出，凤山从此不再受"老猴魅"祸害。

典文

《续修台湾县志》—— 清 · 薛志亮

方邦基，字乐只，号松亭，杭州仁和人，雍正庚戌进士，保举来闽，署闽清邑篆，补沙县令。踰年调知凤山县，请减重赋，免浮粮，民番感之。有贫不能娶者，妻母欲令其女改适，讼于县，为择吉捐资，相其夫往迎之，遂得完娶。

又有民妇被祟，即暮见形如人似犬，阖室骚扰，莫可奈何。

即为斋戒牒告城隍，忽雷震、怪走入地，掘之得猴子髑髅，有血濡缕，怪遂绝。

老猴魅
民妇被祟阖室骚扰
方邦基祷于神
妖被震死
掘之得猴子髑髅

《东瀛识略》—— 清 · 丁绍仪

台湾以贤守称者，为仁和方邦基。

乾隆初，官凤山县，请免浮粮苏民困。

民妇为妖祟，祷于神，妖被震死。

《东瀛识略》—— 清 · 丁绍仪

台湾县志述凤山有民妇被祟，暮即见形，如人似犬，阖室骚扰，邑令方邦基为牒告城隍神，忽雷震怪走，入地掘之，得死猴一，祟遂绝。

巨蛇啖人、老猴成魅，世亦闲有，所称蛇首而人身，则近乎怪矣。

59. 罪鬼：乡里为厉

类别╲鬼魅　　地域╲南部、乡里

介绍

邑厉坛，祭祀乡邑之厉、无主魂魄之场所。

在郑氏王朝，兴隆庄有一处拘禁犯人的监狱，亡于其中的罪人魂魄，会成为“罪鬼”。因死灵多聚集于此处，附近乡里常受到孤魂野鬼的惊扰，因此王国兴建立邑厉坛，用来镇住罪鬼。

典文

《重修台湾府志》

邑厉坛，在兴隆庄。又一在淡水港东。

伪[①] 时安置罪人所，鬼频为厉。

康熙五十八年，知县李丕煜令淡水司巡检王国兴建祠祀之，以后不复为厉。岁时，俱乡人祀。

① 伪：伪政权，指明朝郑氏时代。

60. 赑屃神兽：白莲圣母

类别＼神灵 地域＼乡里

介绍

清乾隆五十一年（一七八六年），林爽文在台湾中部起义发兵，攻下了彰化、淡水（约现今的新竹等地区）、凤山（现今的高雄）等地。而在乾隆五十三年（一七八八年），清军终于擒获林爽文，结束战祸。

清高宗乾隆视此为“十全武功”之一，并且为了警惕此事，更下令制作赑屃碑碣，示功儆民，在石碑刻以五篇满汉文字书写的“御制文”。而这一篇《御制剿灭台湾逆贼生擒林爽文纪事语》便是其中一篇文章，刻在花岗岩的石碑上，由神兽赑屃石龟驮负。

在清代的《钦定四库全书》中，收录北宋的《营造法式》，曾详列“赑屃鳌坐碑”的营造法式，例如形制与尺寸：“造赑屃鳌坐碑之制：其首为赑屃盘龙，下施鳌坐于土衬之外，自坐至首，共高一丈八尺。碑身：每长一尺，则广四寸，厚一寸五分。鳌坐：长倍碑身之广，其高四寸四分，驼峰广三寸。”而乾隆下令刻制的十座赑屃碑，碑高大约三百一十五厘米、碑宽一百四十厘米左右。

不过，当十座石碑与赑屃石兽渡海来台时，上岸之际，其中一座赑屃却坠落于海，遍寻不见。犯错的官员为了让此事瞒天过海，便制作了一只赑屃仿冒品，并且将此仿制品与一座石碑（刻有《命于台湾建福康安等功臣生祠，诗以志事》碑文的石碑）送往嘉义。此尊“驮负真石碑的假赑屃”，目前矗立于嘉义公园内。

当那只“真赑屃”失踪之后，历经沧海桑田，地方民众经常在夜里看到鱼塭水面发光，而且鱼只还无故减少，却不知为何如此。请教保安宫的王爷之后，才得知原来水底有赑屃，吃鱼显圣，而鱼塭便是当年赑屃的坠海之处。

众人将赑屃石兽打捞上岸之后，便将石兽安置于南厂的保安宫。

据说，在水中韬光养晦、吸收日月精华的赑屃，拥有奇异的灵能。庙方在原本安置石碑的凹槽中，注满了清水，此水具备不可思议的力量，能够治愈眼疾，所以地方民众也尊奉赑屃石兽为“白莲圣母”。

典文

《御制剿灭台湾逆贼生擒林爽文纪事语》（乾隆五十三年）——清高宗乾隆帝

盖自康熙二十二年平定台湾之后，历雍正迨今乾隆戊申，百余年之间，率鲜周岁宁静无事；而其甚者惟朱一贵及兹林爽文。

朱一贵已据府城，僭年号。林爽文虽未据府城，然亦僭年号矣。

朱一贵虽据府城，蓝廷珍率兵七日复之，不一年遂平定全郡。

林爽文虽未据府城，亦将一年始获首渠，平定全郡，则以领兵之人有贤否之殊。故曰：人在人为，不可不慎也。

《命于台湾建福康安等功臣生祠，诗以志事》（乾隆五十三年）—— 清高宗乾隆帝

近年以各省建立生祠，最为欺世盗名恶习；因令严行饬禁，并将现有者概令毁去。

若今特令台湾建立福康安等生祠，实因台湾当逆匪肆逆以来，荼毒生灵，无虑数万。福康安等于三月之内，扫荡无遗，全郡之民咸登衽席。

此其勤绩，固实有可纪。且令奸顽之徒触目警心，亦可以潜消狠戾。

61. 嘉邑女鬼：复仇奇谈

类别╲鬼魅　　地域╲中部、乡里

介绍

在十九世纪中叶，嘉义地区有一名富商巨室姓王，借由向政府捐献钱粮，获得了爵位官职。

当王某意气风发，正要前往广东任职高官时，王某的母亲却突然重病而逝。过了几天，病死的母亲却死后还魂，对王某说："你也即将要随我前往地府阴间，因为地府有四百多起指控你罪状的起诉，尤其是五名女鬼，对你积怨更深，我必须前去听候质询。在地府的衙门被控诉，可没有任何私情门路可以逃避。"说完之后，其母再度死亡。

王某听闻之后，被戳中事实，良心不安，随即脖子罹患大疮，喉咙闭塞无法进食，七天之后也猝逝。

过了几天之后，王某死后复生，向众人说话："地府的刑罚严厉，我的两膝跪在炭火炼条上，被火灼伤溃烂，疼痛难耐。"观察王某的膝盖，果然溃烂见骨。

王某又继续说："我的双眼被刺，鼻子被挖掉，脸颊被钉子贯穿。"说完之后，王某脸庞的皮肉也随后脱落，甚至他还说着颠三倒四的鬼语："你毁坏我的香火，所以我也要断绝你的子嗣！"王某的儿子顿时罹患重病。

家人大悟，过往王某建筑自宅的花园，将附近祭祀兵灾而死的殉难者祠庙大忠祠毁坏，想必在地府中那些殉难者的鬼魂也控诉了王某恶行。因此，王某家人赶紧前往大忠祠旧址，重新焚香祭拜，这时，王某儿子才逐渐病愈，但王某却回天乏术，再次猝死。

乡里的百姓皆传言，王某生前作恶多端，曾宠爱一妾室，妾生儿子之后，将妾扶正为妻。王某的元配不允许，就被王某赶出家门，原妻心有不甘，上吊死亡。尔后，王某为了庆祝其妾生子，还在家门前请来戏班演出一个月，乡人都不敢对他说闲话。

并且，王某也经常奸污乡里的幼女，将幼女送回家时，本来说好要赔偿金钱，却会诬告幼女非处女，借以减低赔偿金额。据说被他奸污过的女子有八十人之多，而被他凌虐而死的妻妾不知凡几。

典文

《斯未信斋杂录 · 君子轩偶记》—— 清 · 徐宗干

嘉邑王某者，巨室也，报捐通判。

将分发粤中，其母猝病，越日而苏曰："儿亦将同往阴司，控状四百数十起，女鬼五人，结冤更深。我并须去候质，彼处衙门不能稍徇私情。"言讫而逝。

王某觉有人批其项，旋生疮，喉闭，绝饮食七日而殁。

亦越日，复苏曰："刑重难受，两膝跪火炼皆烂。"启视之，果然。

又曰："刺吾目、劓吾鼻、钉吾腮。"言未已，肉皆脱落。又作鬼语云："尔绝吾香火，吾亦绝尔嗣！"某之子亦病。

盖附近有大忠祠，祀张逆案内之殉难者，骸骨并瘗[1]于下；某建花园，尽平毁之。其家人闻之竦然，即赴其所，许以修祠造冢，以时祭享。子疾乃瘥[2]，而某死矣。

里人传言：某尝宠一妾，生子立为妻。其妻弗许，某责而逐之，休回母门，妻自缢死。而贺妾生子演剧弥月，亦无敢讦告[3]者。又渔猎幼女奸污之，复还其家，先许以重赀，卒诬其非处子而减与之；无敢置辩。或云被污有八十余人。其妾婢凌虐至死者，人皆不知。

某年才三十余，豪富莫敢谁何！而乡评又素谀美，盖财势动人也。乃于其将死而尽露其罪状，自作孽而自言之，与犯人过堂无异。

---

① 瘗：掩埋。

② 瘥：病痛痊愈。

③ 讦告：告发。

62. 鬼斗声：阴兵造反

类别╲鬼魅　　地域╲南部

介绍

有一位名叫顾开泰的江苏人，来到台湾的凤山地区任职，却意外遭逢林恭等人发起的战乱，陷落在战争中。顾开泰在战变中流离失所，等到战争平息后才回到凤山署。据他所言，在战争前夕，曾经在半夜时刻，听闻鬼兵战斗声响，事后回想才得知，那是阴兵造反叛乱的前兆。一旦出现阴兵造反的“鬼斗声”，就代表未来的战事无可避免。因为有此前兆，他赶紧逃离，才免于被流匪所杀。

典文

《斯未信斋杂录·癸丑日记》——清·徐宗干

顾开泰，如皋[①]人，向游幕凤署，不及于难[②]，孑身外窜。事平至署，言凤山事甚详。乱将作前数日，夜闻鬼斗声，俗云：“阴兵造反”，此劫数之不可逃欤！

① 如皋：又名雉皋、雉水，在江苏省东部、长江岸口。

② 难：战难。咸丰三年（一八五三年）四月，林恭、洪泰等起事，陷台湾、凤山两县，徐宗干与民兵奋力守御，防剿兼施。

63. 僵尸：油蹄猫跳过而变

类别╲妖怪 地域╲乡里

介绍

台湾岛习俗传说，若人死后，停尸期间，尸体遭逢猫只跳过，则会复生，成为恐怖的僵尸，即为“尸变”。僵尸会起立行走，一看见人就会抓抱住对方，若遇到门槛或被路上的物品妨碍，则会跌倒。因此，子孙在停灵期间都会守灵，除了尽孝心外，也是要预防不测。

据说，跳尸之猫，以白蹄猫、油蹄猫（无利爪之猫，另一说则是蹄有魔气之猫）跳过，最为灵验。

典文

《云林县采访册》——清 · 倪赞元

尸忌猫，俗传猫跳过，尸即起行如生，逢人紧抱不脱，过门限或被物冲碍则倒。故子孙夜睡于尸侧，曰守铺；一以尽孝心，二以防不测。

64. 观音大士压孤魂

类别＼神灵　　地域＼中部、乡里

介绍

在嘉义县，每逢七月一日，城街便会掀起邪风，众鬼哭啼，让城中百姓惊吓不已。

某年，百鬼夜哭之时，有一名观音大士神威显灵，喝退众鬼。

观音大士高有一丈，头顶生有双螺角，身穿红色甲胄，青面獠牙，吐舌则常有一尺以上，舌面燃烧如火。百鬼只要望见观音大士现身，便噤声不语，悄然撤走。

嘉义的百姓眼见观音大士为他们解除鬼灾，纷纷欣喜道贺，感谢大士神灵之助。观音大士，即是“大士爷”。

并且往后每逢七月，便会用红缎涂制大士的神像，奉祀礼拜，并且延请僧侣，为孤魂野鬼诵经超度。祭典过后，便将大士神像焚化。

而嘉义县在七月二十九日，则会实行“童子普”，是为了祭拜童子孤魂。

某年，停止祭祀，结果当月妖氛四起，众多童子鬼哭于沿路，城中的许多孩童也相继号哭不安。此时，即以观音大士神像镇压，延请僧道祭拜童子鬼，才停止鬼哭声响。

典文

《嘉义管内采访册》

七月一日，打猫顶街，自乾隆年间设此观音大士。

当其未设之先，迨七月一日起，每日下午阴风惨淡，扑人面目。尝闻鬼声啼哭，人人畏惧，户户惊惶。

时有观音大士，屡次显身，俾街中人共见之。高一丈余，头生双角，身穿红甲，青面獠牙，火炎舌舌，吐出一尺余长。

若见大士，阴风辄止，鬼声皆息。

人知大士足以压孤魂，由是众街祈祷必应，威灵显赫，街中众铺户公议：“每岁七月一日，用红缎涂大士像一身，奉祀坛中。”

又延僧侣五人，诵经忏三天，超度孤魂，普醮阴光。

迨初三晚，搭一枰，高六七尺，曰孤枰。上置米饭、牲醴、菜料、生猪羊，并应用对象许多，以祭孤魂。

祭罢之时，将大士像焚化。

总之，大士之威灵，先则由近及远，不特堡内人民被其恩泽，即阖邑人等，共沾神惠也。

是以，男女如云，皆到坛前焚香、礼拜。

迨咸丰年间，缘七月时，大雨淋漓，欲到坛礼拜者，尝被水阻隔。故包香火，分设大士。如大埤头庄、梅仔坑、古民庄、仑尾庄等处，各设大士，或普一日，或普二日，无定例。

《嘉义管内采访册》

十九世纪的汉人僧侣手持法器的照片。
（荷兰国立博物馆，1875 年）

七月二十九日，下街有童子普。

此举自道光年间始设，推其未设之由，因街内众童子嬉戏，公捐多少钱，买些少物件，在孤枰脚致祭童子孤魂。连祭二年。

一年不祭，遍街路下午时鬼声啼哭，悉属童子之声。阴风阵阵，哭声不绝。街内童子，多不平安。

公议涂大士一身，延僧道士五人诵经忏一天，超度童子孤魂，遂为定例。曰“童子普”。

65. 阴阳鸡妖

类别╲妖怪　　地域╲北部、乡里

介绍

每逢天地异变，便有阴阳鸡妖现身。例如，在光绪二十一年（一八九五年）的秋天，在树杞（现今台湾新竹县的竹东镇）曾有母鸡变化为雄鸡的事情发生，晨起啼叫，且不再产卵下蛋。

两年后的冬天，雄鸡又再次转变为母鸡。

典文

《苗栗县志》——清·沈茂荫

同治元年[①] 春，地大震。二月，大甲堡雄鸡生卵。

《树杞林志》

光绪二十一年，大旱。

同年秋，树杞林庄某家牝鸡化为雄。

至光绪二十三年冬，原雄又化为牝。

① 同治元年：一八六二年。

66. 人面牛：预言能力

类别＼妖怪　　地域＼中部、山野

介绍

台湾岛自古传说有妖牛，口说人话，能预知未来。但这种妖牛所言，经常是灾祸凶险，因此人人畏惧听见其预言。据说在一八六二年，台湾中部的四张犁（现今台中市北屯区）有牛只口出人语，预告无田可播种。四张犁怪牛的预言，极其灵验，准确预测到当年四张犁的戴万生（戴潮春）起兵叛乱，中部百姓因此遭受兵燹波及，仓皇逃命，荒废了许多耕田。

典文

《东瀛纪事·灾祥》——清·林豪

相传壬戌年[①]春，四张犁有牛作人言云："免咻有田，播无稻收。"按是事不知真伪。殆即汉书五行志所谓牛祸，亦咎征也。

又，大甲有雄鸡生卵之异。

① 壬戌年：一八六二年。

人面牛

四张犁有牛作人言云
免咻有田播无稻收

67. 冤魂陈守娘

类别＼鬼魅　　地域＼南部、乡里

介绍

在清朝时期，流传的“台湾四大奇案”，分别是“周成过台湾”“陈守娘显灵”“林投姐”“吕祖庙烧金”。

陈守娘，乃是清道光年间的烈妇，因枉死而成冤魂。

陈守娘居于台湾府城的台湾县经厅巷口（现今的台南市北门路一带），为林寿之妻。林寿殁后，守娘守节不嫁，没想到守娘的婆婆与小姑却劝守娘卖身，守娘抵死不从，婆婆与小姑因此经常口出恶言诋毁守娘，甚至以暴力凌虐守娘。最后，母女二人将守娘强押于凳上，以尖锥刺穿其下体致死。

乡里之人对她们的恶行难以容忍，便上报官府，县令王廷干想息事宁人，竟说没有验出伤痕。

乡民群起激愤，以石块砸毁王廷干的轿子，县令仓皇逃跑后，才判决婆婆与小姑二人有罪。

此后，台湾府城屡被守娘冤魂作祟，银钱化为纸钱，夜半鬼声啾啾，府衙物品莫名飞腾，乡民皆认为是守娘显灵，纷纷前来祭拜位于山仔尾的守娘坟墓（现今南门路、府前路一带）。官府为了平息此事，乃将守娘改葬他处。

现今在台南孔庙的节孝祠中，奉有守娘之牌位，以红底金字写上“钦褒节烈邑民人林寿妻陈氏守娘神位”。

典文

《海音诗》—— 清 · 刘家谋

诗文

阐幽郡伯有传文，

吴女沉冤得上闻。

我向昭忠祠外过，

披榛空访守娘坟。

诗注

陈守娘，郡城东安坊经厅巷人；夫殁守节，姑强令更适，不可。

姑之女常谮[①]之，百端凌虐，肌无完肤。

一日，母女共缚守娘于凳，以锥刺其下体而毙。

里人鸣诸官，台湾令某欲寝[②]其事，检尸曰："无伤也。"

众愤，毁令舆。令惧，乃定谳。

此道光末年事也。初葬昭忠祠后山仔尾，屡着灵异，祈祷者无虚日。

官以其惑民，为改葬之。

① 谮：毁谤、诬陷。
② 寝：停止。

68. 云林水鬼：弥陀降伏

类别╲鬼魅　　地域╲中部、南部、乡里

介绍

水鬼，即溺死于水中之人，化身为鬼，会在死去的水域徘徊。

水鬼为了进入轮回，必须寻找替死鬼。只要水鬼能让人溺死，就能前往阴间接受阎罗王的审判。所以，为了要“抓交替”，水鬼会采取各种手段抓人入水。

在云林县城街的东边，有一条黯溪，有一名孩童溺死在溪中，便化身为水鬼，多年来总是埋伏在溪底，等待路人经过溪边，再伺机拖人下水，要抓交替。

在嘉庆三年（一七九八年），一位名叫王福基的人路过此地，被水鬼抓住双脚，沉入水中几乎灭顶，无法脱身。这时，王福基赶紧口念阿弥陀佛，祈求神佛保佑，水鬼听闻神咒，鬼身不敌，只好松手。

王福基心有余悸，返回城中告诉众人，并在溪边立石，一来作为警告，二来感谢神佛保佑，希望这块岩石也能帮助镇压恶鬼。

五年之后，附近居民都会在黄昏的时候，看见溪边立石发出奇异火光，仿佛有神佛显灵，因此便聚资兴建寺庙，奉祀弥陀佛。

这块石头，也就是“石佛公”，当地居民会在每年正月十五和八月十五进行祭拜。

关于水鬼的故事，也有西方人记录下台湾汉人的水鬼信仰，并且目睹了“水鬼冤气”。

在一八七一年九月，美国人艾德华·葛利（Edward Greey，1835—1888）在美国每周出刊一次的《法兰克·莱斯里图解新闻报》（*Frank Leslie's Illustrated Newspaper*）中，连续发表了一系列他来台湾游历后写下的《台湾：“福尔摩沙”》文章，让美国读者得以一窥神秘的“福尔摩沙”东方世界。此文摘选自中文译本《风中之叶：“福尔摩沙”见闻录》，作者兰伯特（Lambert van der Aalsvoort），由林金源翻译。

书中一篇文章，写下他在台南安平的旅游纪事。文章描述，他与一名当地汉人途经妈祖天后宫前的小溪，意外在溪面发现水鬼吞吐冤气的现象。

随行导游一脸惊恐，叫他赶紧屏息，停止呼吸片刻，用手帕遮住口鼻。并且汉人导游也去买了一串鞭炮施放，燃烧纸钱消除魅气。

典文

《云林县采访册》—— 清 · 倪赞元

弥陀寺，在街东，一拜亭、一堂，祀阿弥陀佛。

相传前因溪有溺儿，每于白昼现形，曳人落水，街民恐惧，视为畏途。

嘉庆三年，王福基由此经过，为鬼所困，几濒于危，朗诵阿弥陀佛数声，鬼遂隐。乃告街众立石焉。

后五年，居民于黄昏时，每见石现火光，遂鸠资建寺。同治五年，增广生郑来臣等劝捐重修，颇着灵应。

《法兰克 · 莱斯里图解新闻报 · 一八七一年九月 · “福尔摩沙”岛》——艾德华 · 葛利

安平的南门外有一座供奉妈祖的天后宫，庙前有一条溪流。

如今此溪显得死气沉沉，成为失意赌徒或厌世者聚集的所在，数百名不幸的百姓在此结束自己的生命，其灵魂似乎将永远在水边游荡。

当我数年前造访此地时，曾发现水底不断冒出气泡来，原以为这是鱼的活动所造成，于是询问同行的中国翻译，这里的人是否会食用池塘中的鱼。

我指着水面的气泡向他提出疑问，出乎我意料的是，他不但没有回答我的问题，神情反倒像是警觉到什么似的，先示意要我和他一样甩动双手捂住口鼻，然后以相当不符中国民情的反应，快速地离开了现场。

我的举动想必看起来很可笑，但我认为他一定有充分的理由要我这么做，我以手帕掩鼻呼吸，直到他回来之后才松手，而他却携带一大串的鞭炮和祭拜用的香，神情严肃地将它们点燃，其间还不忘以手掩住口鼻。

看他举着鞭炮高挂在水面上的表情真是令我感到惊讶，从爆竹的烟幕和气味来看，他简直就像是在美国国庆节当天放鞭炮庆祝似的，当最后的鞭炮燃尽之后，他终于拿掉阻碍呼吸的东西，并深深地大叹一口气说："这下可真的摆平了！"

他告诉我，这些气泡是那些投池自尽的"冤魂"所造成的，只要有人不小心闻到气，便将与他们落得同样的下场。

我的朋友大概花掉两百铜钱（约合美元二十分），这在当地可算是一笔为数颇大的钱，这位朋友为的就是不让我步上自戕之路，除此之外，他本没有其他的动机可言，因为当我要付钱给他的时候，竟然遭到他愤怒地回绝。

汉人与西方人志异 /

神界之章

69. 妈祖天妃

类别╲神灵　　地域╲海境

介绍

妈祖天妃，是台湾岛民信仰最虔诚的海上女神。据闻天妃现身拯救海中遇难船只时，必会见到妈祖座前红灯笼浮现于水面上。

据说，在妈祖座前，有千里眼与顺风耳两位神将护持。千里眼可看到数千里外之事，顺风耳可听到数千里外的谈话，然后向妈祖报告。妈祖的传说，在台湾各地广泛流传，并且不同的庙宇，也有独特的妈祖故事，例如台中市南屯区的三级古迹万和宫流传的“廖二妈”的故事。

万和宫奉祀湄洲天上圣母，一般尊称“老大妈”，据说圣像是在康熙二十三年（一六八四年）从湄洲恭请来台。为了方便信徒迎请祭拜，在嘉庆八年（一八〇三年）又特别增塑“老二妈”神像一尊，并且传说是廖姓少女的魂魄成神，故又称“廖二妈”。根据日本昭和七年（一九三二年）的南屯公学校所编写的《南屯乡土调查》（孟祥瀚编注，许世融翻译，台中市政府文化局出版，二〇 一五年），记载此事：

“西屯大鱼[①] 廖某的女儿，自幼事亲至孝，待人极为亲切，心境就如同观音、圣母般，是个美丽的年轻少女。年虽及笄，但并未出嫁。某日沐浴着毕衣服后，安坐仙逝。不过同日，西屯某位吴福商贩[②]，却在西屯、南屯间的道路遇见她，她交代商贩说：‘你

---

① 大鱼：西屯的大鱼池。

② 商贩：南屯地区更流行的说法，则说这名商贩是一名“杂细郎”，走踏各街庄，贩卖针线、化妆品。

千里眼与顺风耳：万和宫文物馆中珍藏的神像，左为顺风耳，右为千里眼。

台中市南屯区的万和宫：万和宫供奉天妃妈祖，正门悬挂清光绪十二年的木匾，其上书写“德媲娲皇”。

的账款放在我家的簸仔[1] 当中，你请我母亲替你取来，我正要从此处前去看犁头店的妈祖开光。’商贩某到她家时，其母正泣不成声，商贩某将此话转述，大家都惊呼不可思议，搜寻簸仔当中，果然出现两枚银币；再根据商贩描述该女所穿的服装，与逝去时完全相同。这位仙逝的女子正是南屯万和宫的二妈，此后每三年一次，西屯的廖姓会将此妈祖迎回。”

典文

《使琉球录 · 卷下 · 附旧书录》—— 明 · 夏子阳

航海水神，天妃最着。

天妃者，莆阳人；生于五代，封于永乐间。以处子得道，以西洋显迹；莆人泛海者辄呼为“姑娘”，盖亲之也。

使者往还，每值风发，必有先征：或为蜻蜓、蛱蝶，或为黄雀、红灯笼，令人得豫为之计。

然亦颇标其奇；信之不笃者，往往受其惊恐。

《台阳见闻录 · 天后庙》——清 · 唐赞衮

北港有天后庙，间数年，必请神像来拜郡城天后。届时香火之盛，日数千人。

按天后，湄洲人。海舟遇风，呼吁天后，见红灯来则生。

① 簸仔：台湾妇女放置缝补针具的竹篮子。另一说为廖姓少女指示的地点，是在家门前桂花树下埋有龙银二圆。

70. 仙人山：仙者下棋

类别╲神灵　　地域╲南部

介绍

台湾岛屿南部的沙马矶头（现今的垦丁到鹅銮鼻一带）有一座仙人山，山顶高耸入云，巍峨壮观。

仙人山之名，乃因山巅经常有两位红衣与黑衣的仙人对坐持弈。山上仍安稳端放着一座石棋盘以及棋凳，随时等待着两位仙者下凡，继续未完的棋局。有传闻说，仙人山便是今日垦丁的“大尖石山”，但缺乏证据佐证，众说纷纭。自古流传的仙人山的正确位置，已经无人知晓。

典文

《台湾府志》——清 · 高拱干

在凤山治西南，离府治五百三十余里。其山西尽大海，高峻之极。

山顶常带云雾，俗传此山有仙人衣红、衣黑，降游于上；今有生成石磴、石碁盘在。

《重修台湾府志》

仙人山，在沙马矶头。其顶常带云雾，非天朗气清不得见也。

故老言：时有绛衣、缟衣者对弈；说近无稽。然生成之石棋盘、棋凳犹存。

《台湾纪巡诗》——清·夏之芳

仙山缥缈暗斜曛，石上棋枰旧印纹。
沙马矶头人罕到，烂柯樵子话烟云。

《仙山谣》——清·卓肇昌

天姥出东南，崔嵬云霄隔。
地逐形胜高，不见云影圻。
上有洪崖井，峰前许仙宅。
逍遥登绝巅，来往仙人迹。
或驭青牛骑，或控飞鹤白。
朱霞散九光，珊珊颜瘦瘠。
三素乘之下，六铢衣九襞。
杉松郁虬龙，双仙坐危石。
仙童三四人，环观相对弈。
楸枰玉指分，轻敲金韵掷。
飧以百炼丹，啖以青田核。
斯须闻玉笙，山阳铁笛作。
挥手忽停之，相看棋忘着。
五峰何岧岧，灵草生根萼。
但有青鼯啼，长林孤月落。
山中局未终，人间几犹柞。
千载倘归来，不复知城郭。

71. 关帝庙之神

类别╲神灵　　地域╲离岛

介绍

关帝庙，又名武庙、武圣庙、文衡庙、恩主公庙，祭祀三国时代的名将关羽之庙。关帝称号，来自明朝皇帝授予关羽的“关圣帝君”封号，在台湾多有祭祀关羽之庙宇，百多年来也曾有各种显灵神迹。

据说，在金门的烈屿有一座关帝神像，某夜有海贼进犯岛中，关帝神随即显灵斥退恶贼。此后岛民信神愈笃，迁居至台湾凤山时，也在当地建立关帝祠庙。

典文

《台湾府志》—— 清 · 高拱干

关帝庙在凤山县者：

一在安平镇，庙宇新建，堪称弘丽。

一在土墼埕，其像先在烈岛。有贼犯岛中，居民震恐；是夜，见神青巾绿袍、大刀骏马巡海驰击，贼遂逃去。

后岛民来台洪姓者，鸠众立庙祀之。

72. 灶神

类别＼神灵　　地域＼天界

介绍

灶神，即为灶神、灶君，主管灶厨和饮食之神明，并且司职于监察人间民情之职责。因此，灶神之神位与香火，是设置在自家厨房的炉灶旁侧。

因为灶神身负监督职责，自古以来，台岛人民很惧怕他向天公禀告坏话，所以会隆重地祭拜他，虔诚供奉灶神画像，或用红纸书写“司命灶君神位”字样，祭以肉、酒。

人们也会以饴糖等甜食往香炉熏刈，向灶神祈求，希望他返回天庭时能向天公多说好话。

农历年底的送神日，便是灶神离开厨灶，前往天庭向天公禀报主人家一年功过的时日。

典文

《台阳集》——清 · 唐赞衮

诗序

癸巳岁除，祀灶神；署旧例，亦古礼也。宋汴京故事，谓之醉司命，至谓灶神朝天白一岁事，故前期祷之。

诗文

不敢操刀枉荐羊，整衣再拜爇炉香。

天公若问贪官事，日日厨头野菜香。

厨门净扫上锅镫[1]，爆竹声中待漏兴。

莫笑狂憨无媚态，使君风骨尚棱棱。

---

① 镫：就是“灯”，除夕习俗，会在锅中点镫，谓之锅镫。

73. 国姓爷：大鲸转世

类别╲神灵

介绍

国姓爷，原名郑森，世称延平郡王，乃是海中大鲸转世而诞生。

郑森的母亲为日本长崎之人，名为田川氏，在明朝天启四年（一六二四年）夏季，在日本的平户岛诞下郑森。因为郑森乃是上古鲸鲵所凝魂，所以诞生之时，平户岛上异象骤起，有雷光从土窟中破闪而出，狂风大作，天崩地裂，金光闪烁天际。这时，岛民竞相奔走逃窜，并且眼见岛外海波有大鲸幻象，才恍然大悟田川氏诞下婴儿的原身是一尾千年鲸鲵。

当郑森成人后，率领南明抵抗军反攻清人，清人莫可奈何。尔后，郑森航舟东渡，荷兰人在幻梦中，望见一男子冠带素衣，骑鲸而来。果然之后，郑森率军攻下台南。

清人烦恼于郑森之祸，询问懂得占卜算卦的阴阳师，对方则预测郑森若往东行，必定会迎来败亡的结局。

最后，现实如同阴阳师的卜卦，郑森入驻台湾的来年便病逝，并且在台湾建立的东宁王朝，也只繁荣郑氏三世，共二十二年。

郑森名字繁复，少年时名为“福松”，成人后字“明俨”“大木”，隆武帝时被赐姓朱，名“成功”，世称为国姓爷、延平郡王、朱成功。

郑森在清朝时被唤为“郑成功”，是清人为了贬低他的明朝人格，而从此台湾民间也依照此称呼。事实上，国姓爷在世时，从未有人唤其为郑成功。

典文

《重修福建台湾府志·卷十九·丛谈》

郑成功起兵荼毒滨海，民间患之。

有问善知识云："此何孽肆毒若是？"答曰："乃东海大鲸也。"

问何时而灭？曰："归东即逝。"

凡成功所犯之处，如南京、温、台并及台湾，舟至海水为之暴涨。

顺治辛丑攻台湾红毛，先望见一人冠带骑鲸，从鹿耳而入；随后成功将舟由是港进。

癸卯成功未疾时，辖下梦见前导称成功至，视之，乃鲸首冠带乘马，由鲲身东入于外海。

未几，成功病卒，正符"归东即逝"之语。

则其子若孙，皆鲸种也。

《台湾纪事·卷一·郑事纪略》——清·吴子光

郑成功，倭产也。

诞降之前一日，天晴霁无片云。薄暮，忽有雷破土窟而出，烟霾涨天，人对面不可辨。

少顷，狂风疾雨，拔古木且尽，屋瓦皆飞，平地水深数尺。

正错愕间，空中有声，如天崩地裂，绕郭颠簸不止。

众相惊以地震，曰："弗去惧压"，则皆走，亟觅山村避之。

天明，谍者[①] 言岛中有鲸鲵长数十丈，夭矫起波间，金光闪烁，嘘气如雷鸣，风涛暴涨，隐隐有金戈铁马之声不绝，舟航糜碎，溺入海尽死，竟夜哭声震天。

鸡鸣风始定，鱼亦不见。相哗以为妖怪云。

是夕，成功生，人奇之。

自成功生后，倭视翁氏礼加谨。

---

① 谍者：探问情报之人。

及长，据金厦，兵败势蹙，将以海外为逋逃薮，乃决计东行。

时台地属荷兰左贤王，忽夜梦一伟人盛服骑鲸鱼入鹿耳门，侍卫甲兵甚众，道无阻者。及寤，异之。未几，报郑兵至矣。

74. 施琅：虎精转世

类别＼神灵

介绍

施琅（一六二一—一六九六年），福建省泉州人，曾为明朝郑氏部属，后来降清，封为三等靖海侯，谥襄庄，赠太子少傅。在康熙二十二年（一六八三年）六月，施琅指挥清军水师，先行在澎湖海战对明郑水师迎战，获得胜利，随后顺利攻下台湾，让台湾正式纳入清朝版图。

当施琅接受清朝的指令，率领军队东渡黑水沟的时候，海军占领澎湖屿，过程非常顺利。当施琅暂歇军务，进入妈祖澳的天后宫参拜时，意外发现天后神像发汗，衣衫湿淋淋的。

这时，施琅推想，原来方才进军之所以顺利，乃是天妃妈祖相助，因此施琅赶紧焚香祝祷，感恩妈祖神威。

台湾除了流传天妃襄助施琅军队的传说，也流传当年施琅仍在郑军时，曾经率领军队于野林中迷路，突然有数只虎兽现身，为施琅军队导引出路，因此台湾民间也传言，施琅乃虎精转世。

典文

《泉州府志·拾遗》

施侯琅幼时，入里中定光庵，诣神稽首，见神像随之拜起。

崇祯癸未，随族父武毅伯福军中。时主兵者募壮士，置铁鼎中庭，重千斤；集健卒数千人，莫有举者。琅奋袂举行数十武，徐置其所，容色无异。

唐王时，尝统偏师迷入榛莽中；有群虎前行引导，得与诸军合。

识者以为虎精云。

《重修台湾府志》

天后庙，在妈祖澳。

康熙二十二年，水师提督施琅克澎湖，入庙见神像面有汗，衣袍俱湿；知为神助。

事闻，特遣礼部郎中雅虎致祭，祭文镌额悬于堂。各澳皆有庙。

75. 元帝神入梦

类别╲神灵　　地域╲海境

介绍

台南的元帝庙，名为“开基灵佑宫”，建于明郑时期，祭祀玄天上帝（另名玄武大帝、北极大帝），位于台南市中西区，俗称为“小上帝庙”。传说在康熙三十七年（一六九八年），总兵张玉麟调任来台，海上遭遇暴风雨，有神明显灵，散发赤脚，从船桅降临，以法力平息风雨，随后隐身消失。总兵上岸后，入元帝庙看见神像，才知海上神明为玄天上帝，因此虔诚信奉，重新修建庙宇。

典文

《台湾府志》

元帝庙，即真武庙，在东安坊。康熙二十四年，知府蒋毓英修，高耸甲于他庙。一在镇北坊。

总镇张玉麟渡台遭风，梦神披发跣足① 自樯② 而降，风恬抵岸，因重新之。

---

① 跣足：赤脚。
② 樯：船只的桅杆。

76. 保生大帝

类别╲神灵

介绍

在凤山地区，有一座慈济宫，祭祀保生大帝，相传其神像乃是从海上漂流而来，民间百姓便虔诚供奉。

保生大帝本名吴夲，为北宋的闽南人，生前为神医，德行无数，为了救治乡人，登山采草药时失足坠崖，因而羽化成仙。其名为保生大帝、大道公、吴真人、医神。

台湾岛上的保生大帝寺庙内皆有药签，信众若遇顽疾则可掷筊求签，祈求身体安康健全。

典文

《重修凤山县志》—— 清 · 王瑛曾

慈济宫或称吴真人庙，或称开山宫，或称保生大帝庙，或称大道公庙，皆斯神也，在兴隆庄万丹港口。创建旧，寻圮，乾隆二十八年重修。

相传海岸上漂流神像于此，乡民立庙祀之。

77. 婴儿守护神：床公与床婆

类别╲神灵

介绍

台湾岛屿的小婴儿出生，皆会被床神保佑，也就是床公、床婆（或曰床母）。

婴孩患病，或者被恶鬼缠身，需要向床公、床婆祭拜，请求他们保佑婴孩。

若要检验婴孩是否被鬼神所作祟缠身，可以请老妇人端来一碗清水，放上三根竹筷。若是鬼神作祟，竹筷便会站立，需要焚香祈祷。

在每月的初一以及十五，需要将一两碗的菜肴搭配白饭一碗，放置在小婴儿的卧床上，让小婴儿膜拜，请床公、床婆用膳。若是心灵虔诚，祭仪不断，则小婴儿将会平安长大，不染疫疾。

台湾民间传说，婴儿的臀部有青色痣斑，就是“床婆做记号”。因为床婆会在孩子入睡时，带领孩子们的灵魂出去游玩。因为带领一大群小孩，哪一个灵魂应该回归哪一个躯体，唯恐混淆，所以才要在每个婴孩的身上做记号，以便辨识。

当小孩子在睡梦中微笑、哭泣，都是幼儿灵魂在床婆带领下，出去游玩造成的影响。

一旦将熟睡孩童的脸庞抹黑或抹白，会使床婆无法辨认，孩童灵魂无法回归，孩童就会死亡。所以，女孩子在入睡之前，都不能在脸上抹粉。

典文

《斯未信斋杂录·退思录》—— 清·徐宗干

台地小儿猝有病，老妪[1] 取水一碗，而以三箸立其中，祝之云："如神鬼为祟，当立为竖柱。"试之果然，焚纸钱禳之即愈。

朔望日[2] 早餐，无论腥蔬肴馔，未经人食者，取一、二并饭一盅，置小儿所卧床上，令小儿拜之，曰床公、床婆也。

久之，无疾病，亦屡验。

① 老妪：老妇人。
② 朔望日：每个月的初一为"朔"日，十五为"望"日。

78. 祈雨之神与龙神

类别＼神灵

介绍

台湾天后宫的神官之中，四海龙王、风神、云神、雷神、雨神都属于祈雨之神。若遭逢久旱，可向这些神明祈求天降甘露。

龙神，则是专门掌管云雨海水之龙王。

台湾第一座供奉四海龙王的神庙，建立于清朝康熙五十五年（一七一六年），位处台南市的东安坊，随后，淡水、彰化、大甲、澎湖等地也建有龙神庙。

台湾岛沿岸的渔民，皆信农历十月初十为龙王诞辰，四海的龙虾水族皆会前往龙宫祝寿，所以海中将无鱼虾，不会有渔获，此日即是渔民的休息日。

典文

《台湾日记与禀启》—— 清·胡传

初六日，黎明而起，诣天后宫设四海龙王、风、云、雷、雨神位，虔诚拜祷，求甘霖及时多降。

初七日，大风雨。至午，风止而雨仍未止，彻夜不息。

初八日，具太牢酬谢四海龙王、风、云、雷、雨。申刻雨止。

《台湾南部碑文集成·重修龙神庙增建更衣亭碑记》

龙神者，水灵之精，司云雨，普惠泽于苍生者也。

国家崇德报功，祀典特隆。台当开辟之始，建庙郡南，明禋永焕。

台邦瀛岛蓬洲，环壖皆海，龙神之呵护绥福，尤感而易通。

79. 义民忠魂

类别╲神灵

介绍

台湾的义民，指称义勇之人民，是在械斗、民变、各种战乱中，因保卫家乡而牺牲生命，忠灵因而成为义民。全岛各地区，皆可见义民祠、义民庙、忠义祠来祭拜这些战乱英魂。

台湾每年农历七月二十日，是为“义民节”。

而在道光年间，徐宗干身为清朝官员，某夜噩梦，梦见有披头散发的鬼兵鬼卒行军，相继用钝刀在地上磨擦砍劈，发出尖锐刺耳的声响。他也在梦中，望见路畔的百年古碑上，闪现着数行意义不明的字句。

那一阵子，徐宗干正倡导要修建昭忠祠、义民祠，用来祭祀感谢以往在台湾民变战争中殉难死去的万千士兵们，才知晓原来梦境正是义民鬼卒显灵预兆。

典文

《台湾南部碑文集成 · 重建义民祠碑记 · 嘉庆十一年》

郡城镇北坊有义民祠。

自乾隆五十一年林[1]逆谋为不轨，郡人趋义，戮力疆场，不顾身家，随军杀贼。

荡平后，大宪奏请褒奖，建祠崇祀。

前升府杨又捐俸买祠旁店屋二间，置田七分，年收租息以资岁祀。

凡义民之殁于王事者，俱入列焉。所以妥忠魂，昭国典也。

---

① 林：林爽文，民变首领。

《斯未信斋杂录·君子轩偶记》——清·徐宗干

夜梦士卒多人磨钝刀于地，又见残碑忽显字数行。

时方倡修昭忠祠、义民祠，祀台地往年官兵士民历次殉难者，此其兆欤！

80. 天行使者：厄神化身

类别＼神灵　　地域＼南部

介绍

陈永华（一六三四—一六八〇年），字复甫，谥文正，福建人。

陈永华获得国姓爷的赏识，成为郑军的“咨议参军”，并且是国姓爷之子郑经的老师。陈永华的隐藏身份，相传就是明末清初的天地会总舵主陈近南，武艺高强，足智多谋。

在明朝郑氏时代，有一名流浪行客，自称“天行使者”，拜访位于台南安平镇的陈永华住宅。身为郑氏王朝军师的陈永华，虽然疑心，但仍然盛情款待此人。没想到自称天行使者的过客，却是厄神化身，造成城乡恶疫流行。从此之后，东宁王朝逐渐凋零破败。也有说法，此神乃“瘟神”，陈永华称之为“池大人”。

典文

《台湾府志》—— 清·高拱乾

辛酉年，疫。

先是，有神曰“天行使者”，来居陈永华宅，永华与相酬接。

自是，郑之主臣眷属，凋丧殆尽。

《台湾外记》

永华退居无事，偶尔倦坐中堂。左右见永华起，揖让进退，礼仪甚恭，似接客状；宾主言语，唯唯应诺。徐而睡去。逮觉，即唤左右，将内署搬徙，让客居。

左右间其故，永华曰：“瘟使者欲借此屋，吾业许之。”

左右曰："瘟使者欲何为？"

华曰："到此延请诸当事者。"

左右曰："谁？"

华曰："刑官柯平、户官杨英等，余尚有不可言者。"嗟吁而已。

数日，永华死，继而柯平、杨英等亦死，悉如华言。

81. 白髭须：神仙老者入梦

类别╲神灵

介绍

清朝时期，福建人陈淑均来台湾，在宜兰地区的噶玛兰书院讲课。每当陈淑均遇到难事烦心，就会梦见一名清瘦老者。两人对话讨论一番之后，陈淑均醒来，便会灵犀一点通，获知难题的解决之法。

他尊称神仙老者为“白髭须”，但对于神灵来历，不知其详。

典文

《噶玛兰厅志·卷八》—— 清·陈淑均

诗文

忆承恩命感惭俱，洊历升阶眷独纡。鞅掌卅年因偶步，黾皇一念凛公趋。

缘深瀛海频经度，梦契臞仙屡仗扶。差喜精神犹满足，卑官雅称白髭须。

诗注

予以丙午渡台后，每遇疑难事，即梦与清臞老人对话。

82. 石头公

类别＼神灵　　地域＼南部

介绍

石头公，位于恒春半岛海口港的西南方海边，为珊瑚礁石，形状犹如人形，传说有神灵附焉。

全台湾各地区，皆有石头公传说，是台湾民众非常普遍的神灵信仰。各地的石头公，各自都有独特的历史与文化故事。

典文

《恒春县志》—— 清 · 屠继善

石头公，在车城海口，危然特立，高数十尺，望如人形。

乡人之有不豫者，祷之即痊。又无一索之占者，祈之可得。

故每年春秋佳日，士女往叩者，相望于道。

旁有小庙一椽，颜曰："石头公庙。"

83. 姑娘庙的仙女娘

类别╲神灵 地域╲北部

介绍

姑娘庙的庙宇名称有“三姑娘妈庙”“仙姑娘庙”等称呼，但最常出现的庙宇名称大多是“玉女宫”“清华祠”“奉仙宫”“春川宫”“慈玲宫”等。

不只是庙名纷杂，姑娘庙的神灵称谓也繁复，诸如“仙女娘”“姑娘”“孤娘载”“仙姑”“圣妈”“春娘娘”等词语。

关于姑娘庙的详细研究，可参考黄萍瑛《台湾民间信仰“孤娘”的奉祀：一个台湾社会史的考察》（中央大学历史研究所硕论，二〇〇〇年）。

在马偕的回忆录中，曾经记载台湾的姑娘庙传统。在十九世纪，一名病死的淡水少女，被奉为“仙女娘”，信众将她的尸身置于庙中，日夜朝拜。

典文

《“福尔摩沙”纪事：马偕台湾回忆录》—— 原著：马偕，翻译：林晚生

一八七八年，有一个住在离淡水不远的女孩因肺病身体日虚，最后死了。

住在那附近的一个人，似乎比别人更知道各种事，指说那里有个女神仙。

于是，那个死了的女孩立刻变得尽人皆知，大家称她为“仙女娘”，并立了一座小庙以供人膜拜她。

她的尸体也以盐水浸泡一段时间，然后被人放坐在一张扶椅上，又在她双肩包上红布，且给她戴上一顶新娘帽，从玻璃柜看进去，她黑黑的脸，微露的牙齿，看起来很像埃及的木乃伊。

在她前面烧着冥钱和上香，若有人来看，就告诉他们有关她的故事。

而因为这些人对于传说有能力去助人或害人的任何神都愿意拜，就这样，开始了对这位新女神的膜拜。

过了几个星期，就会看到好几百台轿子抬着参拜者，特别是妇女，来这小庙膜拜，有的一来再来。

有钱的人就送礼来装饰小庙，并向这位女神恳求。

但有的信徒却感到失望，因为掷杯筊后并没有得到明确的答复。

原住民世界 /

噶玛兰族

噶玛兰族，自古居住于宜兰、罗东、苏澳一带，古称“蛤仔难三十六社”。后来，因为汉人的武装屯垦，开始迁徙他处，所以兰阳平原上的噶玛兰族群已经十分稀少，在花莲丰滨乡的新社村立德部落，是目前规模较大的噶玛兰部落。

噶玛兰人信仰万物有灵，族内有巫师（metiyu）主持各种祭仪，并且会替族人占卜，传达神灵的指示。

经过牧师马偕在十九世纪的宣教活动，噶玛兰族接受了基督教的信仰。在马偕的回忆录中，也记载了许多关于噶玛兰族的文化风情。

84. 祖灵：前往快乐的猎地

类别╲神灵

典文

《“福尔摩沙”纪事：马偕台湾回忆录》—— 原著：马偕，翻译：林晚生

平埔蕃原本和住在山地的蕃人一样是拜自然界的，所以没有庙宇、神像或祭司。他们并没有专属私有的神的概念，而只相信许多既存的神灵，并认为应设法来赢得这些神灵的喜爱与帮助。

他们对于已逝的祖先离去之灵极为尊敬，就像美国印第安人的观点一样，认为祖灵已经去到“快乐的猎地”。

他们有一般蕃人所有的迷信，而且在一些尚未被驯服的山地部落里，仍旧施行一些飨宴和狂舞的仪式。

原住民世界 /

阿美族

阿美族居住于花东纵谷平原、海岸平原，是台湾人口数量最多的原住民族。

阿美族的宗教传统，以祖灵信仰为主，相信“超自然的存在”（Kawas）、“宇宙主宰马拉道”（Marahtoo）、“魔神”（Salo）、“恶灵”（Kariax）等鬼神观念。

关于阿美族的宗教信仰，最早的记录，由灯塔员乔治·泰勒（George Taylor）所写。

乔治·泰勒是中国海关税务局职员，一八七七年在澎湖的渔翁岛担任灯塔看守人，在一八八二年调任于台湾南部的南岬（鹅銮鼻）。同年六月，担任A级二等灯塔员的泰勒接管南岬灯塔的职员，包括两位欧洲人、清朝海军陆战队的士兵，以及数位厨师等。他在一八八七年十一月离职时，已是主任灯塔员。南岬灯塔，即现今垦丁的鹅銮鼻灯塔。

乔治·泰勒居住台湾期间，勤学当地语言，精通汉语、原住民语，除了积极融入当地原住民社会外，更积极参加南岬附近部落的聚会、仪式，搜集诸多阿美族、排湾族、卑南族的传说故事，研究范围包含自然史、历史、语言学、地理学，并且将这些旅游见闻写成文章。

可参考中文译本《一八八〇年代南台湾的原住民族：南岬灯塔驻守员乔治·泰勒撰述文集》（谢世忠、刘瑞超翻译，行政院原住民族委员会出版，二〇一〇年）。

85. 阿美神的拐杖

类别╲神灵

介绍

阿美族的创生神话，有许多版本，例如“神降说”“石生说”“高山洪水说”等。在乔治·泰勒的调查中，他则听闻了“竹生说”与“海上渡来说”。

典文

《中国评论或远东记事与询问·第十四期·一八八六年·“福尔摩沙”的原住民》——乔治·泰勒，翻译：谢世忠、刘瑞超

阿美族相信原初一个神（Being）将一支拐杖种下，长大后，变成一棵竹子。

竹子冒出两个竹笋，经过一段时间，演变成一男一女两个人。他们的脚依然留在一个叫 Arapanai[①] 的大石头上。这对夫妻首次定居该地，他们的后代就住在今天的猴仔山（Cowahsan），石头上还可以看见族人所认识的各种动物脚印，但他们的祖先到底如何生活，却无人可回答。

除了猴仔山的大社外，也占有许多其他村庄，位于东海岸往下到南岬的各突出点。

知本族和排湾族的村庄都离海岸有段距离。阿美族则尽可能靠近海，多半时间用于捕鱼和农耕。

根据原住民的传说，阿美族的祖先是一艘在海岸边遭难的大船上的船员。他们的性命获得赦免，并准许与当地人通婚，但条件是他们及其后裔，永远都要自认为异族，臣属真正的原住民。

现卑南阿美族虽已很强大了，不再听命于其他部族的酋长而约束自己，然即便如

① Arapanai：今台东县知本乡美和村一带。

此仍有虚构的宗主与从属关系存在。

阿美族人从不认为自己能跟其他“野蛮人”有平等的地位。在所有庆典上，当各部族杂聚时，阿美族必须等到其他的人都用过餐后才轮到他们，也得另坐别桌。

86. 天神马拉道

类别＼神灵

介绍

乔治·泰勒记录下阿美族原住民的神祇信仰，他们信仰“马拉道”天神。

此天神居住于九霄云外的宇宙上空，当人们遭遇困难之际，便会商请女巫与天神联系，祈求马拉道降下福祉，以神力解决人们的困难。

典文

《南台湾原住民族小记》——威克翰·梅尔（Wickham Mayer）

卑南地区信仰一种叫马拉道（Marahtoo）的最高神，人们按时祭祀。

他被认为是生活在“人世以外的天上”。贫乏困难的时节，人们会同他乞求协助。

崇拜或祈求的仪式，系由女祭司或女巫，以及一些祈祷者共同执行，过程中，她们会将一些玻璃珠和小片猪肉抛向天空。

《中国评论或远东记事与询问·第十四期·一八八六年·“福尔摩沙”的原住民》——乔治·泰勒，翻译：谢世忠、刘瑞超

阿美族他们相信一种叫作“马拉道”的最高神，并按时敬拜，认为此神应存于地球之外。

族人在困难时，向他求助。由女巫师代为祈祷，阐明神的意旨。

靠近南岬处，显然因距离淡化了此信仰，因为在那里，他们采纳了排湾人的神灵崇拜。

87. 阿美族的恶灵

类别＼鬼魅

介绍

十九世纪的阿美族原住民，相信人死后会进入某种类似阴间的场所，灵魂会被判决，并且在空气之间游荡，成为恶灵作祟人间。

典文

《中国评论或远东记事与询问 · 第十四期 · 一八八六年 · “福尔摩沙”的原住民》
—— 乔治 · 泰勒，翻译：谢世忠、刘瑞超

阿美族人坚信有死后世界，是由个人在此生的行为所决定。对阴间的信念也很明确，但认为那与其说是个地方不如说是个环境。

灵魂会被判决，因为赎罪，而在大气中游荡。

在此种状态时，灵魂据说会成为恶灵，因此大家都有必要使其息怒，并尽可能地避开。

88. 日月星神灵

类别╲神灵

介绍

十九世纪的阿美族原住民，相信日、月、星是由两种神灵创造的。而太阳每天绕着平坦世界旋转，夜晚则降入地底。

典文

《中国评论或远东记事与询问 · 第十四期 · 一八八六年 · “福尔摩沙”的原住民》
—— 乔治 · 泰勒，翻译：谢世忠、刘瑞超

阿美族人说，太阳、月亮、星星是由 Dgagha 和 Barrcsing 两个神灵创造的。

太阳每天绕着平坦的世界旋转，夜晚则钻进地底下。

89. 山谷的回音灵

类别╲神灵

介绍

回音灵，一种在山谷中制造回音的精灵，喜爱复述他人的言语，但同时也拥有预言福祸的能力。十九世纪的阿美族原住民，相信山谷中有这种精灵，而山谷中之所以会出现回音，则是这种精灵造成的现象。

典文

《中国评论或远东记事与询问 · 第十四期 · 一八八六年 · “福尔摩沙”的原住民》
—— 乔治 · 泰勒，翻译：谢世忠、刘瑞超

阿美族人传说，精灵住在峭壁或高地的洞穴里，且是造成山谷产生回音的原因。

回音的地点被认为是神圣的，人们在此进行迷信的仪式与魔法。凡部落有战事或疾病盛行等关键时期，必会举行这些仪典。

女祭司执行仪式时，只有村里老人得以靠近。她扭动着自己，并逐渐激动到恍神的样子，最后晕厥或假装要昏倒。在最后一刻，她必须离开，隔天才会回到村子里，并获知精灵的旨意。

回音灵

阿美族传说

高地洞穴中有精灵

呼喊造成山谷回音

90. 雷神与闪电神

类别╲神灵

介绍

根据乔治·泰勒的说法，十九世纪的阿美族人，相信打雷与闪电乃是“Kakring”和“Kalapiet”这两位夫妻神灵造成的现象。在阿美语里，雷声是“kakereng”，闪电是“kalapiyat”。

典文

《中国评论或远东记事与询问·第十四期·一八八六年·“福尔摩沙”的原住民》——乔治·泰勒，翻译：谢世忠、刘瑞超

阿美族对闪电打雷的解释是 Kakring 和 Kalapiet 两位神灵打斗的结果，他俩是夫妻。雷神对家中的布置不满意，于是开始踢倒家具，他弄出来的声响就是雷声。他妻子找不出充分的字眼来防御与攻击，于是在高处脱光衣服来报复，继而引起闪电。阿美族女性会以脱掉衣服来表示愤怒、嘲笑、藐视，阿美族女性认为暴露是表示最高程度的鄙视与轻蔑。

风和雨也被认为是由神灵所控制，但无法解释是如何控制的。

原住民世界 /

排湾族

排湾族，族群居住于台湾岛南部的山区、平原一带。

乔治·泰勒曾经居住于恒春半岛，并且记录了当地排湾族的文化风俗、传说故事。

例如，十九世纪的南台湾佳平部落，相信高山上有勇士化成的神灵，并且相信泉水中有精灵栖息。此外，排湾族也流传“天神玩球”“森林精灵”“巨水牛”“草丛小魔鬼”“蛇妖”等传说故事。

91. 佳平部落的山中神灵

类别＼神灵

典文

《中国评论或远东记事与询问 · 第十四期 · 一八八六年 · “福尔摩沙”的原住民》——乔治 · 泰勒，翻译：谢世忠、刘瑞超

在排湾人的北边边界外住着一个挂单的部族，即佳平部落（Caviangan）。

他们的住处在山脉的某些地带，此山脉在向北叫万金庄（Ban - cum - sing）的顶峰聚集。

佳平部落的人从各方面看都跟其所住地一样狂野。他们就像多数的山民一样，也非常迷信，相信高山上住有死去勇士的神灵。

92. 泉水精灵

类别╲神灵

典文

《中国评论或远东记事与询问 · 第十四期 · 一八八六年 · “福尔摩沙”的原住民》
—— 乔治 · 泰勒，翻译：谢世忠、刘瑞超

在排湾北方的边界处，有一奇特的部落，名为佳平。他们对精灵的看法，也相当奇特。

佳平族人只有在某个时间才能去泉里汲水。必须先让精灵有充分的时间汲水，不然泉水会变得混浊，或者干涸。

在山上行走时，必须不断地用树枝敲地，告知有人到来。让精灵有充分的时间隐形，不然闯入者就会遭受严重的疾病或灾难。

93. 天神玩球

类别╲神灵

典文

《民间故事期刊 · “福尔摩沙”南部原住民的民间故事》

—— 乔治 · 泰勒，翻译：谢世忠、刘瑞超

讲故事者很喜爱的主题之一，是某个自天上落下者的历险记。此故事依其最初的版本，应如下述：

有位住在天界之上的年轻男子，在玩一个球，而球不幸滚进一个颇深的裂缝中。他就拿了一支长枪去拨弄，设法将枪头塞入那球，结果太用力了，反把球推穿天际，自己也失去平衡，随着球翻滚下来。

那时有两女子正在铺粟米，好让太阳晒干。听到奔腾的声响，以为快下雨了，而跑去将粟米收藏入屋。然当她们向天望时，却见到一男子和他的球正落下来。

这陌生人触地后，便走向那两女子，问她们是否能指示球的落处。

女子说不知道，要他去问在造房子的工匠，工匠又叫他去找割藤者，这些人又把他推到一群赌棍处，那些人又建议他去问渔夫。后者很诚实地叫他回头去从开始处找，并说他要询问从距离那么远的地方掉下的球落在何处，实是极其愚蠢。

他于是回到那两女子处，再次请问她们。

两女子嘻笑了一阵子，然后提出小小的要求，要此陌生人答应帮她们提水、捣米、拾柴，做了这些事后才告诉他球落在何处。

年轻人接受了这些条件。

此物既如此受重视，两女子对其用处颇感好奇，缠着要他示范一下这球是怎么玩的。

他马上开始把球抛来抛去。他表现的技艺如此奇妙，大家从各地赶来看他敏捷的身手。

当他玩球时，其他人仍在进行当天的劳动，清除森林树木以备种植大麦，他仍继续展现其灵活技巧达五天之久。

别人砍伐树木时，这陌生人忙着在树顶端跳来跳去，把树枝绑在一起，同时一直愉快地唱歌，很是自得其乐。这引起了别人的愤怒。

人们工作完返回时，便告状说他是个懒惰无用的人，大家辛苦工作时他只知玩乐。女主人于是狠狠地把他骂了一顿。

他仅表示要稍有耐心，就会看到他的那块地是最早犁清的。

第二天一大早，他就去在其中一棵树上绑上绳子，用力拉扯推摇，而使那棵树以及所有与之相连的树根都松摇了。然后他又掀起一阵大风，把地都扫得干干净净。

这之后，他又借来一百只鹤嘴锄，由隐形的手操使，瓜的种子也以同样的方式播种。瓜成熟了，掉下来，滚到谷仓里，里面装满大麦。每个瓜还有本领，除了真正的主人外，还会躲开别人的掌握。

在狩猎时，虽将他派到最差的山口，这陌生人总会猎到最大一袋子的猎物，屋子里很快就装满死在他弓下的鹿角。

他只要喊一个字就能把水变成酒。他很大方地邀请大家，分享他所提供的丰盛美食，然仍为邻人憎恨，想找个借口把他杀掉。

他得知此事，认为是该离开这群不知感激者的时候了。因为他们之中，除了一位老人外，无人曾善待他。可是在大家公开展示敌意之前，他又不愿对两女子食言。

有一天，他大宴众人，邀请所有的客人先玩游戏。

他以鹿皮铺地，约五百码长，其上洒满圆的豌豆。他向大家挑战，看谁能跑完全程而不滑跤。

好几个试过，都做不到。可是他却很轻松地跑到底线。这让旁观者大怒，公开威胁他，想在该时该地就把他杀了。

他听到后，就将所有的鹿角拿出来，竖成梯子，最上端隐入云中。

然后他就跳上梯子，开始往上爬。敌人见他逃走，就以斧头砍鹿角，但每砍一刀，斧头就会落空，操刀者反而会受伤，这让攻击者很快就打消了念头。

当此天神回到家后，天界的人都认不出他来了，以为他是闯入者。

94. 森林里的精灵

类别╲神灵

典文

《民间故事期刊 · “福尔摩沙”南部原住民的民间故事》

—— 乔治·泰勒，翻译：谢世忠、刘瑞超

这则故事证实当地原住民相信有精灵或类似之物存在：

有个年轻的牡丹族人（Botan）因对族里一位年轻女子的爱太热烈了，而遭女子的亲戚杀死。族长为了警告族人要将热情局限在适当的范围内，因此将他的七个兄弟放逐，借以警示。

他们被放逐到森林的深处，在一块新土地上游走一阵子后，越过一小块犁清的土地，见到一个小女孩，身高只有一拃宽[①]，正坐着削马铃薯皮。

他们问道：“小妹妹，你怎么到这儿来的？你家在哪儿啊？”

她回答说：“我不属于家，也不属于父母。”

吃惊的问话者又问她是否可为他们指点一条通路。

她以下面这种谜语般的方式回答说：“要是发现剑系在右边，那就在正确的路上。要是在左边，就走错路了。”

被搞得很迷惑的兄弟摇头不解，再度进入森林。有俾格米矮人[②]的歌声伴随他们：

“你们认为我无父、无母，又矮小，

缺乏双亲给予的智慧；

尚无父无母之时我已然存在，

人类被遗忘之时我仍将存在。”

① 一拃宽：手掌张开，拇指尖与小指尖的距离，约九英寸之长。

② 俾格米矮人：身高不满五英尺的矮小人种，分布在中非、东南亚、大洋洲及太平洋等岛屿。

他们走了没多远，就看见一个矮小的男子在收割甘蔗，右方更远处有个看来颇奇怪的房子，房子前边坐着两个身材极小的妇人，正梳着头发。一切看起来太怪异了，这些旅人对是否再走近些很是迟疑，但又急于找到通路以出森林。他们既陷此绝境，于是决定向这些怪人问路。

那两个妇人被问时，猛地反转身来，眼睛闪现红光，再往上看，眼睛又变得晦暗、发白，并立刻奔入屋内，屋子的门和窗马上就消失了。整个地方看起来如一空旷的巨砾。他们见此，吓坏了，赶紧离开。

第二天来到森林的边缘，进入一个肥腴的山谷，那里住着一群很温和的人。他们最后就在该地定居下来。

95. 巨水牛

类别＼妖怪

典文

《民间故事期刊 · “福尔摩沙”南部原住民的民间故事》
—— 乔治 · 泰勒，翻译：谢世忠、刘瑞超

很早以前有个传说，说在某处可看到一个极庞大的水牛，黄昏时四处游走，像在觅食。

见到巨牛的人，会觉得自己的头逐渐肿起来，而肚子也胀得鼓鼓的。那些受折磨的目击者自然总是尽快逃离该地。

96. 狞笑的天花鬼

类别╲妖怪

典文

《民间故事期刊 ·“福尔摩沙”南部原住民的民间故事》
——乔治 · 泰勒，翻译：谢世忠、刘瑞超

原住民有无数的迷信。他们生活在咒语、巫术、鬼怪的气氛里。任何无法解释的事情发生，就将之归因为邪灵设法诱使那些没防备者上当。

鬼怪从森林的阴暗洞穴中冒出来，而造成饥荒、疾病与死亡。

有人曾告诉我：“潘文杰（Bunkiet）[①] 妻兄的表弟在采姜黄时，不是见到狞笑的小魔鬼从甘蔗丛往外窥视吗？恰巧那一年，天花[②] 不就夺走该部落两百人的性命吗？”

① 潘文杰：琅峤十八社的总头目。
② 天花：由天花病毒引起的传染病，原住民相信天花是“天花鬼”带来的。

天花鬼

琅峤 十八社传言
甘蔗丛中有狞笑鬼
曾夺部落两百人命

97. 动物化人形

类别╲妖怪

典文

《民间故事期刊 · “福尔摩沙”南部原住民的民间故事》
—— 乔治 · 泰勒，翻译：谢世忠、刘瑞超

动物在白天应是不能化为人形的。这个信念与西方国家所谓的“半夜三更巫师出没的时刻”有些相仿。当地原住民流传以下故事：

有只淡水蟹与一只猴子结为拜把兄弟，夜间两者都化为人形。

螃蟹的变身很完美，但猴子却无法去除自己的尾巴，也总是很难把尾巴藏起来（“福尔摩沙”土著的全装是在前后系上一条短围裙）。

当白天他们原形未变时，住处附近有个漂亮的女孩惯常打那里经过。螃蟹与猴子都对那个女孩很着迷，于是晚上化为两个活泼的年轻男子去探访她。

一天，螃蟹提议，为了要让他俩的魅力变得无可抗拒，就应到某处，采集够多的某种浆果，做成头环戴在头上。猴子同意了。

螃蟹既然无法爬高，就让猴子爬上去，把浆果丢下来，由螃蟹收集起来。可是螃蟹并未如此做，因被贪婪征服，浆果一丢下，就将之吃了，直到猴子对螃蟹还一直回答说数量不够感到讶异，就爬了下来。

他看到了朋友的所作所为，于是两人开始互相指责。

螃蟹在知道自己不是猴子的对手后，就一直谨慎地往后退到一个小裂隙去。而当猴子在盛怒之下向他冲去时，他则悄悄躲开，让攻击者尽量冷静下来。

天就要暗下来了，猴子急于化为人形，去探访那美丽的少女。

每当他们去求爱拜访时，猴子总坐在那个大米磨上。螃蟹记得这点，决定要报复，

在猴子到达之前就藏到他同伴惯坐的座位底下。

那个假冒的年轻男子来了，照常坐在自己的位子上，开始挑逗女孩，但是螃蟹爬上去，找到那卷缩在背后遮布下的尾巴，狠毒夹剪。

假冒者大叫跃起，在吃惊的女孩和她家人面前现出整整有一码长的毛尾，末端还挂着那螃蟹。

他当然被大家嘲笑赶走，而螃蟹则感到极大的满足，曳曳横行，回到自己窝里。

98. 蛇妖戏弄

类别╲妖怪

典文

《民间故事期刊 · “福尔摩沙”南部原住民的民间故事》

—— 乔治 · 泰勒，翻译：谢世忠、刘瑞超

有两个外貌英俊的年轻勇士，他们放在修饰个人上的注意力，远比作为社群一员应尽的义务更多。这当然让那些较不为自然偏爱的人不满。

然我们的主角太沉湎在自我陶醉中，而未注意到这点。

有天他们穿戴着华丽的羽毛及有流苏装饰的腰带沿路走着。两条蛇见到他们大摇大摆的，决定要挫挫两人的气焰，于是化成两位美丽的女子，走近同那两位勇士搭讪。

她们把自己描述为远方一部落酋长的女儿，在自己族里找不到足够英俊而配做丈夫的年轻男子，于是决定到处走走，直到能找到心目中理想的美男子。

她俩承认现已找到远超原本所期望的，而请两位男子跟她们一起坐一会儿，看看是否能达成共同的协议。乐陶陶的两位男子当然很高兴地同意了。

这两位女子竟对挑逗显得一点也不嫌恶，两位男子当然很高兴地同意了，也就更加热切求爱。

事情进展得如此顺利，他们终于试想在那诱人双唇上偷个吻时，突然发现自己正抱着两条溜滑扭曲的蛇。

蛇很快钻进大石块的缝隙里去。那两个又失望又气愤的情郎朝蛇身后大吐口水。然此事已为众人所闻，并大加戏谑，让此场骗局的主角从此舍弃个人修饰，而回到每天辛苦工作的行列去。

《民间故事期刊·“福尔摩沙”南部原住民的民间故事》

——乔治·泰勒，翻译：谢世忠、刘瑞超

当地原住民对一般的蛇，且特别是对百步蛇的痛恨，所给予的解释，及对此物种的惩罚等，让人仔细思考此故事，发现其中几个重点，很奇怪的都与《创世纪》第三章[①]的某部分相符合。

据说，有条百步蛇爱上了一个年轻女子，他以年轻英俊求婚者的男子模样出现其前。

为了避开她父母的严格防范，蛇一直等到进入屋内才转成人形。

她后来生了一个孩子。让众人惊讶的是，小孩只有腰以上是人形，腰以下则是蛇形。

父母知道她在村里的男人间并无爱人，自然怀疑这是超自然。

他们于是想到常见一蛇在某时刻爬过院子，但因其无害，并未加以干扰。然现在他们留心守候，在蛇出现时就把它杀了。

由于此举太不吉利，而决心以后再也不杀蛇。但更糟糕的事情是，人类此举造成蛇群的报复情绪，群起发誓永以人类为敌。

靠女祭师的协助，蛇被剥夺转形的能力，因此也限制了它们危害的力量。

然而自此以后，被百步蛇咬到就一定致命。还有许多其他的蛇类也对人类造成很大的不幸。

在此再补充一点：当一个人被百步蛇咬到时，他们会在附近搜索，并将找到的第一条蛇绑在受害者身边。如果这人死了（几乎总是这样的），那么蛇就会被烤死。然若将伤口的毒吸出而人康复了，蛇就被释放。

① 《创世纪》第三章：亚当与夏娃在伊甸园的故事。

原住民世界 /

山中原住民

在十七世纪至十九世纪，汉族文人也记录了许多关于台湾原住民的文化风俗。不过，在很多奇谈记载里，欠缺详细的族群介绍，所以无法分辨这些传说属于何族何社。只能判断这些传说，来源于山中的原住民部落。

99. 山火鸟：穿梭火山中

类别＼妖怪

介绍

荒远传说，在台湾北部深山中，某处原住民部落附近有一座火山，白天时多有烟雾，夜晚则有火光。

千年以来，火山中栖居着神秘的山火鸟，浑身赤羽，禽眼如血，能通灵，来往于火烟之间。当地部落传言，若是目睹山火鸟，将会立即毙命。

典文

《台湾杂记》—— 清 · 季麒光

火山，在北路野番中。昼则见烟，夜则见火。

有大鸟自火中往来，番人见之多死。

100. 五色凤：月出飞天

类别╲妖怪

介绍

在台湾中央山脉的玉山，传说有玉石在山中发光。其山高耸，凡人无法攀登。

在月明之夜，玉山通体发亮犹如莹玉，在山巅上有一座巨大芋树，根筋盘结，茂叶成宽阔树林，高度有一丈以上。

在玉山芋树顶稍，筑有鸟巢，巢中神鸟的羽毛五色斑斓，名为“五色凤”。

在明月将出之时，有两只五色凤鸟会拍动宽长羽翼，一飞冲天。

因为附近的原住民都很害怕五色凤鸟，所以才动身移居到山下的族社。

典文

《台湾杂记》—— 清 · 季麒光

玉山，在凤山野番中。山最高，人不能上。

月夜望之，则玉色璘璘[①]。其上有芋一棵，根盘树间，叶已成林。有鸟巢其上，羽毛五色，大于鹳鹤，土人俱指为凤。

《台湾府志》—— 清 · 高拱乾

凤芋：凤山县大吕觅山上，相传大吕觅番原居此山，有芋一丛，高丈余。

月将出时，有二物如凤凰，从芋下奋翮[②]振羽，腾飞戾天[③]。

其番惊怪，始移居社内云。

---

① 璘：玉的色彩、光泽。
② 翮：翅膀。
③ 戾天：达到天际。

101. 琅娇灵猫：阴阳眼

类别╲妖怪

介绍

“琅𤩅”“琅娇”“娘娇”“琅峤”，是恒春的古地名，是排湾族语“Longkiauw”的汉文音译，其字义为“兰花”，因为恒春一带遍生蝴蝶兰。

在台湾的恒春山区，古代以来，当地的原住民族社会饲养一种拥有“日月眼”的奇猫。

奇猫一眼碧绿、一眼晶蓝，是阴阳眼，据说深夜能辨鬼物，也有传闻乃是灵猫妖怪。

琅娇猫后尾如麒麟短尾，全身斑纹犹如虎兽的皮毛，虽然大小与一般猫相同，但叫声可达二十里之远，将老鼠尽皆驱赶。

居住于恒春半岛的原住民族有排湾族、卑南族，现今已经无法得知是何处部落有饲养琅娇灵猫的习俗。

琅娇灵猫
雌雄眼麒麟尾虎斑色
长叫一声二十里鼠皆遁去

典文

《台阳笔记 · 闽海闻见录》—— 清 · 翟灏

台湾凤邑之南，有山曰琅娇[1]，相隔海面八十里，陆路不通。其地皆生番。

番社有猫，雌雄眼，麒麟尾，虎斑色，大小一如常猫，惟长叫一声，二十里之外，鼠皆遁去。

余以二十金得一头，试之果然。后与别猫乱种，则只能捕鼠，而不能避鼠矣。

《台阳见闻录》 清 · 朱士玠

琅娇山生番所居产猫，形与常猫无异。

惟尾差短，自尻至末大小如一，咬鼠如神。

名琅娇猫，又名番猫，颇难得。

① 琅娇：屏东县恒春，又名琅峤，排湾族音译。

卷三

日据时期

（一八九五—一九四五年）

甲午战争之后，清朝签订马关条约，台湾因此被日本占领。

日本人渡海来台之后，惊诧于岛屿奇山险地，同时，蛮荒野林中的百诸妖物也对来者虎视眈眈……

汉人、日本人与西方人志异 /

海境之章

102. 五使屿：生人

类别╲妖怪　　地域╲离岛、海境

介绍

五使屿，据说是邻近台湾岛东部外海的某处奇异魔岛，天气晴朗的时候，可以从苏澳登高远望到此岛。

五使屿岛上气候与台湾本岛相类似，离海岸三里处有瓦屋，房中的物品陈旧，仿佛是百年古物，一旦碰触就会马上灰化碎裂。

岛上有一种似人非人的巨型怪物，名叫“生人”。

曾有英国、瑞典船只途经此岛，清朝官员本想将岛屿纳为己有，寻找岛屿的先行船只却毫无消息传回，此岛地点始终缥缈未知。

典文

《雅堂文集》—— 日 · 连横

五使屿，苏澳隔带水，天空海阔时，望之在目，而基隆渔者时一至。

屿屹立海中，环可百里，有湾五，二可系舟，余则礁石错立，风浪湔湃，舟触辄破，唯竹筏可入。

山川气候，略同台湾。有草状如龙须，纫可织席。丹荔成林，实大而甘。

行三四里，见瓦屋数椽，室中器具似数百年前物，触之灰化。

归途遇一怪物自林中出，似人非人，散发垂肩，面目黎黑，狰狞可畏。

渔者大惊走，怪物逐之。急驾舟逃归，述所见如此，而名怪物曰“生人”；故基人谓无赖者为五使屿生人云。

先是有英船偶至其地，测绘地图，名“阿美岛”。

已而瑞典之船自打鼓[①]航日本，亦过其地。其所言与渔者颇相似。

光绪十年，上海《申报》载其事，且言地迩[②]台湾，应速收入版图，移民辟土，为台外府。若为外人所得，狡焉思启，实迫处此，终必为台之患。

醇亲王见之，下询北洋大臣李鸿章，命台湾巡抚派员考察。巡抚示所属有能至者赏。

潮人李锦堂为西学堂教习，曾得英人图，上书请行。

巡抚大喜，见之，命驾南通行。锦堂固未至，及基隆，求乡道。

有渔者应募，请千金。锦堂许以六百，不可。而南通俟[③]之久，乃自驾往，数日不能得，以浪大船小为解。巡抚命待命，月给薪米银三十两。将调北洋兵舰再往。而荏苒[④]数年，竟无消息。

或曰：是屿也，宋时杨五使居之，故名。

① 打鼓：高雄的打鼓地区。
② 迩：靠近。
③ 俟：等待。
④ 荏苒：时间渐渐过去。

103. 鸱尾：旋风之龙

类别╲妖怪　　地域╲南部

介绍

鸱尾，引发旋风之蛟龙，或称“旋风蛟”“鼠尾风”。如果鸱尾旋游海上，卷起海水，就会造成“龙柱”景象。

曾经在光绪三年（一八七七年），鸱尾从台南安平飞起，越街而去，所过之境皆被大旋风吹折，甚至将一名渔夫凭空卷起，挟带到几百里外的阿里山上。

典文

《雅堂文集》—— 日 · 连横

旋风，台人谓之“鸱尾”，沿海渔人每于海中见之。其水矗立，高与天齐，谓之“龙柱”。

光绪三年六月初三过午，有旋风起自安平，由南势街越城入，向北去。

郡人翘首望，但见一物行极速，闪烁如银，或以为龙也。

旋风过处，屋瓦尽撤。镇渡头之古榕，被拔数十丈外。演武亭屋盖，亦飞舞空中。

时喜树庄人某渔于海，为风所卷，人筏俱去。

众以为死矣，其家设灵，朝夕奠。越十余日，某忽归。众来问讯。某言，被风时昏迷不知，及醒，则已在山中，古木甚茂，唯闻鸟声。已而腹饥，觅路行，见炊烟，喜就之，是番人屋。

男妇数人聚语户外，亦不谂其为野番否。向之乞食。番能汉语，问何事至此。具告之。番惊愕，谓此为阿里山，距府城二百余里。

留宿其家，款待备至。又数日，炊干芋，充糗粮[1]，送之出，故得无恙。

---

① 糗粮：干粮。

104. 吴赛屿的怪物

类别╲妖怪　　地域╲离岛、海境

介绍

台湾的清朝时期，刘铭传任职台湾巡抚时，曾有南部商船遭遇飓风，漂流到台湾东部海域的一座荒凉海岛。

海岛上有吃人怪物，状如巨熊，会诱骗人类进入山洞中，再伺机吞食人类。

典文

《台湾日日新报·一九一〇年一月二十三日（明治四十三年）·照身镜“吴赛屿”》——十八宁馨

刘省三[①] 任台抚时，有南部商船，途遇飓风，漂流至台湾后一荒屿。

系缆登岸，忽见一怪物自山上来，首足皆人形，惟全身青黑，不着衣，状殆类熊。

见人不作抟噬状，惟招以手，意似将引之入山者。

诸人迟疑不敢进，独船长某甲以为可。据云日来常虔祷于天妃，昨蒙天妃示梦，谓不日必大吉利，此必神将千里眼无疑，宜从之吉。

众心动，于是各鼓勇而前，怪物亦戢戢然前导之。

行里许，至一石洞，怪物止立其傍，似欲让诸人之先入。

众恐中有变异，先投石以试之，良久寂然。

众乃争先而入，入既尽，众方议穷探之，倏觉洞中骤暗。

回顾之，则怪物已举巨石塞洞口。

众急穴其傍窍，然窄甚，仅足容一人。一时急不能择，争驰出。

① 刘省三：刘铭传。

乃一人甫探其首，竟被怪物攫之去，即自洞外裂食之。

众始知已陷死地，皆股栗。

俄而裂食既尽，怪物亦不他适，惟偃卧以防守之。

然审以状似甚醉饱，少顷即鼾声雷鸣，状类僵矣。

众因思得死中求生之法，先度怪物所卧之方向，共推巨石就压之。

幸而果中，物亦死。其血青紫，味尤腥臭。

众急舍命逃归船中，甫上船，又见一怪物追而至，状亦类前。

既见众招之不来，遂浮海直前。

众大呼曰我辈生死在此一举，宜各出刀斧刺杀之，不宜馁也。

语次，物已近船，手攀左舷欲上，一水手急举斧斫断其一指。

物负痛，始大嗥逃去，后众皆生还。

入沪尾口，有安徽人刘某，时寓艋舺吴仁甫茂才邻舍，闻此事大异之，为言于刘巡抚，会刘巡抚开拓后山，方驰心于域外，闻之喜。

立命刘某驾兵轮往寻其处，凡数日抵一地，亦孤岛，登岸行数里，所见风景，与前舟人所言者略同，但不见有何怪物焉。

复至一小山，嗅其气殊怪异，或瘴气盛故也。

然一行以为必有毒虫猛兽在焉，相戒勿深入，遂止。

据刘归所语人，其地似距台湾后不远也，因以其间有青色之怪物，证以吴赛屿青人（盖骂人不通事理如未经教化之原人者）之台谚。颇疑其地或即吴赛屿也。

此事乃吴茂才举以语余，其言殊凿凿，惜乎自是不闻有再探者，遂不能一见庐山真面目也。

105. 海棘兽：台湾近海怪兽

类别╲妖怪　　地域╲海境

介绍

在日本的《朝日新闻》，一九〇九年记载了一则怪兽奇谈，英国汽船途经台湾近海，船上众人目睹海平面上有一只巨大海兽，兽背上有明显的一排棘刺，众人啧啧称奇，因为从未在海上见识过此种奇异怪兽。

典文

《东京朝日新闻 · 一九〇九年三月五日（明治四十二年）· 台湾近海怪兽》

前天三日，英国汽船“苏丹号”（Sultan）从新加坡经过香港进入横滨港口，船长哈佛（Harvard）叙述，航海途中通过台湾近海之际，约二十点，隔着海面，有一只不可思议动物，高约十五尺、长约二百尺，在海平面上游泳，所有船员皆感诧异。并且描绘图像，怪兽背上有一排“棘刺”，像是这样的海中怪兽，未曾见识。

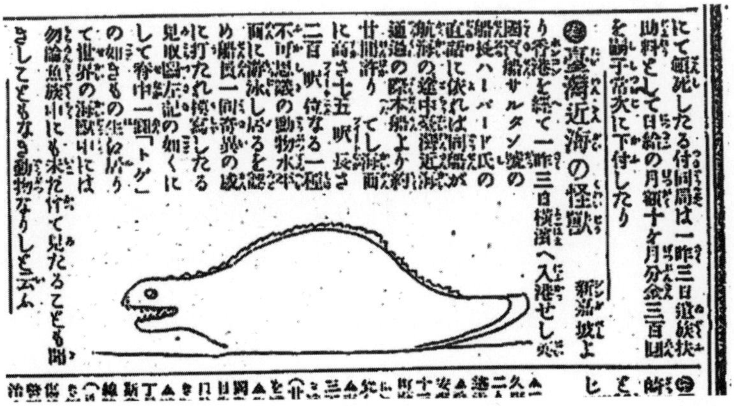

にて殉死したる付同局は一昨三日遺族扶助料として日給の月額十ヶ月分金三百圓を贈与し常次に下付したり

臺灣近海の怪獸

新嘉坡より香港を経て一昨三日横濱へ入港せし英國汽船サルタン號の船長ハーバード氏の語に依れば同船が航海の途中臺灣近海を通過の際本船より約廿間許りにして面に高さ十五呎長さ二百呎位なる一種不可思議の動物水面に游泳し居るを認め船員一同奇異の感に打たれ模寫したる見取圖左記の如くにして脊中一面「トゲ」の如きもの生じ居りて世界の海中には勿論魚族中にも未だ嘗て見たることも聞きしこともなき動物なりしと云ふ

《东京朝日新闻》明治四十二年三月五日，记载了台湾近海怪兽的目击记录与图像。

汉人、日本人与西方人志异 /

山野之章

106. 白猿妖

类别＼妖怪　　地域＼南部、山野

介绍

传说，古早时代的高雄冈山，四处都生长着茅草，故称“竿蓁林”。在冈山的山野林地，也有白猿妖栖息。

典文

《雅堂文集》—— 日 · 连横

冈山[①] 之上有白猿，人曾见之。

---

① 冈山：位于高雄县。

107. 蛇郎君

类别╲妖怪　　地域╲山野

介绍

蛇郎君，是自古以来流传于台湾岛上的奇异妖精故事。

据说，某庄中老叟，育有三名女儿，某日途经高山中的花园看见杜鹃花朵艳丽，摘取而下想送给女儿，岂料花园主人乃是变化成美男子的蛇精蛇郎君。

蛇郎君对老叟说，必须要将他的女儿嫁给他，否则他会毁灭老叟之家。老叟惧怕，最后逼不得已，只好将小女儿嫁给蛇郎君。

没想到蛇郎君虽然是妖精变化，却对新妻疼爱有加，赠以巨室珠宝。

但之后，小女儿的大姊因为不满小妹获得美满幸福，谋杀其妹，想用相似小妹容颜的自己来替换小妹。

没想到小妹冤魂化为青鸟，向蛇郎君啼音报信，大姊将青鸟杀掉之后，埋着鸟尸的地方又长出青竹。大姊将青竹砍掉做成竹椅，可是当大姊坐上去的时候都会跌倒，大姊又将竹椅拿去烧掉。灶灰的魂魄又附上了红龟粿，被邻居阿婆拿回家，盖在被子里，红龟粿竟然化身为小女儿的真身。

最后，透过邻居阿婆，蛇郎君才知道了真相，并且咬死了大姊，与小女儿过着幸福快乐的日子。

蛇郎君的故事在台湾各地皆有流传，并且也有各种不同的版本。在日据时代，除了连横记录蛇郎君的故事外，在《台湾むかし话》《七娘妈生》《台湾教育》里也有记载，故事情节略有不同。

蛇郎君

某处有蛇久而成怪
化为美男子往来村中
村人称之为蛇郎君

典文

《雅堂文集》—— 日 · 连横

台湾童谣有蛇郎君一节，事颇奇异，为载其略。

某处有蛇，久而成怪，化为美男子，往来村中，村人称之为蛇郎君。

闻某翁有三女，均未字，遣媒议婚，愿以千金为聘，否则将灭其家。

翁固贪利，又畏暴，命长女，不从，次女亦不从。少女年十七，见父急，慨然请行。

既嫁，蛇郎君爱之，居以巨室，衣以文绣，食以珍羞，金玉奇宝恣其所好，而翁以缔婚异类，遂不复作贫儿相矣。

108. 鹦哥妖与龟怪

类别╲妖怪　　地域╲北部、山野

介绍

在台湾北部，有鹦哥石妖鸟作祟，能吐出弥天毒雾。郑氏军队途经此处，向鹦哥石开炮，击碎妖怪头首。虽然鹦哥妖怪毙命，但其石仍有异毒残留，不可靠近。并且，在附近三峡的飞鸢山，也有妖怪作乱，郑氏曾炮击其怪，并留下炮击痕迹。

除了鹦哥、飞鸢传说外，据说龟山岛也曾经是一只巨大妖龟，因为国姓爷的攻击而死亡，化为海中岛屿。

典文

《雅堂文集》—— 日 · 连横

鹦哥石在淡水海山堡，今为铁路往来孔道。

石大数丈，屹立山头，自下视之，酷肖鹦哥。

相传此石能吐毒雾，大可蔽天。郑氏兴军至此，迷失道，开炮击之，遂断其首。

又曰：此石有异，人不敢触，触之则疫，六畜多毙，至今相戒无敢近者。

对面有山曰“飞鸢山”，当三角涌[①] 之冲，往时亦能作怪，郑氏击之，断痕宛然。

《台湾风俗志》——日 · 片冈岩

北部地区有肉鸢山。山形像鸢嘴。从前这地方上的人以为到这山，会被怪鸟啄死，所以无人敢去。后来郑成功部队到这里来，然每一夜消失一个兵员以至于全灭，再派兵亦无一人生还。郑成功非常气愤，在草鞋墩安置大炮时，炮座不能稳固，令兵将脱

① 三角涌：现今新北市的三峡。

鹦哥妖与龟怪

鹦哥石在深山能吐毒雾
龟怪浮于噶玛兰外海
传说皆被郑军击杀

去草鞋堆积做炮座后，发炮击碎鸢下颚，鸢终以死亡不再伤害人。堆积草鞋的地方，后来成为草鞋墩的地名。

《国姓爷北征中的传说》——日·黄得时

过了剑潭的国姓爷，经了小憩之后，越过三貂岭，朝噶玛兰（现在宜兰一带）方向去了。

恰巧这时候，一望无际的太平洋上，有个巨大的黑物，很傲慢地在那儿吐雾。傍边还有两个白色的东西，或浮或沉地跟着滚来。

顷刻间，那个怪物，似乎由茫茫的海上，渐渐迫近这边来了。

“噢，那是什么怪物？”

全军莫名其妙都惊呼起来了，只因这个怪物，把全军都吓得战战兢兢，毛发也直竖起来了。

一直到那个怪物逼近了来，大家才知那是乌龟精，白色的东西就是它所产的卵。

“龟精，好大的乌龟精！”一番嚣嚣的议论，由兵卒的中间腾起了。

看这情势的国姓爷，坐在马上，不慌不忙的，按枪照准，向那龟精射去，只听得“砰！”的一声，接着一阵震天动地的轰动，早已把那龟精打沉海里去了。

未几又浮起来，但是它的甲上已被炸出个洞穴，同时雾也不会吐了，只死静静的浮在那里。

后来这个被炸死的龟精，经过年深月久，遂成个山岛，大家便称它作“龟山”。

那被炸的洞穴，也形成一个小湖，湖里也贮满了澄清的水。

未几就有许多人，移到这个海上的龟山住居。

109. 煞神

类别＼妖怪　　地域＼山野

介绍

流窜于台湾暗夜之凶神，名为“煞”，若意外冒犯凶神，则曰“犯煞”，会让人死亡、生病、破产。

在《台湾日日新报》也记载了煞神夺人性命的真实故事，最终造成三人死亡。

根据报上记载，煞神现身时，犹如一团黑烟，若被煞神诅咒，则会晕倒，全身出现黑色斑点，最后通体焦黑而死。

典文

《台湾语典》—— 日 · 连横

犯煞。

煞，凶神也，犯之而不祥也。

清朝年间的台湾花轿：台中的南屯万和宫文物馆，珍藏一件清光绪十三年（1887 年）制作的花轿，雕工极其精美。

《台湾日日新报·一九〇六年（明治三十九年）一月三十日·煞神连杀三命》

本岛人迷信最深，而于煞气尤甚。

中如嫁娶一事，有犯煞气者，必或死或重病或破产不等，故须以星士卜其日时。

一至于再，彼盖信嫁娶中途一遇煞气，人必立死，通体焦黑如火烧。今次煞神连杀三命一大桩事，据本岛人间之所传说，实别有理由在焉。是亦采风上之一助也，故记之。

由今一周间前，锡口街五秀才之家，新嫁其女于中庄某氏。循例以黑布密缠花轿，其上并为种种装饰，不使洞见，以防煞气。

不幸是日轿甫入门，新郎忽犯煞气卒倒，通体遍生斑点，翌日即死。当花轿之出王家也，途次有小儿数辈，固为种种恶戏。

其后又有一小儿约十岁许，在轿旁跳舞，且向轿里窥伺，亦为煞气所冲，通体焦黑而死。

又有送嫁婆于新娘出轿之际，代扶新娘出轿，瞥见轿中有黑团，亦惊悸而死。

中一死者，其遗族以为煞神使然。嫁娶者不可不任其咎，经请损害赔偿矣。

花轿正门的两侧对联书写婚嫁之喜。

花轿左右两边的花窗可以前后推动。

清朝年间的台湾花轿细部图。

110. 黑狗妖

类别╲妖怪　　地域╲北部、山野

介绍

新庄地区流传，山上有“黑狗妖”，自称“黑山大王”，生性淫乱，喜爱美艳人妇，常在黑夜中爬上妇女床铺，与女交合。

最后，众人在山下挖掘到狗骨，以油锅煮烧，才杜绝祸害。

但也有传说，“黑狗妖”乃是懂得掩身术的术士所变化而成。

典文

《台湾日日新报 · 一九一一年（明治四十四年）四月二十九日 · 照身镜“山妖”》—— 十八宁馨

前年新庄坪顶，有农家妇颇少艾[①] 。

适夫外出，夜独宿，忽梦与人交，醒而扪[②]之，果一人卧榻上，大惊欲呼。

其人急止之，自言为“黑山大王”，因与卿有夙缘，若秘勿宣，当赐汝以福。

妇信之。

无何往来渐稔，往往笑声达于户外。妯娌觉其异，潜往窥之，尤果有人，于是窃窃议其私。

其姑闻而怒诘之，妇直言无隐，群嗤其妄，妇惭愤而退。

入夜其人忽不至，妇疑或从此断迹矣。

天既明，诸妯娌皆惫不能兴，共言有疾。其人夜又来为妇言，始知诸妯娌皆遭污，局部并高肿也。

---

① 少艾：年轻貌美。
② 扪：抚摸。

其姑诘诸妇，不得已微露其隐，乃共哗以为妖。一面延术士厌胜，一面逐妇归宁。

其兄嫂素不信邪，颇加冷诮，乃夜亦被污。自此无敢与妇同宿者。

后百方祈禳，于山下掘犬骨一片上有毛长二寸许。

投之鼎镬，妖始息。

或云是必非妖，殆术士能掩身术者，余则曰健盗为近。

111. 蟾蜍山：食人之山

类别╲妖怪　　地域╲北部、山野

介绍

在台北公馆一带的蟾蜍山，又名“内埔山”。相传古时候，山中有一只蟾蜍妖怪，经常危害百姓，吞食当地百姓。刘海仙翁来到此山，曾经在山上和蟾蜍妖怪斗法，最后顺利除了妖怪。

另外，在新竹横山乡的观光胜地内湾风景区附近的油罗溪，也有“石蟾蜍”的妖怪故事。

《新竹县采访册》记载：“蟾蜍石在县东四十六里油罗溪口。其大如屋，前仰后俯，状类蟾蜍，口眼毕肖。近时铁路石料多取于此，虽经穿凿，其形犹略具云。”

根据当地传说，光绪年间有打石业者至油罗溪寻觅石材，有一人在蟾蜍石上撒尿，蟾蜍石竟移动身形，吓坏众人。数日后，村内一只水牛失踪，村民寻至蟾蜍石周边，石蟾蜍突然张开血盆大口，吞食数十人，唯有一人逃走。

之后，村民聘请法师以狗血加火药，将石蟾蜍下巴炸掉，石蟾蜍从此就不再作怪。

典文

《台湾日日新报·一九一五年（大正四年）五月二十一日，传说之山，食人之山：蟾蜍山》

蟾蜍山，位于台北附近的总督府农事试验场正后方[①]，形似蟾蜍，正是令人闻风丧胆的妖怪。

① 现今台北市公馆附近。

112. 溪畔女鬼现形

类别╲妖怪　　地域╲北部、山野

介绍

日据时期，阿缑厅的农民洪在之女，在淡水溪意外溺死后，曾在溪边现形多次。此女鬼虽属鬼魅，但并没有害人之举，与一般水鬼会“抓交替”的行为不符。或许女鬼现形溪边，只是为了与父亲道别。

典文

《台湾日日新报·一九〇六年（明治三十九年）三月二十四日·亦一怪物》

阿缑厅下，头前溪庄农民洪在，有壹女，年十六七，适某庄某甲为妻。

伉俪之间，时多诟谇。客秋某日，夫妻又复反目，女竟黉夜归宁。

行次淡水溪，时霖雨初晴，溪流涨满。女急于归家，蹇裳而涉，跬步间旋遭灭顶。而地僻人稀，竟无援者。

及旦尸浮，村人共知为女，乃急报在，收尸瘗之。

不意女怪异特甚，日在溪畔现形。

行人骇惧，相戒无敢过此。

日前，在独驾牛车，沿溪小憩，见女妆束如常，攀车而上。见在，连呼：“阿爹！”在惨然大恸，方致研诘，忽人语暄腾，女竟湮然灭矣。

113. 香魂女鬼

类别╲鬼魅　　地域╲北部

介绍

黄玉阶（一八五〇—一九一八年），是日据时代的知名汉医师，致力于推动台湾社会现代化，曾在一九〇〇年创立台北天然足会，鼓励废除台湾女子缠足习惯。

某年，黄玉阶前往水返脚（汐止）演讲，在中秋月夜，与朋友在溪畔遭逢香魂女鬼。

黄玉阶为了超度幽魂，口诵大悲咒，香魂女鬼才永绝形影。

典文

《台湾日日新报·一九一四年（大正三年）五月八日·香魂》

台北宣讲社，系黄玉阶先生，自壬午年创始。

先生原籍彰化，自少持斋礼佛，慨然以济世为怀，来北筹设善社，宣讲圣训格言。世道人心，赖以维持不少。

尝至水返脚天后宫演说善书，迨夜将半，邀讲友陈茂才、时夏及陈有源等，将往宫后陈某书斋投宿。

时届中秋，万籁无声，一轮耀色，三人步月而行。

忽觉丝香扑鼻，其臭如兰，咸相诧异，谓此地何得有此？

比到陈某塾中，亟以询之，陈某摇手曰："勿言勿言。"众坚叩所以，乃曰："敝斋近溪，溪旁有巨石，月夜若闻香气即有一女鬼，踞坐石上，以惑行人，或被掷瓦砾，人皆视为畏途。"

陈茂才素豪放，笑曰："如此良宵，若欲结缘，香可再出。"言未竟，斋中午气袭人，倍加浓厚。

陈某蹙然曰："君等明日归去，予在此独宿，若来缠扰，奈何。"

黄先生见其怖甚，曰："君能招之使来，不能魔之使去，予虽无伏魔之力，却有辟邪之方。"于是趺坐合掌曰："何处幽魂，来此何事，须知阴阳异路，不得在此迷人祟人，致干阴律，宜速忏悔，投生富贵家，永受人间之幸福，敬诵大悲咒一卷，借以超度。"

诵毕，觉一阵阴风，飘香而去，自是石上之美人香魂，永绝形影。

陈茂才曰："今夜韵事，不可无诗以纪之。"

乃各即事赋诗，犹记黄先生七绝二则云：

"宣罢圣经下讲台，良朋步月共徘徊。幽香阵阵飘何处，疑是散花天女来。香魂竟化异香来，苦海沉迷剧可哀。为诵佛经开觉路，从兹转世脱轮回。"

续谐氏曰：鬼之为厉为祟，前生多因冤恨而死，灵魂郁结不散，如彭生之报冤，精卫之填恨是也。若女鬼之漂泊无依，何不投生，而乃现形迷惑？殆如妓女之沉溺苦海，不知回头欤。得黄先生之当头一棒，渡出迷津。是其平生之正气，足以感化邪魔，不然虽诵大悲咒千百遍，恐未必见功也。

114. 大甲溪的鬼火

类别╲鬼魅　　地域╲中部

介绍

台湾乡野坟地，经常出现磷火，即是“鬼火”。在中部则有传说，每夜大甲溪上，都会有鬼火闪烁飘浮。

大甲溪除了有鬼火传闻外，也有女鬼故事流传。

根据《东势镇客语故事集》（胡万川、黄晴文编辑），曾采录一则大甲溪女鬼的故事。

据说，在清朝时代，大甲溪是用石头铺在河底做桥，当时来往的商人旅者，经常看到一位美丽的女子坐在河岸的苦楝树下。这名女子，经常会叫人背她过河。

当人们将她背到河流湍急的地方时，女子就会将舌头伸长，脸庞化为丑陋的鬼脸，让人吓一跳而掉进大甲溪里溺死。

所以，一旦背起女鬼，就绝对不能回头看她，不论她如何拍打肩膀，也不能回头。只要过了河，女鬼就会化成一块棺材板。

最后，有一名道士想要解决这个祸害，就先在东势的对岸准备一个油锅。然后假扮成商人要渡河，当女鬼请他背的时候也不拒绝，直到过了河，就直接把女鬼扔在滚烫的油锅里，一直炸成油渣。从此之后，大甲溪的女鬼就不再出现了。

大甲溪之所以有女鬼让人入水的传闻，或许跟大甲溪水流湍急有关。清朝时期，吴子光曾在《一肚皮集·台事纪略》中说明了大甲溪的水流急促：“大甲溪……此溪乃淡、彰二属巨浸，每南风暴作，必夜吼，声闻数里外不绝，即风日晴和，亦水涨不可方物；且溷浊如土色，至旬日始复常，亦一奇也。沿溪水土最恶，粗沙大石与风水相击撞、迁徙无定所致。徒杠舆梁，功莫能施，盖此非德水也，乃畏涂尔。”

典文

《台湾日日新报·一九一五年（大正四年）三月六日·鬼火燃》—— 村夫子

大甲溪水上，每夜鬼火燃。

115. 僧亦怕鬼

类别╲鬼魅　　地域╲北部

介绍

新庄路畔，常有鬼谈，某寺僧行经此路，常念阿弥陀佛驱鬼。

典文

《台湾日日新报 · 一九一〇年（明治四十三年）九月十一日 · 佛亦怕鬼》

沪尾某寺寺僧，素胆怯。

日前，往新庄作香花晚归，沿途诵佛声不已。

有农人在前行，手燃火炬，僧急趋就之。

然口犹喃喃作语，农人叩其故，僧曰闻此处有鬼故也，农人大笑之。

116. 雷公埤的女鬼

类别╲鬼魅　　地域╲北部

介绍

新竹的雷公埤，有女鬼作祟，会将人诱引到水中溺毙。

传说，有一名当地人观赏完戏剧，在夜里独自返家，经过雷公埤时，隐隐约约看到一位美丽的女子，周身散发奇异芳香，让他情不自禁地向前追去。

没想到女子竟一跃而去，步行水上，作势邀请他往水中走去，这时他才发现是女鬼引诱，赶紧落荒而逃。

典文

《台湾日日新报·一八九七年（明治三十年）二月二十四日·月下见鬼》

新竹东关外有一大池塘，俗呼雷公埤。

询之父老，均以当时，雷起其处，因以为名焉。

其埤水深一二十尺，虽苦旱亦不见其涸。附近居人相传有鬼，亦属耳闻而非目见也。

一回该地演剧，颇热闹。月色微明，某甲经过其地，隐隐见有佳人，年可二八，容颜如玉，真倾城绝色。

甲向前睨视，女拂衣遽起一阵香风扑人眉宇。然问之不答，但掩面微笑。

甲迫近其身，意图调戏。女跃然一跳，宛在水中央面，即以手招甲。

吓得甲魂飞天外，拼命逃归。

返家，语言不出，手足冰冷，口眼俱呆，形如木偶，家人急以养汤灌之，约一半时久，遍体回阳，逐渐呻吟，翌日方知人事。

117. 虎姑婆

类别╲妖怪　　地域╲山野

介绍

台湾民间家喻户晓的虎姑婆故事，讲述深山中的老虎精怪，化为慈祥和蔼的老婆婆，假扮成一对姊妹的姑婆，欺骗她们而得以进入家中，想要在夜里吞食姊妹两人。

虎姑婆的故事，普遍流传于大陆，因汉人渡海来台，而将此故事带来台湾。

目前可考，最早的虎姑婆故事，是清代官员黄之隽（一六六八—一七四八年）所写的《虎媪传》："歙居万山中，多虎，其老而牝者，或为人以害人。"说明歙县（安徽省东南部）位处于群山之中，有许多老虎，若年老且为雌，有些会转变成人来害人，并且会假扮成外婆，借机吞噬小孩子。

从乾隆年间以来，"老虎外婆"的故事逐渐在各地流传，不同地域流传的故事也有变异的细节（例如，小孩会离开家去找外婆），甚至妖怪主角成为其他凶猛的动物。例如，北京、江苏、四川等地是"狼外婆"吃人，浙江永嘉是"野熊外婆"，广西壮族是"猩猩外婆"，江苏、南通是"秋狐老妈妈"，河南是"沃猫精"，这些妖怪可能假扮成妈妈、外婆、叔婆等角色。

虎姑婆的故事，经过台湾的在地化，也演变出独特版本的情节与结局。在台湾流传的故事，虎姑婆会趁母亲离家之后，在深夜拜访姊妹两人的家，并且欺骗她们说自己是姑婆，要来陪伴她们过夜。

另外，因为台湾并不产虎，所以台湾人并不认识"虎"的正确形象，所以在讲述故事时，不会特地说明老虎的"动物特质"（有皮毛、有尾巴），而是将虎姑婆理解为"鬼婆婆""吃人的老姑婆"。因此，根据学者研究，"老虎"的概念已经转化成"某种恐怖而丑陋的妖怪"，而忽略了原本是"动物"的特质。

虽然台地不产虎，但岛上人们也会借由两种形式来认识"虎"的形象。

第一，庙宇的梁柱、墙壁会有"虎"的彩绘壁画、雕刻，述说民间传说里的老虎故事，例如“武松打虎”、二十四孝的“黄香打虎救父”，除了有装饰功能外，也有生活教育的意涵。此外，许多庙宇也会奉祀“虎爷”，他具有镇护庙宇的能力。

第二，日常生活会使用的器物有“虎”的形象，例如百姓祭祀用的神桌、平头案，或者木橱柜的表面可能浮雕八仙的图案，图画中的铁拐李最常以骑乘老虎的姿态现身。另外，民间习俗“祭改”使用的外方纸，有一款纸钱名为“白虎”，绘制了老虎凶恶的形象，若人们“犯白虎”，则需要燃烧纸钱解灾除厄。台湾民间也有“纸虎”的迷信，在片冈岩的《台湾风俗志》便叙述了“纸虎告密”的奇法，就是在纸上先画一只老虎，然后把老虎图形剪下，装进投给官衙的密状里，台湾人相信纸虎能暗中咬伤对方，让告密的对象遭受严刑拷打。所以，虽然台湾人从未见过老虎的真实样貌，但也借由这些“二手资料”“民间习俗”来幻想老虎的形象。

在日据时代，虎姑婆的故事曾记录于《华丽岛民话集》与《民俗台湾》中。

《华丽岛民话集》由西川满的日孝山房出版社发行，出版于昭和十七年（一九四二年），由立石铁臣插画装祾，包含二十四篇台湾民话，是西川满在台时期，与池田敏雄二人共同策划。在一九四二年，他们从当时的台湾全岛学生征文中，筛选出适合的民话文章。这本书在一九九九年九月由致良出版社重新出版、编译。

《民俗台湾》则出刊于一九四一年至一九四五年，原刊日文版，主编是金关丈夫，专门收集台湾民俗资料。书刊中的作者包含台湾作家与日本民俗学者。之后，《民俗台湾》在一九九〇年由林川夫重新编辑翻译（武陵出版社）。

在《民俗台湾》的记载中，妹妹因为个性单纯，反而被虎姑婆所啃食，而姐姐则依靠着聪明机智，用热油淋死了虎姑婆，顺利逃脱虎姑婆的魔爪。在《华丽岛民话集》的故事中，姊妹两人则借由天上云朵的帮助，逃离虎姑婆，并且加入了七娘妈的行列。

日据时代，记述虎姑婆故事的书籍，尚有《台湾むかし话》《台湾昔噺》《文艺台湾》《七娘妈生》，情节也都略有不同。例如，在《台湾むかし话》中，虎姑婆欺骗妹妹说是在吃土豆（事实上，是在吃姊姊手指）。

此外，排湾族的率芒社，也有类似“虎姑婆”的传说故事，在他们的语言里，怪物被称为“沙利库”（Sariku）。至于在日本民间故事“天道样金の锁”中的情节，

山虎老而牝者
或为人以害人
虎姑婆

则与虎姑婆故事非常类似，只是虎姑婆的角色变成了“鬼”。

关于虎姑婆的详细研究，可以参考吴安清的论文《虎姑婆故事研究》。

典文

《华丽岛民话集·虎姑婆》—— 日·西川满、池田敏雄，编译：致良日语工作室

在山背后的一间破败不堪，茅草搭成的屋子里，住着一对孤儿姊妹。

有一天，虎姑婆来了，要吃掉两姊妹。

姊妹俩冲破墙壁，躲到后面的一棵榕树上。榕树下有一条清澈的小溪流过。

虎姑婆看见了倒映在小溪里两姊妹的身影，便倾尽全力摇晃着那棵榕树。而就在那棵榕树快倒的时候，姊妹俩唱着说：“黑色的云是父亲，白色的云是母亲”，就哭了起来。

就在这个时候，眼看着天上的黑云与白云降了下来，载着两姊妹向天飞升而去。可怜的两姊妹从此加入了七娘妈的行列。

《民俗台湾·虎姑婆》—— 日·森元淳子

从前，在某一深山里住着母女三人，虽是单独一间的简陋住屋，每天倒也过着平安无事的日子。

有一天，母亲为了非一个人去不可的事而下山去了。虽然住惯了山，但因一片寂静，留下来的两个女儿感到加倍的寂寞，遂相互贴近身体坐着。

这时，隐约地听到敲门声。二人栗然竖起耳朵再听时，敲门的声音越来越响。

心中害怕而打开门一看，门口站立着一个白发老媪。

二人虽然感到害怕，但因老婆婆笑容可掬地说：“我是你们的伯母。”这才放下心来。

特别感到高兴的是妹妹，因正感到寂寞，便凑巧来了一个人陪伴，不过年纪大的还是年纪大，姊姊深感到来人的可疑。

其夜，老婆婆邀姊姊一起洗澡，但姊姊加以拒绝而一个人入浴。妹妹年纪尚小不懂事，便马上答应与老婆婆一同入浴，因姊姊不肯一齐来，而使老婆婆深深地感到惋惜。当就寝时又起了争闹，妹妹无论如何都要和老婆婆一起睡，任姊姊怎样去劝阻她，她都不听。

终于姊姊也就顺从了她。

就寝后，姊姊忽然被一种声音吵醒，感到可疑，便往妹妹那里一看，妹妹用棉被蒙盖住头而不见身体。老婆婆坐在其旁，好像在啃吃着什么东西时，老婆婆不客气地瞪着姊姊说："我在吃生姜[①]，小孩子是不可以吃的。"

姊姊说："可是，给我一支嘛！"

因拗不过姊姊，因此老婆婆便递了一支给她。

姊姊接到手一看，便吃了一惊，那是妹妹的一只手指，不过聪明的姊姊装着无事的样子，强抑住了惊愕。

然后她向老婆婆说要上茅房，便走进茅厕，悄悄地将瓶子装满水，用绳子吊在尿桶上方，让水慢慢滴落假装自己在小便，之后便偷偷溜出去，爬上了屋前井旁的大茄苳树上去。

虎姑婆觉得姊姊在厕所里太久，但听到厕所里有滴落的水声，以为姊姊还在厕所里便放心了。可是怎么等都不见人出来，终于忍不住到厕所去看个究竟。

啊！这是怎么一回事呢？里面空无人影，只吊着一只瓶子。

虎姑婆慌忙地找遍屋内，可是怎么找也找不到人。她认为一定是藏在外头，可是外面也见不到半个人影，感到口渴的虎姑婆便望了望井底。

井底倒映着茄苳树与树上的人影。她便仰头一看，看到了那一动都不敢动的姊姊就躲在树上，这下虎姑婆乐极了。

她想爬上树去又爬不上，连跳带扑还是没有办法，只得用牙齿去啃树皮。

树上的姊姊深感危险，便向虎姑婆喊叫着说："老婆婆，老婆婆，请不要那样拼命地啃着树皮，我马上就要让你吃了，无论如何请听我最后的请求，请你煮一锅油给我。"

虎姑婆听了喜出望外，赶紧跑进厨房去，用笨拙的一双手去把油煮开。

① 生萎：生姜。

不一会儿，因油煮沸了便把它提到树下来，用长竹竿前端吊挂着递给树上的姊姊。然后她向上张着大口，等那树上的人吞食沸油后，掉下来时把她吞噬掉。

树上姊姊假装要喝油而凝视着虎姑婆的举动，等待时机正好时，便把沸油往她那张大的口里泼去。

这时只听得“哎哟！”一声，虎姑婆发出如山崩地裂的断魂声倒了下去。

姊姊觉得害怕，正盼望有人来时，凑巧有个摇铃铛挑卖小东西的人路过，她请他用扁担打那虎姑婆。不过那时虎姑婆早已断气，成为横尸。

姊妹二人，姊姊虽然如此逃过了虎灾，可是妹妹却死去了。

事后回来知道了缘由的母亲，虽然悲痛欲绝，但也认为姊姊能够生还已是不幸中的大幸，也就看开了。

据说姊姊长大后，嫁给了先前那个摇铃铛挑卖小东西的人。

118. 山猫：妖怪成神

类别╲妖怪　　地域╲山野

介绍

在宜兰头城的“天神宫”，奉祀将军爷，其真身据说是一只“山猫妖怪”。

相传在清朝时代光绪年间，福成庄（福德坑）有山猫作怪，危害家畜家禽，还带来疫病。正当乡里百姓束手无策之时，山猫托梦给乩童，要求建庙得祀。

当百姓在光绪二年建庙之后，全庄总算获得平安，再无妖怪危害。

典文

《南瀛佛教会会报 · 第十三卷第十一号（一九三五年）· 对猫的崇拜》

宜兰郡头围庄新兴字新兴三八番地，有一座称为“天神宫”的庙。

主神是将军爷。配祀有惠将军、二将军、五显帝、上帝爷、太子爷、劳大安、朝龙香、飞神爷等。

根据铃木清一郎著《台湾惯习的冠婚葬祭与年中行事》，该书将主神将军爷的神体，说成猫。

前些时候翻阅总督府寺庙登记簿，里面写的是境内面积一百一十一坪，建坪有十二坪。所以它不是一间小庙。明治三十四年（一九〇一年）六月创立，定期祭拜日是八月十五日。庙祝是刘大江，管理人是萧姓。不过，看它的沿革，神体可能是猫，又可能不是猫。

明治八年前后，福德坑有山猫妖怪出没，屠杀各处家畜，或使人发生恶疫。居民们大为恐慌，办理各种神事，但均无效验。

最后，居民们迎得将军爷谈判，化猫便托言乩童传达：“今后我可不再做恶事。但需为我建造一间庙并定期祭祀。设若能够如此，我愿意担任本庄之守护神。”因此，庄民们急忙建立起本庙并予以祭拜。嗣后，即不再有灾害。

119. 有应公：赌博有求必应

类别╲神灵　　地域╲山野

介绍

《台湾惯习记事》是日据时代的台湾民俗研究著作，仰赖官方支持而编纂成册。

后藤新平（一八五七—一九二九年），在一八九八年三月担任台湾总督府民政长官，并且成立台湾惯习研究会，由总督儿玉源太郎担任会头（会长），后藤新平担任副会头（副会长），组织包含伊能嘉矩等知名学者，并在一九〇一年开始出刊《台湾惯习记事》月刊。直至停刊，一共发行了八十期。一九四五年后，台湾省文献委员会将其译成中文。

在这本书中，记录了台湾"有应公"的民间信仰，只要向"有应公"祈祷，许多事情都能心想事成，因此吸引了许多赌徒朝拜。

台湾汉族喜爱赌博的习性，在大航海时代便有记录。十七世纪，曾在台湾居住过的贺伯特，便在《台湾旅行记》中说明了汉族的性格："中国人刻苦耐劳，善织绸缎，资性聪慧，擅长商业、天文和航海。他们虽然也用罗盘针和磁石，而只能辨别东南西北四个方向而已。他们能做罕有其匹的精巧的烟火。他们一经看见任何东西，都能照样模造。他们特别喜欢以纸牌或筹码赌博，有些人把财产和妻子都赌掉，甚至割下自己的头以做赌注。什么都赌光了之后，他们就自暴自弃，往往只为生存而成为奴隶。"

典文

《台湾惯习记事第一卷·第四号·光绪二十七年（明治三十四年）三月廿一日发行·杂录：有应公》

相传凡墓地有久绝祭祀之坟墓，柩木既朽，圹穴亦坏，枯骨露出时，收在设于墓地一隅之小堂内，奉祀香火，以慰无祀之魂魄者。

赖其冥护之力，一切诸愿必能成就。

甚之，相传赌博可得胜，盗不被发见，所求无不应，必在其堂之楣头悬挂“有求必应”之布片。

“有应公”之名，盖出于此也。

120. 魑魅魍魉碑：镇西畔阴鬼

类别╲鬼魅　　地域╲离岛、山野

介绍

在澎湖白沙乡后寮村，有一座“威灵宫”。

威灵宫建立于明朝万历三十年（一六〇二年），在庙前方有一座属于符咒碑的石敢当，石碑上刻有“魑魅魍魉”四字。

此碑设立于清朝道光二十二年（一八四二年），高度超过两米，碑底的基座有仙鹤、梅花鹿等吉祥雕刻，用来驱邪镇恶，可以收伏四野八方的妖魔鬼怪，交由威灵宫的保生大帝来管理。

并且，石碑上的“魑魅魍魉”四字的上方，还加上“雨”字头，具备镇鬼的功能（道士辟邪使用的“雨渐耳”的缩写）。

据说在清朝时期，山精鬼怪四处作祟，经常引来狂风大作，邪尘遮天，使得农作物无法顺利收成。村民不堪其扰，祈求保生大帝指点迷津。

经过保生大帝指示，当地为畚箕穴，属于阴穴，所以妖魔鬼怪才会伺机作乱。因此，它便指点民众，设立了一座符咒石碑，以镇邪煞，保佑乡民。果然从此之后，邪魔就销声匿迹了。

典文

《台湾惯习记事第一卷 · 第七号 · 光绪二十七年（明治三十四年）七月二十二日发行》—— 日 · 采风生，翻译：王世庆

澎湖岛，白沙岛后寮乡之一座庙前，有一块石碑，高约五石，正面刻有图标文字。

口碑相传，道光年间，有一鬼怪（西畔阴鬼），徘徊于后寮及其西邻之通梁间沙漠，殃及乡民。

时庙神显示，从之，建石押压，尔来亦无怪。

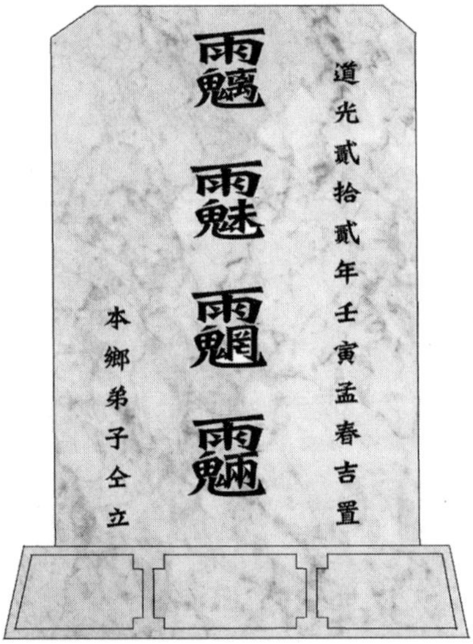

白沙乡的魑魅魍魉石碑简图。

121. 宝藏岩：老龟与女鬼

类别╲妖怪、鬼魅　　地域╲北部、山野

介绍

新店溪流域的宝藏岩，传说有老龟妖怪与女鬼作祟。

关于女鬼故事，典故出自《淡水厅志》：“石壁潭寺：即宝藏岩，在拳山堡。康熙时人郭治亨舍其山园，与康公合建，事在乾隆间，年月失考。后治亨子佛求，即舍身为寺僧。父子墓均在寺旁。其女九岁，死于地震，鬼辄夜哭，祀之乃止。”

典文

《台湾惯习记事第二卷 · 第五号 · 明治三十三年五月二十三日》

—— 日 · 台湾惯习研究会原著

新店溪向西北流入台北平原，绕宝藏岩之一角处，水深为潭，潭内成涡纹，称为石壁潭，古来入潭者多溺没。

实例为，去年有国语学校学生一名，今年有守炮兵二名，均为游泳溺死。

土俗传谓：“潭内有经数百年之老龟，甲长五尺余，人有入潭者，即为捉杀云。”

又传：“岩上古寺宝藏岩，系乾隆年间，名郭治亨者所建，后来治亨之子名佛求者为僧，住于寺，其女于九岁时死于地震。其鬼每夜哭泣，祭之仍不止，幽鬼留于潭内，至今有人入潭便杀之。”

122. 文龟妖

类别╲妖怪　　地域╲山野、中部

介绍

在台湾中部的九九峰山腰，有一座水池名唤“大窟潭”。

当地人传说潭水中，有一只“文龟妖”，拥有预测风雨的能力。

典文

《台湾惯习记事第二卷 · 第六号 · 明治三十五年六月二十三日发行》
—— 日 · 采访生，翻译：吴坤明

彰化城东之九十九峰[①] 半腹，有池称“大窟潭”。

土俗传谓，虽大旱，水终不涸，水中有文龟，天将欲风雨，文龟见于水面云。

① 九十九峰：现今称为“九九峰”，也称“九十九尖峰”，位于台湾中部地区，属火炎山特殊地理景观。

123. 剑潭诗魂

类别╲鬼魅　　地域╲北部、山野

介绍

剑潭寺，原本位于基隆河右岸，现迁至剑南捷运站附近，也称“剑潭古寺”，祭拜观音佛祖，所以也名“观音寺”。据说，在康熙年间，厦门有位名叫“荣华”的和尚渡海来台，在淡水上岸，前往基隆的途中，路过芝兰堡的剑潭，遇到红蛇挡路，心有灵犀，便在山峰南麓供奉观音佛像。剑潭寺前，则是“剑潭”，虽名为“潭”，但其实是基隆河环绕大直山麓，形成仿佛潭水的景象。自古传说，剑潭夜里发光，是因为潭底有宝剑，是国姓爷所遗留。除了“剑潭夜光”的传说之外，剑潭也有奇异的女鬼传说。

典文

《台湾惯习记事第六卷·第二号·明治三十九年（光绪三十二年）二月十三日发行》——日·台湾惯习研究会原著，台湾省文献委员会编译

台北剑潭[1]古寺右河畔的山腹，坟墓累累，已成为荒冢。

春时草长没人，无人割除，任由牧童放牛饲养，践踏摧残，因之坟墓倾塌者，不知其数。

寺僧之圆寂者，亦皆埋葬于此处，仅有时而派人看顾而已。

寺的西厢为住持的禅室，曾有倚云生者，居此室读书。

一夕微风习习，月明如昼，乃独自散步于庭中，环顾寂寥，只闻水声潺潺，或近或远，忽见一女子，玄裳缟衣，仰头看明月，冉冉而来，口中微吟以：

① 剑潭：约是现在的八二三炮战纪念公园前方的水域。

剑潭诗魂
募客之妻善于文墨
因病而殁葬于剑潭
每值月夜常见现形

“红愁绿怨送春归，徒倚无聊几夕晖。

十载光阴如一梦，游魂时逐落花飞。”

旋复再朗诵，仔细听之，其音凄婉，宛如有重忧。

生以为在山庄僻地，安能有此风雅女士，在月下步行孤吟，颇生疑惑。

遂走近询问，惟女士回头一顾，举步疾走。

生愈怀疑，追至潭岸，竟无踪迹，不禁毛骨悚然，急返舍就寝。

翌日将此情问土人，曰以此地妇人，无识字者。

惟听问，十年前，某募客之妻，善于文墨，因病而殁，葬于此地，每值月夜，常见现形，人多恐怖，不敢经过其处。

方觉悟，女士乃其灵魂也。

124. 水鬼迷惑

类别╲鬼魅　　地域╲山野

介绍

台湾岛流传水鬼故事，水鬼会找人取代，拖人下水而死。

水鬼也拥有变化能力，能变成各种形象，引诱人下水。在日据时期的新闻报纸《台湾日日新报》中，也刊载着许多关于水鬼的奇谈故事。

典文

《台湾日日新报·一九〇六年（明治三十九年）四月十九日·淡水川之水鬼》

日前有大稻埕维新街四十六番户陈立，年三十许，在大稻埕租税检查所前，跃身入水。初时有谓其发狂者。

后为细查，则其人似无狂疾。是日早朝六时半顷，忽于家中携一竹篮而出。

其弟怪之，急尾其后以行，然陈立疾走如飞，至检查所前石阶之下，早已不见形影。

其弟问于附近之船，船夫答以顷见一男子手携竹篮，走入水中，如履平地，遂不复起。

弟知其必死，不禁大恸。乃托傍近之人，共捞其死尸以归。

于是议论不一，复起一种怪闻。

即谓前日午后一时顷，有清国人李某，织蓑为业，现住港边街。是时携一酱油瓶，在川岸石阶下洗濯。

既而其瓶忽自荡开，越离越远，李急于拾回，不顾深浅，几几乎没顶矣。

旁人见者，乃大声疾呼以醒之，始获无恙。

或曰：是必水鬼作祟。

水鬼欲达其目的，故翌日复有陈立之事也。呜呼，其然岂其然乎？

《台湾日日新报·一九一〇年（明治四十三年）六月九日·淡水河鬼》

淡水河流，每年恒有溺毙者，本岛人以为水鬼之求代。愚者惑之。而不谓近者有内地人逍遥河畔，而亦见有现象。其眼花之错乱耶？抑果有是事耶？

闻数日前，有稻垣竹器制造所雇人某，于午后十时过，纳凉于布埔街河畔。即原盐务馆前河畔，踞石而坐。口吸卷烟，时月色微明，风景可人。

某方赏心，岸边有双艘渔船停泊，渔夫五六名，且语且食。既终，有持竹烟管吸烟，出立船头。从容不迫，眺望远迎间有一人不知见何物，俄发怪声。

仓皇与其渔夫，摇橹赴下流而去。与并繫之红头船，见该船之仓皇，亦随之挝□[1]他往。

某见而异之，知其必有故。时月色忽暗，阴云漫空，即由河中涌出一大黑物。

其影有如大航船之帆，始料为帆船之将泊岸，然时微风不起，若彼之大艘航船，何由而得驶行？益以为怪。

爰熟视之某此时心如辘轳，上下不定，即停河畔所树之木柱，潜窥其来。

见该黑影系不偏不倚，直线而前，乃知是非帆船，而为怪物。

比近，则黑影为一大人形。

某骇甚，寻有行路者过，某以为幸，呼止而问之，曰是之黑影为何物。该行路者为本岛人，颇通国语。

问所谓黑影者何在？某回顾河中，将指而告之，则黑影已消。

月色复明，益呼怪事。

本岛人语之曰：“是即水鬼也，水鬼出现之际，船遇之，必有灾。故见者避之，已成为例，子未之知也。”

某闻本岛人之语，乃恍然悟。归恒以语人，借作茶前酒后之助云。

《台湾日日新报·一九一〇年（明治四十三年）六月九日·新评林“水鬼栖”》

① 原文不清。

水鬼
出现之际船遇之必有灾
诱人入水俗谓捉交替也

淡水河涡里，尝闻水鬼栖。形如布帆黑，声共夜鸮啼。

内地人亲见，全身毛怖凄。寄言转世去，天国在其西。

《台湾日日新报·一九一〇年（明治四十三年）六月二十二日·蝉琴蛙鼓》——见鬼生

日前有几个儿童，在剑潭港洗浴。

一童戏潜于水中，数童欲寻之，旋该童由浅处上岸，而数童竟于水中摸得一人，共扶起之。

出水则一黑物，众童大骇。

急置于水中疾走而回。

相哗为鬼。至有卧病不起者，未审然否？

《台湾日日新报·一九一〇年（明治四十三年）七月一日·水鬼惑人》

新庄街刘立之妻黄氏爱，年三十八，现为大稻埕永和街张氏阿玉执炊。

前月廿七夜将半，忽至港边街渡头下流，如将投水状。

时附近有伺捕无赖汉之刑事见之，急救之。

其精神殊有异状，乃命其主人张氏阿玉为引归。

后据本岛人所传，黄氏爱是夜必被水鬼诱惑，俗所谓捉交替也。

于是迷信者皆怖之。

噫！其然岂其然乎。

《台湾日日新报·一九一〇年（明治四十三年）十二月四日·南部雁信“岂其鬼欤”》

本月廿九夜更定后，有某铺店伙往安平海头角，观新福连菊部。

由大路归，经北势街尾大桥，忽见满地光明，水声潺潺。

不禁大愕，回顾四面，天空一切。定神视之，一片火光，其大如轮。

疑为失火，大声疾呼。有甲乙奔到，其火忽灭，依旧黑不见人。

相与骇然，疑为水鬼在弄云。

《台湾日日新报·一九一七年（大正六年）九月一日·水鬼求代》

台南小南门外，法华寺前，有一半月池，曩者或二三年，或一二年，或年年，常有人死于池中。有一次而死三人者。

相传该池有水鬼，每变为毛蟹，或变为莲花，浮于水面，以诱人至深处，遂占灭顶之凶。

数年前有志者，曾募许多金钱，遍访十余个死于该池者，历叙其姓名，延请僧道，建醮一天，为之超度灵魂，并立一石碑于池边，颜曰“阿弥陀”以镇压之，自是少有所闻。

《台湾日日新报·一九二九年（昭和四年）二月十九日·台中电话》

日午前四时顷，彰化郡和美庄屈池，有投身自杀者。

此池自古以来，有“魔之池”称呼，每年必有一位投水而死者。

目前警方正在调查中。

《台湾惯习记事第二卷·第五号·明治三十三年五月二十三日》——日·台湾惯习研究会原著

台俗，自古有水鬼迷人之传说。

最近，台北下嵌庄小河边，有一人徒步涉河流，中途忽失知觉，行将流没时，幸岸上有耕农之人，急呼止之，得无事。

问之，谓将河流迷误为道路而步行之也，传系被水鬼所迷云。

《民俗台湾·迷信数则》——日·黄澄煌

据说宜兰罗东的二结和四结间的桥下，住有水鬼，每到中元节的时候，就会有两三人被杀。

据说，每到那个时候，就会刮起一阵狂风，将人的眼睛蒙蔽。

不论是看到水鬼或其他鬼，据说只要咬着大拇指就可得救。

《台湾风俗志》——日·片冈岩

台北下崁庄陈某有一天走入河中后，在河中呼救。适在河边的农夫救起他。陈某说："以为大路一直走去，走到深处才发觉是在水中。"农夫即说："有人曾在这里溺死，这人的灵魂变成水鬼出来害人。"

据说：水鬼亦会变成鬼船。

125. 犯土神

类别╲神灵　地域╲山野

介绍

土神，泛称于某块土地上的煞气、鬼气。如果附近土地上有工程动工，也会惊扰土神，或者房屋翻新，也会惊动土神。

若被土神缠上，则称为“犯土神”，尤其是小婴孩最容易犯土神。

典文

《民俗台湾 · 土神》—— 日 · 西林振声

土神就是和土木、建筑有关的恶魔。

如果被煞到就会发烧，可分患者直接目击而作祟和远方飞来作祟，即所谓“犯土神”二种。

病征是突然发烧(四十度以上)，全身不适或伴随着呼吸困难的症状，口中念念有词，甚至有些会呈现疯狂状态，小孩则吐奶、口唇变白，这就是所谓犯了土神。

若求助于神力，则首先就是要将土神赶走，贴上神符和土将。

也就是将此症状视为土神在作祟，而求助于正神(当地的妈祖、观音妈或地藏王)，将其神像或贴有名字的神符贴在正厅(也可叫作镇宅)，拜托棹头向神明沟通，驱走恶魔，接着服下神明所授予的药(有汉方药也有药草类)即可。

126. 叉爷：孤魂野鬼

类别╲鬼魅　　地域╲山野

介绍

叉爷，又称“无缘佛”“五鬼杀神”“十恶鬼”“外方”，属于邪神，如果附身于人，就会造成各种危害。

因此，就要进行“谢叉爷”的仪式，也就是“送鬼仔”“谢鬼仔”“谢外方”，谢绝鬼神。进行这个仪式，要将饭菜放在竹笼上，供于屋外，焚香祈祷，并且烧金银纸祭鬼。

典文

《民俗台湾·叉爷》—— 日·山中富雄

“谢[①] 叉爷”又称“谢外方”，是从古代流传下来的一种野外祈祷。

听说“叉爷”是居无定所的无缘佛或五鬼的杀神、十恶鬼。

祈祷叉爷或天狗、白虎（向天界及地上乞食者）作祟之事就称为“谢叉爷”或“谢外方”。

人有时会不知不觉地发烧，小孩也有时会在半夜哭泣，这时候只要带往寺庙内抽个签或卜个卦，或许就会被指示或是被何方鬼神所作祟，或是因天狗、白虎在作祟所致。

这时候请病人站出来，在求医前家人总是先卜个卦，此时，八卦显示东南方有青面恶鬼在作祟，必须立刻准备银纸、中衣、阴阳钱、本命纸、五鬼钱（这些均是金银纸之一种）以及替身的纸人，并且准备三样供品，叫作“小三牲”，也就是猪肉、鸡蛋、干鱿鱼之类的东西一起放入竹篓内。

① 谢：谢绝。

接着由自家的东南方开始出发，在郊外或路边点燃香及蜡烛，将礼拜纸及替身的纸人焚烧，祈求身体疾病早日康复。

这项仪式主要是在夜间进行，但偶尔在白天也会看到。

《民俗台湾·谢外方》——日·和田漠

没有缘亲的死人（无缘孤子）或者是溺死（水边亡魂）及烧死（火烧婆姊）等横死的人，灵魂不能超生会到处徘徊。

八字轻的人或者不小心踩到对方睡处的人，就会被勾住而发烧、说梦话，这时老人家就会赶紧托人立个八卦，卜卜八卦，或是生年月日（八字）并问问什么时候开始不舒服，是“外方鬼”，还是水边亡魂，或是到北边去的时候被勾住（冲犯北方），并到师公那里去，一般都会选在黄昏时分。

师公备妥了外方所用的银纸等，站在门口，如果是北方，就向北方大声呼叫水边亡魂的名字，并大叫：“你如果乖乖地给我滚开，那么三天后的下午，我会准备小三牲饭、菜叶、水装在碗里（菜饭）给你吃。”然后吹奏龙角，噼啪噼啪打响法绳恐吓着，然后三天后准备所约定的东西。

127. 白虎与黑虎：吞胎

类别╲妖怪　　地域╲山野

介绍

古时候的台湾人，认为妇人受到白虎神作祟，就会无法怀孕，成为“石女”。就算顺利怀孕， 胎儿也会被虎妖给吞食。

所以，一旦妇女被白虎缠上，就要请道士或盲眼占卜师来驱邪。

黑虎神（乌虎神）同样也是危害怀孕妇女的神灵，但更可怕的是，一旦妇女在夜里外出遇到黑虎神，黑虎神不只会危害胎儿，甚至会杀害妇女。

为了要杜绝白虎神，民间盛传“谢白虎”的奇俗。“谢”，是谢绝的意思。

“谢白虎”需要将金银纸、白饭、猪肉、纸糊的白虎，都放进竹笼中，拿到河水下游祭祀，一边念着：“食猪肉、笑呐呐、食饭去远远。”然后将金银纸与纸糊白虎一起烧掉，再用石头压住香灰，并诵念：“提石头，压路头！”再赶紧返家，就能将白虎谢绝到远方。

典文

《民俗台湾 · 白虎》

白虎就是天狗，妇女如果触怒白虎就会不孕，那是因为胎儿被白虎吞掉了。

这时要请道士来作法，如此妇女才会再度怀孕。

《民俗台湾 · 黑虎神》

孕妇晚上不能外出，否则会触犯黑虎神，对胎儿不利。

白虎伤胎
黑虎吞胎

《民俗台湾·祭白虎天狗》—— 日·和田漠

是用纸糊起来的纸虎、纸狗，虎是白的，狗是黑的，本来它们是在天上的，却跑到民间做坏事。

因为属于“外方鬼”那一类，所以也称祭外方，经消灾改祸、补运等办法后，情形还是不理想时，师公就会皱眉头，建议患家说祭白虎天狗，像三十九、四十九岁等有个九（恶狗）的厄年是会被天狗缠上的，外方方面有银纸（大银、小银），用木版刷土经文的竹纸（叫作经衣）以及替身、本命钱。

请白虎天狗吃豆腐干、蛋、猪肉（串作小三牲）然后赶走。

师公手掌一炷上了火的香，在白虎天狗的头上交互打，并反复地说：“食豆干到唐山，食鸡卵走远远。”然后把小三牲丢在路旁，这种动作与谢外方相同。

128. 竹鬼

类别╲妖怪　　地域╲北部、山野

介绍

台北市的中正桥，旧名“川端大桥”。据说在桥附近的竹林，居住着“竹鬼”。每当人们要路过竹林时，竹鬼就会挡住旅者的去路。

典文

《民俗台湾·迷信数则》—— 日·黄澄煌

台北市的川端大桥[①] 还未建造以前，据说对面的竹林里住着一个竹鬼。

每当有人经过那片竹林时，竹子就会弯曲挡着那个人的去路，一旦停下脚步它又直立起来了，因此每到傍晚以后就没有人敢走过那片竹林，但现在那片竹林已被砍伐殆尽。

① 川端大桥：现今台北的中正桥，旧名川端桥，此桥跨越新店溪，在日治时期与台北市川端町（今水源快速道路附近）连接而得名。

129. 替死鬼

类别＼鬼魅　　地域＼山野

介绍

抓交替，又称“掠交替”“讨交替”，也就是“抓替死鬼”的意思。

台湾民俗信仰，相传如果人意外死亡，其魂魄会驻留在原地，无法升天、进入轮回，成为地缚鬼。

冤魂若要投胎转世，脱离猝死之地，就必须让“替死鬼”代替自己，让他人在原地点（或者附近地区），以相同的方式死亡，自己就能被取代，进而轮回转世。

因此，俗传冤魂为了要脱离孤魂野鬼的状态，会想尽办法夺取他人魂魄，让人致死。

台湾最常听闻的抓交替，经常是“水鬼”“缢鬼”这一类的鬼怪。

典文

《民俗台湾·讨交替》

有人自缢或自杀过的地方，每年也必定会有人在该地缢死或自杀。

这是因为最先自杀的那个人，到地狱后，阎王责怪他不该横死，而要让其每日受苦刑，但是他若能找到替死鬼，而下一位鬼又会再去找另一位替死鬼。

如此循环下去，这就是所谓的讨交替。我们最常听到的水鬼故事，就是讨交替的情形。

130. 魔神仔

类别╲妖怪　　地域╲山野

介绍

台湾岛屿，有魔神仔妖怪出没，经常以诡计诱惑人们，甚至拐骗他们进入深山中，是一种山中妖魔，也有“毛神”“亡神”“芒神”“魅神仔”等异称，客家人则多称为“魍神”。

被拐骗的人，茫然若失，就算魔神仔喂他们吃蛙腿、草根、死虫，他们也会吃得津津有味。甚至，魔神仔也会以暴力对待被拐骗者，以藤条毒打他们。

苗栗地区的客家族人，遇到“魍神”来抓人的时候，家属会求救“伯公”，来指点迷津，寻人消灾。

也有传说，如果被“魔神仔”牵走，七日内没有被发现，就会死亡，遇害者特征是眼睛呈现青绿色。

在台湾北部的汐止、平溪山间，菁桐古道，有一座“魔神仔洞”。曩昔过往，翻山越岭的人偶尔会在夜晚借宿洞中，或者是采笋人家上山时会路过此洞，洞穴附近云雾缭绕，常有魔神仔此类山妖出没，故有其名。

据说魔神仔外貌，犹如猿猴，双眼血红，四肢有蹼，全身的皮肤犹如蛙类般湿滑，鸣叫声犹如猴子般吱吱嘈杂，以山野昆虫如蚱蜢、蚯蚓，或者青蛙、树叶为食。

若在野外，望见有树叶被折捏成团状，即是魔神仔的地盘。

若进入山林之间，被呼叫本名，也会被魔神仔缠上。

魔神仔的故事，可参考林美容、李家恺撰写的《魔神仔的人类学想象》（五南出版社，二〇一四年），这本书是对魔神仔研究得最透彻的专著。

典文

《台湾日日新报·一九〇一年十二月五日·遇魔述异》

台地有所谓魔神者，能作幻境迷人。近时传一旅客遇之。

旅客曩[①] 曾游台谋生，还乡株守七年，困甚耳。

闻台地今日百度一新，俨然仙境，士之稍有才智者多得依势骤富。慕之，勉力营为东渡。

上陆后适际天阴，迷路误行僻处，突见道旁华屋有一伟汉[②] 立于门前，似旧相识。

揖[③] 而问以前路，伟汉曰："日晡[④] 矣，请憩吾家旅[⑤] 。"客喜诺[⑥] 。

入门有二童子导，从复道回廊逶迤[⑦] 而进大厅，乃为收包袱雨伞，置短榻上。更导登楼，其中陈设幽雅，先有数纨绔子陪数美人在座方谑。

旅客进，依末席，私问童子曰："主人将宴宾也？"顷而[⑧] ，伟汉肃[⑨] 一叟至，状若富绅，坐定，筵亦遂开。

旅客与宴，饮既半酣，伟汉叩其东渡之意，旅客以谋作幕友[⑩] 告。

伟汉顾[⑪] 谓叟曰："公欲延文案幕宾，此君似可。"

叟因问："一岁千金[⑫]家用，可得敷[⑬]乎？"旅客惊喜，答："以敷。"

用宴毕，叟取金币百圆，预送聘仪，旋退纨绔子及美人，人亦俱散去，伟汉命仆，引旅客宿于别馆。

---

① 曩：过往。
② 伟汉：身材魁梧的男子。
③ 揖：双手抱拳作揖。
④ 晡：申时，午后三点到五点，也就是下午、黄昏时候。
⑤ 家旅：民宿旅店。
⑥ 诺：答应。
⑦ 逶迤：弯曲回旋。
⑧ 顷而：不久之后。
⑨ 肃：引导。
⑩ 幕友：军中或官署中，办理文书及助理的人员，也作"幕宾"。
⑪ 顾：看望。
⑫ 一岁千金：一年的薪水是一千金。
⑬ 敷：足够。

魔神仔

旅客意外得金，动冶游念，对该仆露其语。

仆邀之到近居一青楼，入室睹众妓偕数男子方共呼卢[①] 掷雉喜，而将百金与赌局，终大胜，益喜爱，从中择一雏姬，拥之就锦褥上吸阿片烟。

灯光忽灭，一定睛间，瞥见天空日朗，此身独卧在荒草上，而包袱雨伞则抛在崁下[②] 厕池畔云。

《台湾日日新报·一九〇八年二月二十九日·山魔》

途遇一人，说伊[③] 有上茶[④] ，邀余往买。

余诺，随其后，导入室中，茫然若失。

他屡来供食，无非猪肉鸡片小肠诸物，故不至于饥。

怀中谅有存者，探而出之，皆残余蛙脯、螳臂、坧蚓之类。

《台湾日日新报·一九〇九年五月十一日·伥伥何之》

新起街一丁目[⑤] ，佐竹佐太郎家有店员广濑兵藏者。因外出不返，曾请官搜索。

及去七夜，忽于同街市场后发见之。

则茫茫然而立于田圃焉，乃报请官将搜索解除。

或云是殆遭狐魅者，然台湾不闻有狐，其即俗所谓草泽中之魔神耶？

《台湾日日新报·一九〇九年七月一十五日·魔神作祟》

日前，女婢忽外出不归。

家人冥搜之，乃得之于断崖中，其精神已惝恍。到家后，又屡狂奔欲去。

---

① 呼卢：掷骰子，古代的赌博方式。
② 崁下：山丘下。
③ 伊：他的家中。
④ 上茶：上等茶叶。
⑤ 新起街一丁目：日据时代位于新起町，现今是台北市西门町的一部分，也包含万华区、西门红楼附近一带。

家人提耳醒之，曰："此汝旧家也，去将何之？"

婢哗辩，曰："适间坐处乃吾家，此处何曾来乎？"

家人急招道士为之厌禳，仍不稍效。

乃延公医，投以麻药，醉若死，良久乃苏，始嗒然[①]若丧。

问以何故藏其间？则曰："一男子，频以手招我。"

问期间得毋黑暗与腹馁否？则曰："亦不自知，但闻有呼我者，心虽了了[②]，而口终不能应也。"

《台湾日日新报·一九一四年九月九日·姑妄言之[③]》

见一怒目蓬虬髯人，摇手作招己状。

虽畏忌不敢前，然恐不随之去，必触其怒，故勉强从之。

去后，羊肠鸟道，备历辛苦，始至南势角山巅。

至是以两足疲倦，欲进不前。

彼虬髯者，立折荆棘，遍身痛打，现一身疮痕，历历犹在。

不得已，作蛇行以随之往，然寸步难进，彼又怒目声嘶，将余衣脱尽，毒打者再。

痛难忍，放声大哭，冀[④]吾父之往救也。

未几喧声渐近，忽而某邻人至矣，彼怪而逃。

① 嗒然：失意、沮丧。
② 了了：了然知道。
③ 故事发生地：摆街南势角庄一九八番地，现今新北市中和地区。
④ 冀：希望。

131. 蜈蚣吃蛇精

类别╲妖怪　　地域╲山野

介绍

在闽南、台湾地区，蛇精经常转变成人，埋伏于路口，呼唤过路人的名字。一旦路人回答，蛇精就会到他的家中作祟。

为了防范蛇精的作祟，民间传说只要在枕头上放置蜈蚣，一旦蛇精上门，蜈蚣就会咬死蛇精。

典文

《台湾风俗志》—— 日 · 片冈岩

南方多蛇精，经常变为人来呼唤路人名字，假如路人答应，当夜蛇精会到他家里来害他。

因此，当地人都很惊恐，晚上睡觉时都在枕头放一只蜈蚣，每当蛇精来时就把蜈蚣放出，蜈蚣会马上把蛇精咬死。

132. 雷公鸟

类别╲神灵　　地域╲山野

介绍

在台湾传说里，除了有雷神（雷公）之外，也流传“雷公鸟”的说法。“雷公鸟”的能力类似雷神，拥有吸引雷电的能力。

典文

《台湾风俗志》—— 日 · 片冈岩

传说：高山大树下有雷公鸟（雷鸟），很像鸡。

这种怪鸟爬上乔木起云升天空，惹起雷鸣。

133. 猪哥石

类别╲妖怪　　地域╲山野

介绍

猪哥崎桥，位于淡水与金山之间，现今的淡金公路附近。

在桥下有一块石头，形状极似猪哥，可清楚辨识双眼、猪鼻、大耳，当地人也称为“石头公”，每年农历八月十五日则是石头公生日。

当地有习俗，一旦家中有容易哭闹的小孩，家长会将小孩带去给石头公作“义子”。如果小孩顺利长到十六岁，家长也会准备牲礼来祭拜石头公。

典文

《台湾风俗志》—— 日 · 片冈岩

在距淡水街不远之地，有一座林仔街庄，庄内有一座“猪哥崎桥”（或称猪哥桥）。

距离此桥四五百米的田中，有一块形状如猪之石，人唤“猪哥石”。

从前，此石常冒烟，行人若闻此烟，立刻会神秘失踪，据说是被石猪所吃，因此无人敢经过此处。

但因为石猪触怒天神，天神派雷神将石猪击毁。猪哥石的腮部炸裂，石猪再也无法害人。

此后，人们将石猪作为神来祭拜，据说信仰猪哥石，若有何财物遗失，祈祷之后立刻会找到，病人祈祷之后也能痊愈，还有种种不可思议的神秘力量，每天来参访之人不绝于途，香火鼎盛。可是如今（六十年前）只剩下一块石头放在路边，再也没有人对它焚香膜拜。

134. 地牛尾巴

类别╲神灵　　地域╲山野

介绍

台湾人相信，一旦地震，就是地牛在地底下翻身造成的。

位于台南市东山区水云村的牛肉崎的地底下，传说就是地牛栖息的位置。而在一九〇六年嘉义梅仔坑大地震，传言有人在山裂处，目睹地牛的大尾巴。

综合这些传言，或许可以推测台湾岛的地牛，牛背位置位于台南，牛尾则位于嘉义。

典文

《台湾日日新报·一九三〇年（昭和五年）十二月十三日·台南强震，谓掘伤地牛背》

前报就台南地方之强震原因，至今尚未判明。

就此本岛人迷信，有谓新营郡番社庄牛肉崎，日石石油[①] 试掘之时，因过深掘及在地下的牛背，致地牛暴怒起大地震也。

《台湾风俗志》——日·片冈岩

嘉义地方大震灾时，有谣言在山谷龟裂处发见地牛之尾巴。

① 日石石油：日本的石油公司。

135. 石燕引飓风

类别╲妖怪　　地域╲山野

介绍

石燕，能召唤大风的奇鸟，喜爱群集而飞，居住于深山与岛屿。

典文

《台湾风俗志》—— 日 · 片冈岩

石燕，居住深山或岛屿，飞翔时，将起大风。

汉人、日本人与西方人志异 /

乡里之章

136. 彰化鬼谈：女鬼告冤屈

类别╲鬼魅　　地域╲中部

介绍

在道光七年（一八二七年），彰化地区（当时的行政区与现在略有不同）有一名吴姓女子被卖给韩家作为童养媳，但韩母却要强迫她进入娼门。

吴女不从，其亲生母亲刘妇将此事告官，但最后却被判决吴女还是属于韩家。最终，韩家伙同一名叫作吴水的男子，以残忍手段虐杀吴女。

吴女惨死当晚，刘母梦见女儿成鬼，披头散发向母亲哭诉。刘妇赶紧报官，官府调查之后，查明真相，并将两位凶手绳之以法。

典文

《台湾通史》——日 · 连横

吴氏女，彰化人，为韩妪[①] 嗣子康论养媳。

妪故娼家，得女美，将居为奇货。女不从，辄棰之。归家泣告。

母刘氏亦再醮妇，遂以迫媳作娼讼于官，而妪亦以嫌贫夺婚诉之。

官集两造，仍以女属妪，妪益无忌惮。有差伙吴水者与妪通，时宿其家。见女少艾，

① 妪：妇女。

屡挑之。不从。

一夕闯入女室，女号救，众至始得脱。水自是恨女，与妪谋所以虐之之法。

夜持刑具来，妪以铁梏女手，褫其衣裤，系发于桩，各持棍击。

女抵死不从。水怒，以棍椓[①]入阴中，又以刃剸[②]其腹，女遂死。

时道光七年春正月二十有一日亥刻也。

是夜刘氏梦女披发流血来告，觉而异之。昧爽奔视，果见尸，请官诣验。拔其椓，喷血数尺，见者惨目。

事闻，知府邓传安为白其冤，并请旌。

而水弃市[③]，妪论绞。闻者称快。

① 椓：击。
② 剸：砍割。
③ 弃市：在市集斩首。

137. 人面牛：三角涌奇事

类别╲妖怪　　地域╲北部、乡里

介绍

《台湾日日新报》曾经记载，桃园厅下三角涌地区（现今新北市的三峡区）有人面畸形牛现身。

人面牛开口说话，预言大正三年有战乱发生。

来年，果然发生六甲起义事件。最后，领导者罗臭头自杀，一百余人被捕，逃离日警追捕的罗狮、李松等人，则加入了西来庵事件的起义。

而奇异的人面牛在日本也曾经现身，据说日本天保七年（一八三六年）民间盛传人面牛身的妖怪，被称为“件”。

典文

《台湾风俗志》—— 日 · 片冈岩

日俄战争当时，台北牛车埔庄有懂人语的牛说：“有五月初五，无七月十五。”致使人心汹汹。

《台湾日日新报 · 一九一三年（大正二年）十二月九日 · 人面牛身之畸形牛》

在桃园厅下三角涌的地方，去月有水牛分娩产下人面牛身之子，该畸形子牛忽然口开人语，预言大正三年的闰五月将有大战乱。

138. 台南的风流鬼

类别╲鬼魅　　地域╲南部、乡里

介绍

台湾的日据时代，某人在台南街市散步，却见到背后走来一群人，人群中有一名早就在去年逝世的郭某。

某人跟随郭某脚步，发现他竟踏入青楼妓院。

某人推想郭某成鬼之后，仍旧风流不改，成为名副其实的“风流鬼”。

典文

《台湾日日新报·一九〇八年（明治四十一年）八月六日·南部琐事“鬼亦犹人”》

台湾本为热带地，当酷暑之期，独南部较热于他地。

闻某日间，台南市有某甲，思欲纳凉。

时近黄昏，只影徐行，散步于西厢外，适至同市王宫港街。

忽然背后步履唧唧而来，三五成群。

甲转侧视之，首过者即旧时打棕街郭寿青氏，余全不识。

甲反而思之，郭今去世将近一年矣，世间何得有此人？

心甚疑之，急追随其后，忽见郭向某青楼而入。

噫郭之生平本系风流人，而死竟然为风流鬼。闻此言者，皆骇为奇异，暂记以问妖怪博士。

139. 狐身、猫头、虎尾、人目之妖怪

类别╲妖怪　　地域╲北部、乡里

介绍

在新竹厅，村人赖用招的家中，有妖怪作祟多年。某年七月盂兰盆会时，有车鼓队路过赖用招家前，此妖怪受惊，忽然变化为白兔、白猿，以及狐身猫头虎尾人目的妖怪模样，啼鸣声仿佛人语。

赖用招之妻见状，用棍棒击打妖怪，妖怪便死于棒下。

典文

《台湾日日新报·一九〇九年（明治四十二年）九月十四日·蝉琴蛙鼓》
—— 子不语

新竹厅竹北一堡九芎林庄赖用招家，有妖为祟，历数来矣。延术士作法，终未如之何。

近因该地作盂兰盆会，鼓乐到赖屋前，其妖忽变为白兔、白猿，仓卒又变为狐身猫头虎尾人目。

被赖妻所见，突以青棍击之。

其啼声与人相似，倏忽而毙，似此亦一奇也。

140. 鬼石掷屋

类别＼妖怪　　地域＼乡里

介绍

台湾岛民的家屋，若遭妖魅作祟，会出现“鬼石”。据说，妖魅喜以石块抛掷，造成石块乱飞的诡异现象。

在大屯郡的南屯庄（现今台中市的南屯区），甚至现身两只投掷鬼石的妖怪。

典文

《台湾日日新报·一九〇九年（明治四十二年）五月二十一日·打狗见闻“鬼祟飞石”》

凤山厅下九曲堂庄吴多芳家，自去十二日拂晓起，有多少石头，从天际飞下。

大者三四斤，小者一二钱，皆从其屋上乱落。

家人大恐。

每日自上午六点钟起，至午后六点钟始停。

该地派出所闻知，有巡某查驰到其家视察，适无数石块飞落其身边，再从其前后左右种种调查，毫无异状。

惟见石块乱飞，即将此事报告当厅警务课，再派两刑事到实地取调。

现仍日日如是，无所为计云。

《台湾日日新报·一九一六年（大正五年）九月十九日·鬼石掷屋》

南市岳帝庙药种商陈岭，及其邻林任秋之宅，于十二夜十时至十三早四，及十三日四时夜十二时，其宅后空地，忽有石块及砖角飞来，破损屋上之瓦数处。家人因是兢兢。

附近闻其怪事，往观者数百人，皆云魔鬼之为祟。

鬼石掷屋

又有云为大陆术法师者。

然在古老则云，鬼石掷屋，以前常有之。

警务课为欲知何者所为，现正在严正调查中。

《台湾日日新报·一九二五年（大正十四年）十二月十日·小鬼作祟》

大屯郡南屯庄，麻糍埔刘金涂，四五日前夕刻，自田归，见其家粟堆上，坐有二人，身衣布袋，形容古怪。

刘疑为盗，急呼集附近之人意欲捕之，瞬息间已不见。

急搜附近草丛中，邈无踪迹，或云走入溪底，或云魔鬼现身。

议论纷纷，莫衷一是。

少顷，忽闻溪底有掷石声。

往观之，见飞石如雨纷纷，中有被击者，颇觉奇痛。

集众咸胆破心寒，一时作鸟兽散。

翌日，该两鬼，仍再现身粟堆上，目张发指，形似怒状。

刘惊甚，再招集乡人，焚草欲烧之，两鬼东走西奔，少顷又不见。

入夜，刘之户牖，不启自开，旋即自闭。刘益骇。

自思无法可治，乃报于南屯派出所，巡查往捕，亦徒闻其声，不见其形。

至今两怪，尚恒出没刘家，近乡男大老幼，往观络绎不绝。

《台湾风俗志》—— 日·片冈严

据说，曾在台北大稻埕及原彰化厅宿舍，有鬼在光日中掷石。

141. 澎湖女妖

类别╲鬼魅　　地域╲离岛、乡里

介绍

台湾的日据时代，传言澎湖人张骞之弟的家宅中，有女妖现形。

典文

《台湾日日新报 · 一九〇七年（明治四十年）十一月二日 · 妖异频传》

澎湖岛大赤崁乡张骞，家住太子庙后。

有弟某甲，两目失明，起居在一卧房，无甚与人交涉。

近日忽哗传其家有一女妖，与甲同卧起。白日现形，与骞之七岁女儿，最为亲昵。

有窥伺者，辄以砖块掷之，或时而投出户外。

胆怯者谈之色变，至不敢过其门。

嗣为支厅长所知，同巡查铃木氏到处勘验沙砖，饶有妖异。乡人相传，亦属千真万真。

因是以百金募集能治者付之，适大仓乡郑品，恃有符咒之术，逞身应募。

然甫引到家，即被砖块掷颠，一蹶几不能振，因勉强踉跄走匿。闻者不禁失笑。

然为有为无，疑鬼疑妖，正不知此后如何结果，容俟续探以闻。

142. 七足壁蟹成歹鬼

类别╲妖怪　　地域╲乡里

介绍

墙上蜘蛛，俗称“壁蟹”。

台湾人相信，七足之壁蟹是一种妖虫、歹鬼，会在梦中作祟于人。

典文

《台湾日日新报 · 一九一〇年（明治四十三年）四月十日 · 照身镜“壁蟹作剧”》
—— 十八宁馨

台俗谓“壁蟹”之七足者为歹鬼，以其能于梦中祟人也。

有士子常梦为歹鬼所压。是夜独卧，糊模之间，闻有喘息呼呼然，与指敲声礫礫然。

惊寤细听，其声息犹历历在耳也。秉烛起视，旋于床头屏障见一壁蟹伏焉。

初不见人，犹口且喘，足且敲，及见火至，始疾走。

143. 枯骨怪

类别╲鬼魅　　地域╲东部

介绍

宜兰有鬼魅作祟，乩童请神查看，才发现原来是地下骨骸作祟。

另一则枯骨怪的传说，则发生在斗六的牛桃湾（镇北里）。

当地有一位独居的老婆婆，每到三更半夜，就会听到“盐太咸！”的声音。老婆婆虽然奇怪，但也没有放在心上。后来有位男子在她家中，听到鬼啼声，她才仔细搜索，在家里的盐罐中，发现了人类的枯骨。将枯骨埋葬祭拜之后，从此家中就没有怪异的声响了。

典文

《台湾日日新报·一九〇五年（明治三十八年）八月十五日·怪闻频频》

旬日前，宜兰厅下员山堡结头份庄保正陈左右，自云家中屡有鬼物现形，但见其身着红衣，状甚可畏。因而一家老少，疾病缠绵，莫得一日之安。

人有谓之曰：“本城中北街布商李裕之家，亦云常有鬼物出没，祟得一家之人，病无休日。后奉孺童辈所祀之关帝土像到家，设乩扶鸾，以问祈禳之法。乩即敕下符箓令裕安贴后进屋中，又令备齐锄锹，随乩入里屋中掘取鬼物骸骨。裕初不之信，及掘之果然。乃将所掘骨骸，移埋冢地，自是一家无恙。于今四方之人，闻风信奉，求符问事者，每常接踵而至。君家既有怪祟，何不一请是神以试之？”

陈闻言如之。

乩又降笔大书，谓陈之舍前竹籔之下，埋有女骸，家中之祟，即是物也。

因命掘之，果有骨骸在焉。

由是信奉者日益众。

未数日又有本城堡西门街陈禄者，亦请此土像到家问乩。

盖禄亦因家人疾病，未尝宁日，每于夜深辄遇怪形。故闻前此二事，颇信不疑，请而治之。

乩复降书如前，谓其神屏之下，埋有尸骸。

禄遂请乩择日而掘之，果见骨节数拾，气色红炎，惹得邻里来观者，簇拥而至，莫不啧啧称奇云。

《台湾风俗志》——日·片冈岩

斗六牛桃湾有一老妇，家中三更半夜，便会有怪声说："盐太咸，盐太咸。"

老妇惊怪，点灯找寻，却不知声响发自何处。

好事之人来到老妇家中，也被怪声吓跑。

之后，老妇在家中找到一罐装盐之瓮，瓮中有人类枯骨，她于是将古瓮拿去埋葬，从此家中怪声绝迹。

144. 板桥的飞颅妖

类别＼妖怪　　地域＼北部、乡里

介绍

传说在枋桥地区（即是今日的板桥），陈树盈与妓女徐快有嫌隙，陈树盈为了报复徐快，从东门古坟偷来一个人头骷髅，将人头骷髅悄悄放在徐快的棉被之中。

徐快就寝时，被棉被中突然出现的人头所惊吓。但徐快推想这是陈树盈的报复，就不声张，反而将枯骨放回古坟，祈祷祭拜。

数月后，陈树盈罹患恶疾，梦见无数人头飞来，心有惧怕，赶忙到古坟忏悔，病痛才痊愈。

据说，只要不尊重死者的遗体，或者偷盗头颅，飞颅妖就会来作祟，并且会进入梦中，带来灾厄。

典文

《台湾日日新报·一九〇八年（明治四十一年）二月二十九日·述异“鬼祟”》——齐谐

枋桥陈树盈，旧清时交通衙门，颇有声势，与□[①] 街妓女徐氏快，不知有何挟嫌，盈扬言必欲以人头报之，方消吾恨，云云。

未几，果于东门外古坟，取一枯朽人头壳。

原用硿贮，怀之衣中，甫到徐快门首，内一乌犬咆哮直前，作吹螺声。状若有见，盈毛发倒竖。

转有惧心，暂且退去。明夜乘其外门未闭，置之快被中。

① 原文不清。

怏登床就寝，搴被覆身，忽有物翻动出来。

烛之，乃人头壳也。惊惶失色，几至颠仆。

知系盈所舞弄，不欲声张，仍将硿收拾安固，送归古坟，谢以菜饭冥财。幸喜无事。

不数月，盈罹疟疾。蒙眬间，见一人头悬之帐前。

以枕掷之，化作无数人头，个个目能转轮，咋舌三尺。

盈狂呼有鬼，举手乱挥，蚊帐几裂数断。其室人寂无所睹。

谓病者热狂，以故心迷目眩，而不知盈固自默悔前非。吐其事于友人，托向东门古坟祷下。

友如言往求，果由是渐瘳，睡中无复有见。

飞颅妖
蒙眬间见一人头悬之帐前
以枕掷之化作无数人头

145. 灵验的廖添丁墓

类别╲神灵　　地域╲北部、乡里

介绍

廖添丁死后，其墓成为乡人祭拜求神之处所。

典文

《台湾日日新报·一九一〇年（明治四十三年）二月二十二日·雄鬼为厉》

凶贼廖添丁既死，好事者为立柱于其死所，题曰：“廖添丁之墓”。

后因祈祷者多所灵验，自是香火不绝，十日来诣之者殆数百人焉。

闻有村民因病往祷，愈不之谢，一夜竟梦见添丁来，责其负德，且云再尔罚且至。

村民惧，卒宰豕牵羊往谢，并为优戏，于是乎村民愈相惊以神矣。

南人尚鬼，即此可见，然所见抑何不明也。

146. 买粽的女鬼

类别＼鬼魅　　地域＼乡里

介绍

台湾的日据时代，曾有卖粽者夜间遇鬼买粽，成为街巷奇闻。台湾民间故事中的林投姐，也曾以纸钱买粽。

典文

《台湾日日新报 · 一九一〇年（明治四十三年）四月二十七日 · 莺啼燕语》

—— 疑信生

东门外石桥仔头[1]，数日前，有卖粽者夜过其处，逢一少妇，貌颇佳丽，呼欲购粽。

卖粽者即近售之，妇购四个，金八钱，出一圆金币，找九十二钱。

卖粽者取金币合身中所有金币三枚，同收入要袋内。

翌早于衣袋中取出籴米，忽一枚化为银纸，卖粽者疑为子所偷换，严责之。

子素直，不胜其慵，寻往夜所遇处，则粽宛然在池旁，九十二钱以粽叶覆之。

闻者皆以为鬼物作弄，殊未审然否。

① 石桥仔头：在台北大稻埕迪化街地区，有“石桥仔头”古地名，但相似地名在台湾各处亦有之，因此，尚无法确定此传说来源为何处。

147. 鬼口：鬼声啾啾

类别╲鬼魅　　地域╲中部、北部、乡里

介绍

台湾的日据时期，在嘉义的曾文溪旁的红花园（大埔），蓝姓乡人的住屋旁，常有鬼声哗然。

在台北稻江的仁济医院，由台北士绅林大春设立于一八九七年，每年七月都会举办普渡。但某年因故而未举办普渡，医院附近而常有鬼声啾啾。

典文

《台湾日日新报·一九一〇年（明治四十三年）七月八日·蝉琴蛙鼓》
—— 狂院口

诸罗红花园附近，有蓝姓者筑一宅于道旁。

近数夜中每至十二点钟后，輙闻门外有啼声。

室人启扇视之，则又寂然。

《台湾日日新报·一九一〇年（明治四十三年）九月十一日·枫叶荻花》

稻江仁济医院，例年旧历七月，必有一度普施。

本年因尚未举行，其附近妇女，遂有传鬼声啾啾，彻夜不已，至相哗弗寐者。

148. 尸鬼作祟

类别╲妖怪 地域╲中部、北部、乡里

介绍

台湾民俗，如果泪滴沾尸，则死者灵魂不能脱离肉身，甚至亡者将会“尸变”，成为“尸鬼”。还有传说，被滴泪的死者进入地府时，将会受苦受难。

台湾的日据时代，基隆人某甲猝死，其妾曾在某甲尸身上滴泪，民俗相信，其魂魄将会来作祟。

果然，其妾常梦见某甲，某一夜，甚至醒来发现某甲散发尸臭，趴伏在自己的手肘下。

其妾惊慌失措，骇然奔走，其夫尸身也随后追逐。

台湾民俗传言，若要对付僵尸，可用青竹鞭打僵尸，死者才会回归安宁。

典文

《台湾日日新报·一九一〇年（明治四十三年）七月十六日·厉鬼为祟》

基隆某甲，蓄一妾，去而居艋者已数年。及甲死，乃复归，哭时有泪沾甲衣，俗例死者如此，其魂必来为祟。妾信之。

既归艋，夜辄梦见之，久亦不惊。

一夜方寝，忽闻奇臭，扪之有人伏肘下，视之则故夫也。

骇而走，夫竟起而追之。

妇走而跌者三，满室皆惊起，夫始不见，自是怪亦绝。

后数月，忽见死者现形如故。不二日，妇卒，与情人许某服毒死。

《台湾风俗志》——日·片冈岩

死者苏生成为僵尸，用青竹鞭打死者，死者才会安宁。

149. 台北爆竹会社的鬼谈

类别＼鬼魅、妖怪　　地域＼北部

介绍

台北爆竹会社自从火灾之后，死于火灾的女工经常现形，并且在工厂发生许多怪谈，甚至有狗首人身的妖怪现身。

典文

《台湾日日新报·一九二六年（大正十五年）一月十四日·爆竹会社闹鬼》

台北爆竹会社，前年曾数回火灾，焚毙女职工数名。然近颇宁静，不复发生事故。

罔料去十二日，忽有误传爆竹心制作室，火灾突起，以电话通报大龙峒派出所，派出所立报于北署。

一时消防组员，火速挽水龙将往扑灭，及至全无影响，方知为误传者。然因此该爆竹心制造室女工十七名，全部退回，不敢作业。

据传为该室近日，时无故出烟，或将有火灾之兆。

又传某日黎明，有女工一名将往作业，至该室屋上，有前焚毙之女鬼背负一婴儿于屋上行来行去。（该妇前因归宁母家，偶往视件业，母子同遭厄者。）

又有某工厂监督，夜巡视该室，闻室中有妇女声，推窗视之，数妇聚谈，一妇负婴儿，一妇穿白，一妇穿浅青，一妇缠小脚（此皆从前焚毙之妇女），历历可睹。

又有某职工在工厂宿值，夜闻窗外打扑声，启窗视之，睹一狗首。

詈曰："死狗不去，在此何事！"

狗忽作人言曰："死狗死狗，数日尔便知。"

某职工大骇，再详视之，则系狗首人身者，大惧而退。

爆竹会社鬼谈
焚毙之女鬼背负一婴儿
于屋上行来行去

150. 台南的五色鬼

类别╲鬼魅　　地域╲南部

介绍

五色鬼，能侵入人体，是会引起五脏之病的妖怪。

据说在台南的佛头港地区，曾经有五色女鬼现身，并且此女鬼身边也跟随着一名小儿鬼。

典文

《台湾日日新报 · 一九一二年（大正元年）八月二十三日 · 岂真有鬼》

台南佛头港街北郊栈，素传有“五色鬼”，现租与爱生堂为制药所。

该所有五进，内地人借住于后进。

去十七日午前五时，有一本岛人送牛乳者，行至第三进中庭，闻第三进屏后，猝然有声。

时外面虽现曙光，内上昏黑，举目观之，则一妇人手牵一小孩，从屏后出，两目炯如金星，面青色，吃然有笑语声。

送牛乳者翻身就走，若追逐然。

至出外门，遇有数行人来，问之，曰：“鬼！鬼！”

151. 角力魔

类别╲妖怪　　地域╲北部、乡里

介绍

角力魔，喜爱互相角力的妖魔，互相扑打之际，经常惊扰人们，但其实不会对人们带来太大的危害。

据说在台湾的日据时代，淡水有两位女妓曾经见过角力魔。

时值深夜，她们乘坐轿子返家，却意外遇到两只奇形怪状的妖魔角力，从天空中扭打到地面，再跳入水中，引起巨风，让两位女妓花容失色。

十九世纪的轿子，在台湾的日据时代初期仍然流行。（荷兰国立博物馆，1880 年）

典文

《台湾日日新报·一八九七年（明治三十年）十月十二日·二娇遇鬼》

有何宝玉、廖韫玉二妓，淡艋勾阑[①] 中第一声价也[②] 。

昨夜大稻埕外国洋行德记利时[③] 燕飧嘉宾，唤为陪席。迨乎半夜二时，众宾皆散，二妓亦告别回家，各乘笋舆。

至于军械局前水关之处，忽起一阵狂风，猛烈如雷，遂将火把吹灭黑暗之中。

见两邪魔赤身露体，途中角力，跳于河沟，水花喷满笋舆。

其舆夫见此怪状，踊跃而走，抬至其家。

可怜二妓，花容玉貌，吓得面如土色，浑身是汗，手足俱冷，家人打救半晌方醒。

---

① 勾阑：妓院。

② 第一声价：顶级的女妓。

③ 德记利时：英商得忌利士洋行（Douglas Lapraik & Co.），位于淡水中正路末段，兴建于公元一八七一年。近年，经过修复之后，成为淡水知名古迹。

152. 台中的女童鬼

类别╲鬼魅　　地域╲中部、乡里

介绍

台中的某位富人家，有女童意外猝死。死后数月，女童阴魂入养娘之梦，啮乳留痕。

典文

《台湾日日新报·一九〇〇年（明治三十三年）二月二十三日·真有鬼乎》

台中某甲，拣东某庄殷户也，有女八九岁夭死于前年之间。

其女在时，每夜悉傍养娘而寝。

及女死后，已数阅月于兹矣。一夕，该养娘方入黑酣乡，梦寐中见该女之吮其乳，良久竟啮之。

养娘一梦惊回，犹及见该女下床而灭。

遂起，诉之于人，并验其乳，果有齿痕在焉。

153. 公学校宿舍闹鬼

类别╲鬼魅　　地域╲北部、乡里

介绍

台湾的日据时代，汐止的公学校宿舍有闹鬼传说。

据说，这是地基主的亡灵作祟。因为建筑房屋的时候，没有好好祭拜地基主。

典文

《台湾日日新报·一九三四年（昭和九年）四月十三日·盛传鬼作祟，教员徙居避之》

七星郡汐止公学校某教员宿舍，最近频传每夜上灯后，有一年可十四五少女现形。或将电灯扑灭，或将衣服移徙。

种种作祟，使教员母子，不得安睡。

某教员因无法可施，不得已，及徙居以避其扰云。

154. 屋中的骚扰魔

类别＼妖怪　　地域＼中部、乡里

介绍

骚扰魔，喜爱骚扰家屋的妖怪，会乱丢家中物品，破坏室内器具，程度严重的话，甚至会摇晃房子，让整栋房子剧烈震动，或者让房子无缘无故遭受火灾。这种恶灵，类似欧洲的“骚扰灵”（Poltergeist）。

据说在日据时代，嘉义的山仔顶地区，有一座鬼屋，屋中的骚扰魔喜爱胡乱移动屋内之物，造成人心惶惶。

至于嘉义的柴头港堡，罗步智新家中的骚扰魔，则带来很大的破坏，甚至让房屋扭曲变形。

典文

《台湾日日新报·一九一〇年（明治四十三年）六月二十六日·蝉琴蛙鼓》

—— 咄咄生

嘉义山仔顶庄林子权，有旧宅一所，系建自先人者。

内植花木果树阴翳丛茂，建筑后缠住数个月，家人即相哗以鬼，惶惶播迁，遂为废宅。

后有数人迁住其处，皆不阅月而徙他。

近有刚肠铁胆者，同母寓居其中，前后凡六个月，迄无少异。

距近日某方外出，其母在厨中造饭，饭熟取置于几上，复入厨中操作，比出已不见饭篮。

室中又阒然无人，搜寻良久，乃获之于厨下，数日皆然。

于是大慎，与子迁寓而去。

《台湾日日新报·一九一二年（明治四十五年）五月十三日·嘉义通信，妖耶鬼耶》

厅下柴头港堡，下涂沟庄百七番地，罗步智，勤俭成性，家资颇丰。

客年十二月间，卜地于村之西隅，建筑一座家屋，规模宏伟，栋宇华丽。

不过三天，智欲安寝之时，忽见一人，身长九尺，身着白衣，面黑目红，转眼而空。

彼以为天神下降，家道昌隆之兆，亦不足为怪。

及睡之后，眠床震荡，彼以为地震复来，欲逃出外处，竟然无路可出，一时骇然，大声呼救。

家中人不知所以，举火视之，床前倚壁，互相惊愕。

又门户忽开忽闭，但闻其声，不见其影。如敷地又是铺砖，竟然龟裂，几无安全立锥之地。种种怪状。

155. 南乡的怪牛

类别＼妖怪　　地域＼南部、乡里

介绍

台湾的日据时代，在南乡的何家庄，有怪牛现身。

典文

《台湾日日新报·一九二三年（大正十二年）七月二十七日·似牛非牛怪物》

南乡何家庄，周致和家宅傍沟中。

日前大雨后，一日午间，忽河水翻腾，一女郎适在田割麦。视之，则一形似牛之动物，在内泅水，以为牛堕水中，呼家人捞救。

熟审之，并非家牛，亦非邻牛，一时轰动全村，两岸立而观者数百人，皆以为“龙王大将”，莫敢撄之。

一豪氏某，用长剑刺物身，坚不可入。

未几，没水，终不复见，群疑莫释。

156. 水塘的红蛇精

类别＼妖怪　　地域＼中部、乡里

介绍

嘉义某处埤塘，水中藏有红蛇精，作乱于人，最后有赖于城隍神显灵降妖。

典文

《台湾日日新报 · 一九一二年（明治四十五年）七月二十日 · 嘉义妖精迷信》

嘉义厅下鹿仔草堡中寮庄，有埤堀约半里许。

客月下旬，阴雨连绵，堀水为之涨满，同庄有某氏临堀下网，得红鱼一尾，两耳映天，身长二尺许，周围五寸左右，腹下生有两翼。与人玩弄之间，一跃复入堀底。

渔人欲捕不能，携筌归家，将捕鱼之巅末说与妻儿共听。

未几，精神顿异，似乎发狂，满口喃喃，常出没于堀底，见者莫不惊避。

家中人心窃忧之，延医诊治，罔无效应。法师道人，束手无策。

不得已，请神调治。据乩童云："庄内之堀底，有一尾红蛇精在焉。数日前，互相冲犯，斯人之精神已被夺去，是以发狂乱语。倘若不信，夕阳西沉之秋，可以集众往观。"

如其言，逾时果见，大鱼跃出，狂风骤雨立至。

村人民心惶惶，谓红蛇精出没于堀底，巨祸不远。

翌日，鸣锣集众，互相妥议，斋戒三朝，再邀请同庄城隍爷捕妖。

迨至神舆震动，而挑神舆者，茫茫无知，随轿骞入堀底，良久则起。靡见何等妖怪，但见白骨一支，莫辨人兽之骨，上面有红筋数条而已。

入油鼎，以油洗狂人，精神始定，远近男妇老幼咸称城隍有灵，演戏酬谢，狮阵锣鼓，热闹一时。

157. 滚地魔：神社前的怪谈

类别╲妖怪　　地域╲北部、乡里

介绍

台湾的日据时代，高树林驾驶汽车，途经台湾神社，路畔遭遇奇异的怪物，化身为黑狗形态，飞扑车辆，造成恐慌，也引发了一连串怪事。

典文

《台湾日日新报·一九二二年（大正十一年）八月三十日·自动车遇鬼耶》

去二十七日午后十时顷，大稻埕法轮贷自动业运转手高树林，自北投载客数名，归来时，至台湾神社[1]附近道路，突于前面，现出一人。

因连日来降雨，是夜星河沉影，且距离太远，弗能明白。

高某意为行人，立鸣汽笛，欲使其知避。

不图迫近时，还立如故，遂停止运转机，放全光线视之。

一刹那间，是人忽不见，唯蹲一黑犬。

再欲运转时，该犬突如飞来，高某欲旋机避之之时，车体忽倾斜，乘客为之颠落，幸免于伤。

环顾是犬，亦经没其影矣。

是人是犬，乘客犹历历在怀，佥以为遇鬼，不觉身为颤栗。

盖是处夙闻有鬼出没其间，行人数见不鲜。

故人数虽多，亦难免无惊愕之理。

维时背后再来一自动车，高某爰呼止之，使诸客乘之还，己则向附近派出所申明。

---

① 台湾神社：现今台北圆山饭店附近。

唯车体已大破损，不能运转，乃令其佣某，为之看守。

据用人言，彼于诸人去后，独立看守之时，少选，突来一老人问曰："此自动车运转手，内地人耶？抑本岛人耶？"言罢，入坐于车内。

彼叱曰："车体已破损，何可乘车？"至是该老人亦遽不见，不觉毛为之竖。

适一内地童子，亦持灯来观，乃急夺其携灯而逃，而该童亦追来索去，已始踽踽而归。

所传如是，然想系无稽之谈也。

滚地魔

158. 台北大桥：魔之桥

类别╲妖怪　　地域╲北部、乡里

介绍

台北大桥，俗称台北桥，位于淡水河的桥梁。在日据时期，有“魔之桥”的称呼。

典文

《台湾日日新报 · 一九三〇年（昭和五年）八月二十二日 · 魔之桥》

淡水河上的台北大桥，自七月以来，已有数十名自杀者投水，但尸体未被发现，凭空消失，因此咸称此桥为“魔之桥”。

二十一日午时十时半顷，有一名年龄十七八之本岛人美人，站桥中央，往河之深渊飞落。

北署接获报告，前往调查，仍未发现尸体。

159. 八罩岛的猫精

类别＼妖怪　　地域＼离岛、乡里

介绍

澎湖的八罩岛（现今称为望安岛），位于澎湖南方海域，伊能嘉矩曾经记录岛上猫妖篡殿的传说。所谓“篡殿”，则是妖怪趁神明不在时，霸占其位，假扮成伪神。伊能嘉矩曾经在书中记录这则故事。

伊能嘉矩（一八六七—一九二五年），是日据时代的知名人类学家，毕生致力于台湾原住民、人类学的调查研究。伊能嘉矩在一八九五年十一月来台之后，便和任职于台湾总督府殖产部的田代安定，共同组织“台湾人类学会”，调查台湾民俗、原住民的世界。

此外，八罩岛除了有猫妖篡殿的故事，在澎湖的西溪村，也流传太妈篡殿的传说。

典文

《台湾踏查日记 · 明治三十四年（一九〇一年）一月五日》——日 · 伊能嘉矩，译注：杨南郡

乡[①] 外有祀奉伍子胥的仙史宫。

关于庙神有这样一则传说：古时候有一只野生的猫精，趁庙内神灵外出的机会，擅自进入庙内，化身为神灵的模样，透过乩童启示神意，正受到乡民的敬戴，神灵在外地觉察到这一件事，乃立即返回，把猫精抓起来放进沸腾的油锅里杀掉了。

---

① 乡：澎湖的八罩岛。

160. 金魅：魔物吃人

类别＼妖怪　　地域＼乡里

介绍

被主人虐待致死的女婢，死后魂魄会化为妖怪“金魅”。

金魅是一种魔物，若每年都让金魅吞食一名活人，金魅就会替人工作。

典文

《民俗台湾·金魅》——日·宫山智渊

金魅是一种魔物。

传闻在领台前到处有祭祀此一魅的祠，现在的年轻人几乎连金魅这一词都没有听过。

七八十岁以上的老人也许还有人记得，说起金魅可能想起：“啊！是代人工作的金魅，吃人的金魅！”

笔者小时听到的有关金魅的事，与最近友人黄腾藤君自大溪镇五寮之健谈看牛老人处所听到的做比较，有相当不相同的地方。

这老人把金魅说成金铳（耸、蒸），使人听了后难免感到此翁是为了增加趣味而擅自如此附加上去的。

现在笔者只将听自文山那的故事写在下面。

在某富人家有叫作金绸的查某姻，是一个既爱干净又勤于工作之忠于主家的查某姻。

可是这富家的妻子都是个既严厉又非常残虐的女人，虽然金绸整天不停地工作也不能使她满意，总要找些借口来打金绸。

有一天，说是房间里有一点灰尘，严厉地殴打金绸以致死亡。

因为是从前的事，查某姻是只要肯出钱便可随便的像购买物品一样的买得到，所以杀了也没有罪。

尸体运到山上简单地把她埋了，然后想很快地买到替代的查某𡢃而加以物色。

可是不知怎的，没有了查某𡢃，家中应该是没人打扫的，但是这富人家比起以前打扫得更为周到。

其妻深感不可思议，每天早晨起来一看，地板自不必说，连所有的用具都擦拭得非常干净，因为每天都如此，富家的妻子心中感到了寒栗。

于是她心中在想："查某𡢃仔金绸这家伙，因为是以处女身而亡无法转世，所以欲像往常一样的住在这里工作下去。"

过了一个多月，才好不容易找到了替代的查某𡢃把她买回来。

那一夜，让刚买回来的查某𡢃睡在以前金绸所睡的房间。可是到第二天很迟都看不见其踪影，只看到了一束头发与昨天才带上去的一对耳环掉落在房间中间的地板上而已。

富家妻子非常吃惊，认为一定是被成为厉鬼的金绸吃掉不会错。

于是马上拿来线香向她祷告说："金绸呀，你虽然已经死去，如果还想在这儿的话也可以像从前一样的在这里。假使也像从前一样的为我工作，我会做牌位来祭祀你。如果你想吃人的话，我会一年让你吃一个。不过你绝对不要作祟我的家人。"讲完便掷了筶而出了允答，富家的妻室便马上做了牌位来祭祀她。

虽然是金绸的名字，但因死了成了鬼便改称金魅。

家里四时都那么干净。其妻到处去找瞎子、哑巴、跛脚的，便宜地把他买来，每年一个送往祭祀金魅的房里去。

听说到了第二天早上一定除剩下头发以外没有留下他物。

后来闻悉此事而模仿的人很多。

起初是以经营旅馆业的人祭祀为主，用来做打扫擦拭的工作，但逐渐扩大起来便使用在各方面。

以致连农家都祭祀金魅，使用于插秧除草以及收割的农事上。

当需要她工作时，只要向金魅的灵牌上香告知即可。

金魅

如果要她代为插秧，在田里插一株秧作为示范即可。

金魅只在夜里工作，到了翌晨如昨日示范一样都会把工作做好，无论再多的工作都在一夜中把它做好。

有时会遭到人家的恶作剧而得到很惨的结果。例如，听说把插好作示范的秧苗拔起，颠倒地插上的话，金魅会完全一样的全部加以倒插。

为了祭祀金魅，用人身作为牲，是无论如何都少不了的条件。

除了将活人送往金魅的房间之外，也有献供人魂的方法。这种方法就是祭祀的人将祭祀金魅所使用过的餐具用糖果等的食物去沾了一下。

因其餐具附着有金魅的唾液，把糖果等去沾了餐具等会沾到了其唾液。听说吃了这食物的人不经旬日，脸色会发黄，以致骨瘦如柴地死去。

当拜访人家时，想知道这一家有没有祭祀金魅的话，只要在进入此家时，吐一口水来看。如果祭祀有金魅的话，所吐的唾液会马上消失。或是，家中的打扫擦拭过于干净周到，连一丝蜘蛛网都没有的话，可以说是祭祀金魅的一家了。

因此，听说在别人家吃东西时，要将食物一度靠近于头发作摩擦模样，或将食物跨过了裤下一次才吃，便可免于被金魅摄去灵魂。其理由是因为金魅有洁癖，只要稍靠近污秽处，金魅自己便会逃避。

金魅因为是魔物的一种，所以长得怎么样无人得知，不过有时也会被撞见变出来模样。有人说变出来的模样像蛇一样。听说如果想祭祀金魅，只要将金魅的牌位放于河中让水流之，然后看其牌位绊阻在何处，金魅便由那儿登陆，将那一带的花草树木全部吃尽。

祭祀金魅是不道德的事。相传一度祭祀了金魅，其家族便会全数死绝，也许是因为如此才没有普及。

161. 鸭鬼

类别╲妖怪　　地域╲乡里

介绍

如果饲养的鸭群发生疫病，可能就是“鸭鬼”在作怪。

这时，必须请道士来驱邪镇鬼，利用符咒的法力，将鸭鬼赶出去。

典文

《民俗台湾 · 鸭鬼》—— 日 · 杨石

家禽（特别是鸭）得到传染病，例如霍乱或其他流行病的时候，饲养者认为这是鸭鬼在作怪，于是就会准备丰富的供品将这些鸭鬼请走。

或者是请道士念经，将这些疫病赶走。

念完经后，在鸭寮的门前都会贴上一张长两寸、宽一寸的红纸或黄纸的咒文。

162. 死灵

类别╲鬼魅　　地域╲南部、乡里

介绍

台湾人认为，人死后第七天，死者可能还不知道自己已经死去。

这时，土地公会带领死者到溪边舀水，来清洗手脚，死灵就会问土地公，为何手脚都变成了黑色？这时土地公就会说："你已经死了，要接受这个事实！"如果死者不相信，就会返回自己生前的家屋。当他看到守灵的子孙，了解自己已经死亡的事实，就会在香灰上留下脚印。

在《民俗台湾》的记载中，一名死灵获得了死而复生的机会，甚至还在泉州娶妻生子，是十分奇特的故事。

典文

《民俗台湾 · 死灵》

从前，台南有位何某，重病而死，但他的灵魂恰巧与生物感应而复生。

他四处游荡之后，来到了泉州，先是经营一些小本生意，因为非常勤俭便慢慢地富有了。于是托人做媒再娶一妻，并生下一个儿子。

过了十五年后，他怀念起台湾的家人，于是整理行李回到台南的家中，却发现妻子已经改嫁，并且生了两个孩子。

他非常生气地责怪妻子和那位后夫，后夫觉得莫名其妙，就和他起了争执。一怒之下，不小心打死了何某。

官府知道后，就逮捕妻子和后夫，告他们杀人。

但是妻子和后夫找人证明，何某在十五年前已死而不肯认罪，但是从泉州赶来的妻子，也证明和何某真的住了十五年，并且生了小孩。

两方各执一词，官府也无法断案。

这时听说有一位老翁善于占卜，官府就请他来占卜，老翁指出应是何某的灵魂感应生气而复生。要证明此事，可以检查在泉州所生孩子的血是否为青色的，如果是青色就表示这小孩是灵魂和生人所生的。

官府派人去检验，那小孩的血果然是青色，证明在泉州的何某是灵魂。

至此案情大白，于是官府便判台南的妻子和后夫无罪。

163. 死婴成邪鬼

类别╲鬼魅　　地域╲乡里

介绍

台湾民俗相信，婴儿若在母胎内死亡，就会成为邪鬼，作祟于母亲。

典文

《台湾风俗志》—— 日 · 片冈岩

婴儿在母胎内死亡，或降生不久后死亡，要弃入水中。

否则传说不但会变成邪鬼来作祟，以后母亲亦不能再怀孕。

164. 火鸟与火王爷

类别╲神灵　地域╲乡里

介绍

一旦乡里的家屋发生火灾，很可能是“火鸟”飞到了屋顶，带来厄火。除了火鸟会带来火灾，相传火王爷也经常与火鸟一同出现。只要火王爷在屋檐插上火旗，这一户人家也会遭受祝融之灾。

如果听到屋顶有鸟只求偶的声音，或者有犬只无故爬上，就可能是火灾前兆。这时，就要请红头司公（道士）来镇火。

道士镇火的方法是在桌上奉置五牲，诵念咒语，请求水德星君神下降。道士将镇火符的符纸燃烧之后，将符灰渗入桶中，与水搅和，然后手执榕树小枝沾水，在各家门前挥洒，同时也要将碗盘中的白米及盐撒在家屋门前，口中诵念镇火咒，请火神走开。台岛相传的镇火咒（雪山咒）如下：

“谨请雪山圣者雪门开，雪山大圣降雪来，六月炎炎天降雪，七月炎炎雪降霜，大霜大雪落在三江口，小霜小雪落在火油中，头载千年霜，脚踏万年雪，请身穿一领牛皮，雪加婆请霜之时霜便到，请雪之时雪便来，霜霜雪雪速降落临，吾奉太上老君敕神兵火急如律令！”

火鸟与火王爷
火鸟停翼处
火王爷插旗处
家必遭火

典文

《台湾风俗志》—— 日 · 片冈岩

台湾有火鸟，据说火鸟从黑夜飞出，火鸟停翼处则会发生火灾。

《台湾风俗志》—— 日 · 片冈岩

法华寺奉祀着火德星君，俗称火王爷。

相传火王爷将旗子插在屋顶时，这家必遭火灾。

高僧与道士等，看得见火鸟与火旗，俗人却看不到。

165. 无头鬼

类别╲鬼魅　　地域╲乡里

介绍

被斩首而死的人，死后会化身为“无头鬼”，据说也是被原住民“出草”而死的汉人鬼魂。

典文

《台湾风俗志》—— 日 · 片冈岩

无头鬼，是被斩首而死，失去头颅的幽魂。

166. 缢鬼：吊死鬼

类别╲鬼魅　　地域╲乡里

介绍

台湾人相信，吊死者将化身为“缢鬼”，并且会寻找替死鬼。

据说，缢鬼被生产时的血光所污，则会化出鬼魅原形。

野狐禅室主（本名洪坤益，台南诗人）在《三六九小报》中记述的缢鬼，要寻找替死鬼的时候，反而被性格大胆的戚某坏了好事。

在这则记录中，戚某在街巷间意外发现鬼模鬼样的缢鬼，内心一点都不惧怕，反而趋前追逐，最后顺利拯救差点成为替死鬼的妇人。

典文

《台湾日日新报·一九一〇年（明治四十三年）六月二十八日·嘉义通信“大惊小怪”》

近嘉义南门，有一种谎谈，谓前数夜时有穿白衣缢鬼，头发散乱，两手举一杉楹，徘徊于南门打石街。

妇女多为惊怪，惶惶无错。

会同街有剃发匠，方法之妻悬梁自缢，旋又有一寡妇亦以布帛系于床柱自经。

于是人心益惧，到处嚣嚣。

《台湾日日新报·一九一〇年（明治四十三年）八月十一日·枫叶荻花》

本岛近来缢死者，时有所闻。

恒讹传有缢鬼索代，多信以为真。

如基隆社寮庄吴明海之苗媳陈氏方幼，年十五，因家中屡起风波，遂萌厌世之思。

于去八日，自缢于卧床，或谓数日前即见有鬼凭之者。

人言如是，其信然耶。

《台湾日日新报·一九二一年（大正十年）四月二十二日·谣言缢鬼出现》

新竹街，数日前午后，约三时余，忽生出一种谣言，谓西门外细民村某氏家，有一妇身怀六甲，将及临盆，不知何故，欲悬梁自尽。

孰意绳索中断，坠落地下，竟产出一孩，该缢鬼在产妇之侧，受其血光所污，因不能化去。

一时喧传，好事者争相往观，络绎不绝，惊动警官数人前往调查。

《台湾风俗志》——日·片冈岩

缢死或绞死的人的幽魂是吊头鬼，走路时头俯前。

《三六九小报·一九三一年（昭和六年）五月二十九日·续聊斋》——野狐禅室主

儿时，闻先外祖母言其戚某，胆极壮，负贩为生，常往来村落间。

一夜月色微明，访友于海东口，归时约交子刻，途经中巷，见一妇人，衣裳尽白，肩一杉柱，施施从对面来。

距离不远，故甚了了，心知其非人类，驻足俟之，以睹其异。

该妇行至一墙下，倏忽而没，似入墙内，声息全无。

急趋至墙下一视，则双扉紧闭，叩其门，寂无声响。

不得其门而入，乃循墙趋向前面，欲观其动静。

至即其家，正开寿筵，台上戏尚未终，某由人丛中月初台前以俟之。

约时许，筵终客散，戏亦罢演，见一少妇在厅上收拾杯盘，出至户外，俄然失手，杯盘俱碎。

缢鬼

一老妪自内出，似是妇之姑，大声咒骂，斥责不休。

少妇默然不语，两泪交流，翻身入去，久不见出。妪在厅上犹刺刺詈骂。

某知有异，即向妪道其在彼后门所见情形，妪乃大惊。

至妇房外，果见妇房门栓上，某代为打开房门闯入，则见妇已投缳床前。

某急为解下，打救移时始苏。

某辞出欲归，行至中巷口，见前妇现出鬼形，两目圆睁，舌伸出唇外，拦于路中，不许其过，似恨某之败其事也。

某怒甚，以拳击之，且骂曰：“汝杀人，我救人，于理无乖，何故不许我过？”

又复击之，鬼亦还拳相击。一往一来，不肯相让。

至鸡声喔喔，鬼始罢手，悻悻退至数步而没。

某归遍身浮肿，病数月始愈。

167. 阴鬼走无路

类别╲鬼魅　　地域╲乡里

介绍

清朝时期，因为人们祭祀丰厚，鬼群能够在阳间悠游自在。但是自从日本人占领台湾之后，台湾习俗开始不重视祭祀，让鬼族逐渐无祀。

并且，火车、自动车（汽车）的警笛，甚至是汽船的螺声，都像是道士的法螺响奏，让众鬼惊慌失措。

因此，阴鬼才逐渐从人间消失，少有人见闻。

典文

《三六九小报·一九三〇年（昭和五年）十月十九日·阴鬼走无路》

—— 古圆

某道士年已七十余岁，自二十余岁之时，乃相续其先父之职为中尊[1]，具有阴阳眼，过午能见鬼族。四十余年间，尽见鬼之真相。

数日前对其子孙说鬼之事甚详，兹录其大概，以为读者一粲。道士云：

清朝时期之鬼，极其奢华，嫖赌饮，无所不至，因阳间致祭长且丰，又美兽鼓乐欢迎，如普渡之时，肉成肉，酒成酒，任食不尽。

自改隶以来，台湾景气日非，阳间节俭之风气渐渐普及，然鬼尚可度日。

至数年来，阳间屡有饿殍，遂多无暇顾及鬼族供养之事。

而且设机关驱逐，使众鬼族无处安身。如市场内豚肉商，每将豚肉攒出街头巷尾呼卖，而用法螺大吹，又长路有火车之警笛，短路有自动车之警笛，其他之骚音，皆学道士平素用以退鬼之方法。大小鬼皆极恐惶。

甚有逃入江海者，亦为汽船之螺声所惊，至此不得不逃归地狱受苦。

是以现时阳间殆无鬼迹。

① 中尊：道士、师公。

168. 缠身青面婆

类别╲妖怪　　地域╲乡里

介绍

缠身青面婆，是一种会在夜晚现身的青面鬼婆，喜欢缠绕在人们身上。

典文

《台湾风俗志》—— 日 · 片冈岩

缠身青面婆，面青色，喜向人作祟。

169. 金银鬼

类别＼妖怪　　地域＼乡里

介绍

一旦金银放置多年，毫不取用，很有可能就会成为“金银鬼”的妖怪。

金银鬼会有强烈的执念，保护金银，让任何人都无法靠近这些宝藏。

典文

《台湾风俗志》—— 日 · 片冈岩

金银积蓄如山，不甘用分文，数十年后将化身“金银鬼”。

170. 白马妖怪：守护宝藏

类别╲妖怪　　地域╲乡里

介绍

一旦金银多年未用，会产生“金银鬼”，甚至也可能会孕育出“白马妖怪”，负责守护宝藏。例如基隆港外海社寮岛（和平岛）上的城堡废墟，曾经出现西班牙的白马幻影，在屏东县东港镇的“仑仔顶”、镇海里的镇海宫附近，皆有“白马穴”的传说，夜晚若听到马蹄“嗒嗒嗒”地响，便是白马在奔跑，暗示地底埋有数瓮白银。而在台中的葫芦墩，也曾有白马妖怪现身的故事。

葫芦墩是一块形状像是葫芦的穴地，此地常发生火灾，耆老皆说葫芦是活的，所以会喷火。葫芦里除了有火苗之外，也有金银财宝。

台中民间传说，白马与白兔负责守卫葫芦墩地下的财宝，日夜巡走，据说只有品德高超的人，才有机会跟随白马与白兔，得知藏宝地点。除了台中的葫芦墩之外，台湾各地皆有流传白马守护金银财宝的奇异传说。

在澎湖望安的四角山宝藏传说，则是由白兔所守护。据说，有三位少女到四角山游玩，无意间发现了白兔，便追逐白兔来到山上，白兔竟然凭空消失。此时，少女们想起宝藏故事，开始动手挖掘时，下山的路竟塌方了。尽管三位少女发现了宝藏，却无法下山返家，最后也饿死在山上。

所以也有乡野传说，如果来到四角山的山下，被丢掷石头，则是少女与白兔妖怪的恶作剧。

典文

《台湾民间文学集·葫芦墩》—— 日·林越峯

东方还未发白，周围尚笼罩着朝霞的那座葫芦底（葫芦墩，是一个葫芦穴。堡上有三个土屯：一个是葫芦底，一个是葫芦身，一个是葫芦头）的土屯下，仿佛有一匹白马在打着圈儿跑。

它的周身都披着雪似的毛儿，四只很长的脚支撑着高伟的体躯，头梁里的那丛银毛，当它跑着的时候，向左右风靡着，隐约可以听见马蹄的声响。

白马之外还有一只兔儿，比普通的兔儿来得又大又肥，周身也是白的，二只眼睛敏活地反映着它的银毛，更觉得分外的鲜红。

它不和白马在土屯下跑，却在土屯上的草蓬里跳。从这边的草蓬跳到那边的草蓬去，一跳就有四五尺远。不过被人追上时，一转眼就消失了。

那时候，任凭你怎样搜查都找不到它的去处。

因此，人们都说它是管白银的神了——一只白兔管的是一千两，一匹白马管的是一万两。可是没有福的人，终是得不到它的。

有一次，一个点心店的老板，清早正在擦脸的时候，忽看见它在绕着土屯跑。他就急忙把手里的面巾，对准白马打去。

凑巧，面巾竟拌在马背上，白马吓了一跳，便陡地向着屯赶上去了。

他也随后赶上去，可是当他赶上屯时，白马已经没了影迹，只剩下面巾落在屯尖上。

他以为埋银的地方就在这里了。于是，就把那儿的地皮掘了下去。

但他大概是没福气的人吧！掘了大半天，才掘出两块白银来。这就算是要给他工钱的，谁知他却连这两块工钱，都没有福可得，回家里，便病得七颠八倒，直到把那两块白银耗完，才得平安起来。

自这以后，再也没有人家敢掘了，不过，它们的出现还是常常有人家看到的。

后来，到了明治三十二年，因为街市渐渐扩张起来，在葫芦底和葫芦身的连接处，新筑了许多的店铺，葫芦底的土屯下，也多凿了一道水沟。

于是，葫芦穴的地理给便弄败了，白马和白兔，都不再看到。

《民俗台湾·迷信数则》—— 日·黄澄煌

松山[①] 的一行商人，有一天夜里跟踪一匹白色的马，到一棵松树下，结果发现在松树下有很多的金银财宝。

① 松山：台北的松山。

171. 周成过台湾

类别╲鬼魅　　地域╲乡里

介绍

“周成过台湾”列名为“台湾四大奇案”，是非常通俗的台湾民间故事。

故事最早的记录，是一九二七年以《台北奇案》为名，演出的歌仔戏。内容是“朱成”得到妻子的帮助，尔后事业成功，却另娶小妾，杀害妻子，之后妻子亡魂报仇。

在最早的日文文献中，“周成”被写为“朱成”。根据王钊芬《周成过台湾的传述》（里仁书局，二〇〇七年）的研究，日文中“周”音しょう，“朱”音しょ，两者发音相同，所以日本人在记载时产生误差。

另外，在故事中，将朱成出发地设为台南，可能是日本人为了减弱台人与中国的关联，而有改写。

周成过台湾的故事，经过不同时代的讲述，剧情架构也逐渐稳固。尤其是在战后，经过说唱、歌仔戏、电影、录音带的传播，周成过台湾的故事也成为极其著名的台湾民间传说。

各版本的周成故事略有不同，详细内容可参考王钊芬专书。以下简介竹林书局出版的《周成过台湾》（一九八九年）歌仔簿版本：

周成是泉州安溪龙河村的人，娶了童养媳月里，因为谋生困难，所以让妻子向人借贷，获得资金后，前来台湾赚钱打拼。

周成在淡水上岸后，与同乡阿六住在台北，贩卖杂货。这时，周成认识了妓院中的名花郭仔面，从此流连忘返于烟花柳巷。

周成金尽之后，愧对家人欲自杀，这时遇到同样想要自杀了断的王根，两人同病相怜，便打消了自杀的念头，结拜为兄弟，决定奋发向上。之后，两人在朝阳街合开茶行，终于东山再起。周成也为郭仔面赎身，并且迎娶对方。

在故乡，因为周成未有音讯，所以周妻月里独自扶养公婆、幼子。月里听闻阿六带回周成讯息，得知他在台湾另娶，便携子渡台来找周成。没想到周成却不认发妻，将月里扫地出门。郭仔面也教唆周成，用毒莲子汤毒杀月里。月里心有不甘，临终前便跟幼子说自己将化为恶鬼复仇。

月里死后，郭仔面命令恶仆将月里尸身丢入井中。月里亡魂来到地府，向阎君告状，因此阎君派夜游巡带亡魂去报仇。但来到周成家门却遭门神阻挡，经过鬼差说明，门神才准许厉鬼进屋。

最后，月里亡魂附身在周成身上，杀死郭仔面与恶仆，并且留下遗书自杀。而王根发现血书之后，也答应抚养月里的孤儿。

典文

《台湾的“支那”演剧及台湾演剧调·台北奇案》
—— 原著：台湾总督府文教局社会科，翻译：柳书琴

清朝时，大陆人朱成，因家境贫穷，典当妻子的金器作为经商的资本。由台南出发到台北行商，幸运地赚了一千多元。

但朱成忘了先前的苦况及家中望归的妻子，在花街浪荡，把钱财全部耗尽。

朱成生活进退维谷，在打算去自杀的途中，遇见了新竹人郑兴，郑兴因为在赴台北办事的途中，将所带的二千元遗失，忧烦苦闷想要自杀。

二人偶然相遇，又同病相怜，因而放弃自杀，结为兄弟。

二人相依在台北行商，奋斗三年多后，获利三万元。

朱成再娶妾，原配知道后，妒恨至极，前来寻夫，无情的丈夫竟将她毒杀。

从此，原配的怨魂在朱家作祟，并且杀死了小妾母子。

复仇后，原配的鬼魂进入地府，被佛祖救赎而往生极乐。

172. 林投姐

类别╲鬼魅　　地域╲南部

介绍

林投姐，台南流传之女鬼传说。

在日据时代的文献中，皆未写明林投姐与男主角之姓名，只知林投姐自缢于林投树下，男主角来自泉州（或身份是管府士兵）。在戏文中，林投姐成了有钱寡妇，或说其名为“胡氏”。

在《三六九小报》中记载的林投姐传说，则说林投姐是一名富翁的女婢，与泉州人某甲私通，后来某甲诱使女婢偷出金帛给他，最后却逃走。得知被骗的女婢便自缢于林投树下。之后，有泉州人某乙，卖艺途中，遇见林投姐鬼魂，林投姐问他是否知道某甲，某乙回答是邻近之人所以知晓。林投姐赠金某乙，也请求他带她前往泉州，但阴阳异路，如何同行？林投姐便说，只要撑起一把伞，便能依附同去。最后，林投姐顺利报仇，杀甲及其二子。

战后，林投姐的故事经过文人们的修饰，而让男女主角拥有名字，增衍扩充原有的传说架构，形成雅俗共赏、老少皆知的台湾鬼谈。

二十世纪七十年代，《台湾四大奇案》收录了廖汉臣的《林投姐》，故事中的人物、剧情都更加完整，也成为目前“林投姐”故事最为通俗流传的版本。其内容简介如下：

传言清朝时期，台南有一名美女子，名为李招娘，与丈夫陈明通相恋相爱，生下三名幼子。尔后，经营贸易行的陈明通病死，李招娘只能独力抚养三子。

陈明通生前好友周阿司，是一名来自汕头的商人，对于寡妇招娘十分同情，两人日渐相处，也产生情愫。但周阿司接近招娘，却是暗藏贼心，是为了要获得陈明通遗留的财产。等到招娘不疑有他，将金钱交给周阿司当作贸易资金，周阿司却借故要渡海通商，在台南买入了大批樟脑，前往香港卖货之后，随即搭船返回原乡汕头，一去不返，音信全无。

多年等待的招娘，日夜盼望，用尽所有金钱却等不到情人回归，招娘终于发疯，将三名小孩亲手扼死，并自缢于林投树。此后，女鬼冤魂常出现于林投树附近，以纸钱向摊贩买粽。

台南地方士绅，为了乡瑞安宁，所以就建筑祠庙，供奉香火，尊称女鬼为“林投姐”。

故事结局，则是林投姐得到风水师父“周天道”的帮助，藏身于雨伞之下，才能与风水师登舟上船，前往汕头。而周阿司也因为目睹林投姐的鬼魂现身而发疯，亲手将再娶的妻子与儿子砍死，自己也被林投姐的鬼魂掐住脖子，倒地气绝。

若对林投姐故事的演变有兴趣，可参考黄淑卿《林投姐故事研究》（成功大学中文所硕论，二〇〇六年）。

典文

《三六九小报·一九三一年（昭和六年）六月十三日·冤魂显报》—— 畸云

故老相传，林投姊[1] 显灵报怨一事，几与妇孺咸知。伶人且演为戏剧耸动一时。其非虚妄无稽，可知也。

于曾闻诸某叟，叟今年八十三岁，谓此事出于崁城，距今近百年耳。

其地，即现时台南驿对向，盲哑学校近边。

是处昔为旷野，林投树成薮，行人稀少，林投姊盖缢于此。

冤魂出现，故人以林投姊称之。

林投姊，为附近某大姓之婢，不知于何时，与一泉州人某甲姘识。

甲操驾舟业，婢与之私，两情欵洽，密谋奔逃，而无其机。

会大姓祝寿宴客，演剧侑觞，宾客如云，戚眷咸集，忙碌数日夜。

婢本有私蓄，又乘机盗其主人金帛及贵重装饰物，某甲为之接济。

相约期日，婢则潜出，隐于林投深处待之。

① 姊：姐。

林投姐

以为甲将来迎，乘舟偕逃，归其故乡作白头偕老夫妇，坐享富贵。

岂知甲本有妇之夫，利其财物，胡涂答应。财物既得手，竟鸿飞冥冥，弃婢独归，面团团做富翁矣。婢呆待数日，饥寒交迫，而甲不来，知为所愚弄，愤恨交并，遂投缳于林投树，鸳鸯孤飞入泉下矣。

于是怨魂不散，未久即时常出现。

《台湾风俗志》——日·片冈岩

台南，有一女子勤俭积存数百金，后来与一名泉州商人通居。此泉州商人狡猾无情，哄骗她要去泉州做生意，将金钱携走一去不回。

女子等待数年惊觉被骗，又气又愤，终于自尽。女子阴魂死不瞑目，每日傍晚出没林投树下。

女鬼常以冥钱向卖粽的担贩买粽。

之后，众人得知女子为幽灵，无人敢行此路。

台南仕绅相议，集资盖一座小祠奉祀，幽灵才不出现。

这座小祠位于台南火车站附近里见医院一带凹地，去年开拓道路后，林投树被砍伐。

《台湾习俗》——日·东方孝义

前有位台南女子与福建省泉州的商人结为夫妻，两人辛勤工作储存了数百元，不料丈夫却卷款而逃。

妻子守节等着丈夫的归来，数年过去了，丈夫依旧没回来。妻子终于了解到自己是被抛弃的，气愤而亡。

然而，她却死不瞑目，每天一到傍晚便会现身坐在林投树下，有时还会叫住卖粽子的买个粽子，可是因为她给的钱都是冥纸，人们终于知道遇见的是个鬼，于是就在林投树下旁建庙吊祭她，此后她就没再现身。

这个地方就是现在台南停车场附近的洼地。

173. 幽灵园与幽灵屋

类别╲鬼魅　　地域╲南部

介绍

一旦人死之前，拥有相当强大的执念，死后就会化为幽灵，在生前留念之处徘徊，无法超脱转世。

《台湾风俗志》所记载的幽灵园与幽灵屋的故事，便是这一类的鬼魅。

典文

《台湾风俗志》—— 日 · 片冈岩

凤山支厅管内前金庄[①]，有一个叫王拱的人有一块园地，

王拱死后，他的妻子相续接管，而妻子亦死亡终成绝户。此园地后来由亲族的王盘相续。

可是在阴间的王拱妻子可能不甘愿园地被他人取走。据说每日黄昏，出现一个蓬头衰瘦的幽灵站立园中。

众人惊吓，不敢耕作此块园地。

《台湾风俗志》——日 · 片冈岩

台南米市街，有一间房屋，原为一名女子所有，后被人侵占。

女子死后，传说死不瞑目，每夜出现于此屋中，众人惊吓，不敢居住此屋。

又在马公庙街及府口街，据说亦有幽灵屋。

① 前金庄：现在高雄市西南部的前金区。

174. 活埋神

类别╲神灵　　地域╲乡里

介绍

台湾民间信仰，惧怕厉鬼，尤其认为冤死之人的亡魂会具有强大的力量，足以扰乱阳间。百姓对于非自然死亡的灵魂，会有惧怕的心理，甚至可能将他们神格化，以祭祀来安抚他们。例如王爷信仰的起源，其中有一个说法便是秦始皇活埋三百六十五名儒生，民间悯其惨死，而以王爷祭拜（刘昌博，《台湾搜神记》，一九八一年）。而在台湾，若有人被“活埋”，大众惧怕之余，甚至可能让亡魂“成神”，起庙祭祀。在澎湖群岛，据说被癞病虫附身之人，将之活埋也会成神。

典文

《台湾风俗志》—— 日 · 片冈岩

从前安平路中有人强奸妇女，这个犯人被庄民捉去在路旁活埋，后来竟有人膜拜，并传说膜拜此亡灵，赌博会胜，致使一时香烟不绝。

175. 猫鬼与狗妖

类别╲鬼魅　　地域╲乡里

介绍

台湾民俗，死猫要挂树头，死狗要放水流。

在清朝时期，刘家谋在《海音诗》中，描述了祭送“猫鬼”的民间习俗：“筠篮隐约盖微遮，月影朦胧路几叉。恰似纸钱送猫鬼，背人偷挂路旁花。”并且附注曰：“猫狗骨得溺生毛，便能为祟；故猫死挂之树、狗死投之水，必送以纸钱。”

据说，若猫死葬于地，猫尸受雨水滋润、日光照晒，则会变成“猫鬼”来害人，尤其会残害婴儿。所以必须要让死猫挂于树头，七七四十九天之后，猫尸干僵而魂魄散去，才能再入轮回。而狗尸埋入地中，会吸取地气，变成“狗妖”，并向人作祟，只有投入水中任其漂流，才会成佛或转世为人。

典文

《台湾惯习记事第一卷 · 第十一号 · 明治三十四年（民前十一年）十一月二十三日发行》—— 日 · 台湾惯习研究会原著，台湾省文献委员会编译

死猫吊树头，死狗放水流。

若将死猫掩埋土中，日月精英照之，恐变成妖怪来扰人，故悬挂树头使其干燥。

犬是因前世有恶果，万劫未消，因出生犬，若将其尸体掩埋土中，其肢体永全，即将再次出生为犬，因怜之，使其来世出生为人，所以将尸体投水，使其溃烂。

176. 众邪鬼

类别╲鬼魅　　地域╲乡里

介绍

台湾人相信，一旦人们生病，或者诸事不顺，都是因为妖魔鬼怪、魑魅魍魉缠祟于人。这时，就要请符法师使用“驱邪符”来驱禳邪气。

不过，使用驱邪符之前，也要得知是被何种妖魔鬼怪所附身，并且将相对应的妖鬼写于驱邪符上，符咒才会产生效果。

在《台湾风俗志》中，片冈岩曾介绍各方妖魔鬼怪的特色。

典文

《台湾风俗志》——日·片冈岩

人生病时，可能触犯的邪鬼如下：

缠身抱头家神：在家里使人头痛之鬼。

东北方冲肚火烧女魂：占在东北方使人发烧之女鬼。

东南方冲心把肚夫人：占在东南方使人腹痛之女鬼。

南方火烧水火将军：占在南方使人发烧之鬼。

缠骨阴魂：缠在骨中，使人身体怠懒之鬼。

冲心火烧把肚爷：使人发烧不想饮食之鬼。

东方冲心把肚火烧鬼：占在东方使人发烧无食欲之鬼。

西方冲心把肚邪鬼：占在西方使人发烧不想饮食之鬼。

西北方缠身背面夫人：占在西北方使人背痛之女鬼。

缠身游路丧喜煞：在路上徘徊使送葬或娶嫁陷入厄运之鬼。

西方冲肚火烧将军：占在西方使人发烧之鬼。

缠骨火烧女魂：缠在骨中，使人发烧之女鬼。

东方缠骨火烧飞煞：占在东方飞来飞去使人发烧之鬼。

压运飞煞：飞来飞去使人陷入厄运之鬼。

火烧抱头发煞：飞来飞去使人头痛发烧之鬼。

路煞缠骨阴夫人：占在路边使人患病不放的女鬼。

《台湾风俗志》——日·片冈岩

无厝家神：无厝家神也是无缘孤灵，最喜欢作祟人。

婆姊母：婆姊母就是白发蓬头的鬼婆。

雨伞鬼：雨伞鬼一足，降雨夜晚出现。

毛生仔：毛生仔很像光头的小孩，喜欢向小孩作祟。

小头鬼：头小身大的鬼叫作小头鬼。

客死鬼：在远方客死的人的幽魂称客死鬼。

家亲老鬼：家亲老鬼就是亲族死亡很久后变成的鬼，即是历劫数的鬼。

石榴鬼：如石榴裂开嘴巴的鬼称石榴鬼。

枉死妇人鬼：含恨而死的女人变成的鬼称枉死妇人鬼。

和尚鬼：形状像和尚，身躯庞大的鬼称和尚鬼。

少男不合鬼：少男不合鬼就是未结婚而死亡的人变成的鬼。

哭鬼：哭鬼发出像撕绢布的声音，非常恐怖。哭鬼有一定的时间啼哭，即每月戌日。据说这日都不举行任何喜事。

177. 五鬼符

类别╲鬼魅　　地域╲乡里

典文

《台湾风俗志》——日·片冈岩

此符在人的生日与其他祝日时烧化，据说第一图的五个鬼，会带来第二图的金钱及福气。

五鬼符。（《台湾风俗志》，1921 年）

178. 椅仔姑

类别╲神灵　　地域╲天界

介绍

中秋之夜，年轻女子喜爱实行秘法，与“椅仔姑”（紫姑神）通灵，祈求天机。

只要两人扶住一只竹椅，椅子上面放置女衣、镜子、妆奁、脂粉等妇女用物，再请一名女子焚烧纸钱，持香虔诚祭拜，便可迎来椅仔姑。

这时，椅仔姑能回答任何问题，有问必答，但若听见姑嫂呼喊之声，便会离神。

传说，椅仔姑乃是古代被姑嫂虐待之女，虐杀于猪栏之后，化身为神。

另外，也有“篮仔姑”的习俗，不是使用竹椅来降灵，而是使用一个“新妇篮仔”来降灵。首先，要用一件女孩衣服披在竹篮的提手上，当作篮仔姑的身体，其次用手帕绑在提手上，作为头，并且在手帕上画出女子五官。竹篮里也要放入胭脂、花粉、水果等供品。最后，两名眼罩黑布的少女，双手共同扶着提篮，其他少女则围坐四周，口念咒语：“篮仔姑，篮仔姨，牵花枝，少年时，现时也未嫁，今年姑仔才三岁。”

当扶拿篮仔的少女开始精神恍惚，双手晃动，甚至大声哭泣时，就代表篮仔姑降临，可以向她询问各种问题，篮仔姑则会借由篮子晃动次数来告知答案。

除了这种占卜方法之外，台湾还流传“扫帚神”“扁担神”“蛙古神”的降神仪式，都是以特殊的仪式招来四方神灵，借此询问神灵。

典文

《雅堂文集》—— 日 · 连横

中秋之夜，儿女辈集庭中，以两人扶一竹椅，上置女衣一袭，装义髻[①]，备镜奁[②]、花粉、刀尺之属，焚香烧纸，以迓[③]紫姑。

至则其椅能动，问以吉凶则答。如闻呼嫂声，则神忽止。

或曰：紫姑为某氏女，为嫂所虐杀而埋诸猪栏，故向是处以迓，闻呼嫂而惊走也。

《民俗台湾 · 椅仔姑》—— 日 · 池田敏雄

此种占卜游戏只限于未婚女性，已婚者和未成年小孩均不可参加。

其中有些由父母陪伴前来参加的女孩，在行仪时他们的父母还会口中念念有词地说着："来附身啊！"

此项游戏只在一月十五日上元节和八月十五日中秋节才举行，而南部又比北部盛行，方式也依地方之不同而有差异。

这是由一位约五十年前，从鹿港嫁到万华的老妇人口述得知，而记录下来。

首先看到一张草席，摆在一张古老的四角形竹椅上，上面摆着饭匙（饭杓子），这就是椅仔姑的脸，因此饭匙的表面画有眼睛、鼻子、嘴巴，上面还插着花簪，另外椅弓左右披上红颜色的袖子，里面装上竹板做成的两个大小相合的桶子，再插上红花，看起来有点像姑娘们的模样。

等椅仔姑一出来就将前面的水桶放倒，盖上锅盖，上面放着胭脂、凸粉、花、三种果菜、剪刀、米管等供品。

一切整理就绪后，由二位姑娘各握椅子脚的一边，于是大伙儿唱着歌以招来椅仔姑的神灵。

① 义髻：假发。
② 奁：盛装妇女用妆的小盒子。
③ 迓：迎接。

椅仔姑
椅仔姑椅仔姊
请汝姑姑来坐椅
天清清地灵灵
观汝三姑出坛前

——椅仔姑，椅仔姊，请汝姑姑来坐椅。

——坐椅定，问椅圣，若有圣，水桶头，扣三下，来作圣。

不久椅仔姑的灵就来了，这时听说椅子会感到很重。

接着姑娘们就可问各种问题，椅仔姑会以饭匙的头前后摆动，并敲水桶底部来回答问题，例如问明天天气如何呢？如果是好天气请敲三下，这时候椅仔姑如果说明天是好天气，就会敲三下水桶发出“叩叩叩”三声。

听说如果问她你的岁数，她就会把你的年纪说出来，如果拿一把筷子问她有几只，她也会将数字以敲水桶显示。

关于椅仔姑也有着以下不幸的传说。

从前有位从小失母的女孩，却有一位非常狠心的嫂嫂，将年仅三岁的女孩当作奴隶般看待。从前家庭煮饭的灶都是以粗壳或槩为燃料，为了不使火熄灭必须不断地补充燃料，普通家庭都是由姑姑在下面升火，嫂嫂在灶上煮饭。而这位冷酷的嫂嫂每天命令女孩坐在竹椅上升火，而且晚上只准她睡在灶上，连食物也不给她吃，女孩已经瘦得不成人形了。

有一天早上，嫂嫂起床后，发现女孩冷冰冰地坐在竹椅上，这位嫂嫂一点也不伤心，竟连像样的祭吊仪式也没办。

之后二嫂买菜回来发现女孩子好像未死了一般坐在竹椅上，将籾壳丢入灶内升火，不禁大惊失色。

这是椅仔姑的起源。

为了祭吊这位不幸的三岁女孩的灵魂，当时的姑娘们都会向椅仔膜拜。

关于只有未婚女性才能参加椅仔姑的理由，大概是因为这位三岁女孩是被嫂嫂虐待而死，因此只要结过婚的人都不被椅仔姑所欢迎，故不准结过婚的女子参加。

如果有人想捉弄椅仔姑，请来结过婚的女子的话，椅仔姑就会立刻停止摇动，完全静止下来。

《南屯乡土调查》——日·南屯公学校编写，许世融翻译椅仔姑的唱谣

椅仔姑，观汝来坐土，土连汝，槟榔心，老叶陈，好食不分，汝三姑着是亲，姑仔定，姑仔圣，姑仔头来，有名声，大路大波波，小路好桃，天清清，地灵灵，观汝三姑，来出坛前。

179. 临水夫人

类别╲神灵　　地域╲天界

介绍

临水夫人，唐末五代，陈靖姑生前封号。

台湾信仰临水夫人是妇女、儿童的保护神，能帮助妇女顺利产胎。但临水夫人除了会“送子”外也会“收子”。

片冈岩在《台湾风俗志》中记载，大正二年（一九一三年），楠梓坑街有一名少妇，来到台南临水夫人庙祈祷，十个月后顺利产子，全家欣喜。当孩子成长至两岁，某日突然倒地不起，气绝而死，全家悲痛欲绝。

此后，算命仙解说：“此儿是临水夫人所授，但得贵子后却没返庙还愿，触怒夫人，因此她将此儿召回。”

家人莫不惊恐，连忙拿供品至临水夫人庙祭拜。

典文

《雅堂文集》—— 日 · 连横

台南郡治有临水夫人庙，香火甚盛。每当元宵、中秋，妇女多入庙进香，而产子者设位以祀，祈祷辄应。

按梁茝林退庵随笔，载夫人姓陈名靖姑，古田县临水乡人。

闽王璘时，夫人兄守元有左道，隐居山中，夫人常饷之，遂受秘箓符篆，役使鬼神。曾至永福，诛白蛇怪。璘封顺懿夫人。后逃处海上，不知所终。

而谢金銮台湾县志，亦言夫人名进姑，福州人，陈昌之女，唐大历二年生，嫁刘杞，孕数月，会大旱，脱胎祈雨，寻卒，年二十有四。卒时言吾死必为神，救人产难。

建宁陈清叟之子妇，孕十七月不娩，夫人现形疗之，产蛇数斗。古田临水乡有白蛇洞，吐气为疫疠。一日，乡人见朱衣人仗剑斩蛇，语之曰：我江南下渡陈昌女也。言讫不见。乃立庙洞侧。自后灵迹甚着。

宋淳佑中封崇福昭惠慈济夫人，赐额“顺懿”。后又加封天仙圣母青灵普化碧霞元君。

180. 城隍之神

类别╲神灵　　地域╲天界

介绍

台湾岛民，皆信城隍爷赏善罚恶，并以城隍庙供奉城隍爷。

城隍爷乃是地方的守护神，每当地方官新上任之后，第三日到第五日之间，一定要到城隍庙祭拜城隍爷，即是“城隍斋宿”。地方官掌管阳间之事，属于阳官，而城隍神则是阴官，掌管幽界之事。

据说，若为官者正直清廉，护民行善，死后将入神籍，成为城隍爷。例如，林豪的《东瀛纪事·丛谈》曾言：“淡水同知曹公士桂（馥堂，云南文山举人）之勤民慎狱。积劳卒于任，相传为淡水城隍。”曹士桂因任内勤政爱民，死后也成为城隍爷。

除此之外，台湾也流传“水鬼变城隍”的故事，尤其是在客家聚落里广泛流传。普遍的故事情节如下：

有善心的水鬼协助渔夫打渔，结果将拖人下水“抓交替”的时机告诉渔夫，让渔夫有机会阻止此事发生。虽然水鬼无法顺利转世做人，但却不以为意，愿意牺牲自己，最终因为好心有好报，被阎罗王提升为城隍爷。

比较特别的是，在台中东势镇、屏东内埔流传的水鬼故事，最后的结局则是水鬼变成“伯公”（客家信仰的“土地神”）。在高雄美浓客家庄的美浓河畔，每一年农历的二月，都会举办名为“二月祭”的祭典，以及苗栗公馆福基河在农历七月一日的“账祭河江”普渡活动，都是为了祈求“河头伯公”可以保佑河岸居民无灾无祸，也祈求冤死河中的孤魂野鬼不再夺人性命。

典文

《雅言》—— 日 · 连横

台南庙宇之楹联，颇多佳作；劫火之后，毁灭无遗。

府城隍庙有一对，不知何人所撰，今犹约略记之。

城隍者，所谓奖善殚恶之神也，故语威而毅，俨如酷吏口吻。

联云："问尔平生，所干何事：谋人财？害人命？奸淫人妇女？败坏人纲常？算从前邪谋诡计，那一条孰非自作！到我这里，有罪必诛：歼汝算！杀汝身！殄灭汝子孙！降罚汝祸殃！看今日凶烽恶焰，有几个至此能逃！"此真为恶人说法者矣。

世有不遵道德、不畏法律而独惧鬼神，欠债不还、偷盗不认，邀往城隍庙杀鸡设誓，则勃然变色，以为冥冥中若有鉴临之者。

《雅言》—— 日 · 连横

传说，水鬼如果经过三年以后，能够找到替身者，就可以变为城隍[①]。

灵德庙的城隍，据说是清朝一位宅心仁厚的官吏死后变成的。

① 台湾民间认为，成为城隍有两种方式，一种是水鬼有德，另一种则是官员生前善待百姓，死后就能成为城隍爷。

181. 水手爷

类别╲神灵　　地域╲天界

介绍

水手爷，乃是娼门妓院所崇拜的欢爱之神，掌管男女情爱之事。

典文

《雅言》—— 日 · 连横

台南勾阑[①] 之中，祀一纸偶，曰："水手爷"，即南鲲鯓王之水手也。

龟子[②] 、鸨儿每夕必焚香而祝曰："水手爷，脚跷跷、面缭缭，保庇大猪来进稠。来空空、去嗰嗰，腰斗举阮擽，暗路着敢行。朋友劝物听、父母骂物惊，某团加讲食扑骿。"此为一种咒语，野蛮人每用之。

今勾阑视嫖客为大猪，夜度无资，抑留勿出，则曰吊猴。

---

① 勾阑：妓院。
② 龟子：讥称妓院老鸨的丈夫，或男杂役。

182. 水神降梦

类别╲神灵　　地域╲天界

介绍

台湾的日据时代，在嘉义的盐水港厅（范围东至三脚南山系，西至海，南至曾文溪，北至八掌溪），曾有人梦见水神降梦，指点翠竹林中的水塘之水，可治百病。

典文

《台湾日日新报·一九〇五年（明治三十八年）十二月二十八日·其信然耶》

盐水港厅下，茄苳南堡崩埤庄附近地方，有翠竹一林。

竹下有小塘一周围不过数十步，深甚有泉涌出，味颇良佳。

该庄耆老某甲，月前梦见一黑面将军，状貌魁伟异常，身穿黑袍，手执一鞭，如梨园所演西楚霸王模样，自称“水德星君”。示以塘中之水，可以疗百病，嘱其遍告远近人家取饮，可免百斯笃之患，叮咛而去。

甲惊醒思之，始以为妖梦，置不之信。

次夜，又梦如前，怪之。

语诸庄人，偕往观之，见塘中无甚奇异，但水清可爱。

适庄中有一患热疾者，取而饮之，其病立愈，群相惊异，具香楮致敬。

一时传说远近，红男绿女，扶老携幼，往叩星君。求取清水，贮藏家中，以备不虞之用，日以数百计。

近日嘉义人民乘汽车往求者，实属不少。几如山阴道上，应接不暇，咸云水德星君，临凡救世。

其信然耶？其梦耶？抑操何术以致此耶？录之以质诸高明。

183. 天公与山羊和猪

类别╲神灵　　地域╲天界

介绍

农历正月初九，即“天公生”，是玉皇大帝的生日。

因为他的神格非常崇高，所以闽南地区的人们，在初九拜天公生的时候非常隆重，会在供桌上放置鲜花、蜡烛、面线、水果、斋菜、红龟粿等，也会杀猪宰羊来庆祝天公圣诞。

典文

《华丽岛民话集 · 天公与山羊和猪》

—— 日 · 西川满、池田敏雄，编译：致良日语工作室

正在进行祭天公的庆典时，有只山羊和猪来了。它们对人们说道：“做这样的事有什么用呢？还是不做比较好。”

第二年的春天，天公的生辰到来，但人们却不去庆祝。

天公觉得很奇怪，便问随从的神：“为什么人们不祭拜我呢？”

随从的神回答说：“因为在凡间有只可恶的山羊和猪，欺骗了人们的缘故。”

天公非常愤怒，立刻将山羊和猪从凡间召来，狠狠地斥责了一顿。

但是，过了四五年，又发生了同样的现象。于是天公就在山羊和猪的嘴里放入大颗的橘子，塞住它们的嘴，让它们不能说话。

一直到今天，每当有节庆的时候，民间还流传着杀猪宰羊，并在猪、羊嘴里放一颗橘子。这个习俗便是由此而来。

184. 注生娘娘

类别╲神灵　　地域╲天界

介绍

注生娘娘，又称为“注生娘妈”，是从幼儿受胎起，直至生产，都会保佑胎儿的女神。并且，也负责守护怀胎妇人的平安。

典文

《台湾惯习记事第二卷 · 第八号 · 明治三十五年八月二十三日发行》
—— 日 · 台湾惯习研究会原著

注生娘娘：乃被尊为授儿之女神而祭者。

曾往艋舺之龙山寺，大龙峒之保安宫等庙参诣者，应见在其宫庙之一隅，有一尊女神立于中央，两侧更有十二尊女神，各抱一个婴儿，随侍中央之女神。

此中央之女神乃被称为注生娘娘者，十二尊女神乃被称为婆姊者也。

而十二婆姊中，传言其一半为职司抱去婴儿使宿于妇人体内，其他一半则职司将既授之婴儿，从其体内取回者也。

《民俗台湾 · 注生娘娘》—— 日 · 吕阿昌

在万华龙山寺后殿左手边安置着十二位携带可爱幼儿的婆婆，此即为注生娘娘。以下就其任务之不同将姓名及出身地列出：

一、注生：陈四娘（福州府古田县）

二、注胎：葛四娘（延平府南平县）

三、监生：阮三娘（福州府长荣县）

四、抱送：曾五娘（建宁府江宁县）

五、守胎：林九娘（建宁府欧宁县）

六、转生：李大娘（福州府海口镇）

七、护产：许大娘（福州府侯官县）

八、注男 / 女：刘七娘（福州府宁总县）

九、送子：马五娘（温州府瑞安县）

十、安胎：林一娘（邵武府建宁县）

十一、养生：高四娘（延平府长沙县）

十二、抱子：卓五娘（建宁府浦城县）

185. 婴儿守护神：胎神

类别╲神灵　　地域╲天界

介绍

据说，一旦孕妇体内有胎儿，胎儿就会被“胎神”所守护。为了不触怒胎神，孕妇有各种禁忌。例如，不能随便移动室内的各种器具，因为器具里可能寄宿着胎神。孕妇也不能观看傀儡剧，否则会生下无骨的孩子。

如果孕妇难产，很有可能是胎神作祟，这时就要请道士来施行“催生术”，或者家人要在屋外用锄头锄地，帮助生产。

典文

《台湾惯习记事第二卷 · 第八号 · 明治三十五年八月二十三日发行》
—— 日 · 台湾惯习研究会原著，台湾省文献委员会编译

孕妇起卧房间，有“胎神”在保护胎儿。

孕妇固无论，其家族均常须注意，不可触怒胎神，孕妇之“眠床”自不待言。

不可有修理窗壁，或削钉梁柱情事。若有此举动即触胎神之怒，脸面受其祟，或流产，或“颠倒生”或胎儿之身躯一出生即带有刀痕、钉痕等情事。云云。

《民俗台湾 · 安胎符》—— 日 · 田大熊

如果不慎因“动土”而触怒了“胎神”的话，为使胎神消气镇静下来，就必须使用“安胎符”。

“安胎符”即如字面意思，是使胎儿平安无事之符。

本岛人认为人一受孕即有胎神存在，孕妇的房间当然不用说，只要是屋子内的器

胎神

物也会随着月令而存在着胎神，如果动到了胎神所在处之物，或钉钉子的话，就会触怒胎神，使胎儿异常，也就是孕妇会产生腹痛、流产甚至产下畸形儿等现象，此时即须使用安胎符镇压胎神。

胎神在胎儿出生后四个月内还会跟随身旁，因此若在这四个月内触怒胎神，也要用安胎符。

此外，所谓“动土”是用于四个月以上婴儿乃至大人，此时不是因为“胎神”而是因为“土神”之故所引起的不安，但因土神和胎神类似，因此也用安胎符来镇压。

符可从道士、命相师或其他称为“左道”之处买到，一样是安胎符，却有各种不同的写法，下面介绍一种最简单的符。

符通常是写在“黄古仔纸”土,“黄古仔纸”是类似金银纸,但比金银纸稍好的黄色纸，大约信封般大小，此黄古仔纸是以“更衣”或“篙钱”制成，写符时将纸纵切成二半，同时切弃过长的部分，大约长五寸、宽一寸二、三分，以笔墨在纸上一气呵成写完。

写符时态度必须认真，集中精神，两眼凝视纸张，双脚平踩土地。

“动土”“土熬”“土符”的“土”即土地之意思，绷着脸不和善的面孔，台湾话即为“土”，写符时之态度就必须如“土”之神态。

同时，写符必须一气呵成，如果笔墨干了也不可沾墨后再写，写完后也不可修改，书写时更不可以和他人说话，否则此符即失去效力。如附图。

安胎符

押煞符

186. 澎湖的祖师庙

类别╲神灵　地域╲天界

介绍

在澎湖西文的祖师庙，祭拜主神清水祖师，副神则是玄天上帝、福德正神、注生娘娘。

据说以前有一位泉州和尚来到西文地区帮人治病，其真身乃是黑面祖师爷，所以地方人士就为他盖了一座庙宇，以答谢祖师爷的恩德。

典文

《台湾惯习记事第三卷 · 第二号 · 明治三十六年（光绪二十九年）二月二十三日发行》—— 日 · 采风生，翻译：黄文新

在澎湖本岛妈宫之西不远处，有祖师庙，为奉祀泉州清水岩祖师者。

相传，康熙间有一和尚，从清水岩到此地来，为人治病有神效。

不取药费，送钱来亦不受而离去。

后来乡人因以立庙祀之云。

187. 碧山岩圣王

类别＼神灵　　地域＼天界

介绍

碧山岩的开漳圣王庙，自古以来香火鼎盛，现今位于台北市内湖区，也称为“尖顶开漳圣王庙”。

寺庙缘由，据说是在康熙年间，一位漳州人携带开漳圣王的香火渡海来台，行至碧山之尖顶，耳闻嗡嗡之声，声响来自附近的一个岩石小洞。他顿时心有所悟，认为这是吉祥之地，适合安座开漳圣王，便将随身携带的香火悬挂于石洞中膜拜。

乾隆年间，山上聚集匪徒，正计谋犯案时，尖顶山头突然发出金光，悬挂圣王香火的石块霎时分裂，原来是开漳圣王显灵，心惊胆战的匪徒四处窜逃。从此以后，附近居民便来此膜拜祭祀，香火日渐兴盛。

典文

《台湾惯习记事第五卷 · 第四号 · 明治三十八年（光绪三十一年）四月十三日发行》—— 日 · 梅荫生，翻译：郑瑞明

芝兰，白石湖碧山岩，内湖之祖山也。

背山面水，高峰环抱，怪石参差，有一小石洞，神像天成，灵应无比，都人士多崇奉之。

清国时由该地绅民，捐题赀金，增广地基，建筑庙宇，以崇祀开漳圣王。

登寺远眺，山则三面联玉笋，水则九曲转锦帆，四季香烟缭绕，幻作祥云，万家俎豆馨香，信神光之赫濯，实山水之精灵也。

188. 妈祖的亲事

类别╲神灵　　地域╲天界

介绍

台湾地区流传的俗话："妈祖婆雨，大道公风。"即是讲述妈祖在农历三月二十三日诞辰时，容易下雨，而在大道公（保生大帝）三月十五日诞辰时，容易刮起大风。

之所以会产生这种现象，据说是妈祖与大道公之间的一段情史，所造成的影响。

典文

《民俗台湾》—— 日 · 张文环

（我十岁时，在回家的路上，表姊告诉我，妈祖曾因为看到野羊生产而拒绝了自己的亲事。）

向妈祖提亲的是有名的大道公。

据表姊所言，大道公一看到贤淑端庄的妈祖，立刻就被迷恋了，大道公向妈祖提了多次亲，均被拒绝，但大道公还是很有耐心不断来提亲，妈祖最后也为之所动，就要他选个黄道吉日来迎接。

当时妈祖偶尔会到原野散步，有一次却看到了野羊生产的情形，此后她就坚拒结婚的念头，因此乃特地与大道公交涉，希望能取消此婚事。

大道公当然非常生气，向妈祖提出异议，但妈祖仍坚持己见，大道公震怒异常，于是就在三月廿三日（农历）妈祖诞辰的那一天降下大雨，将妈祖的香粉降落到人们身上；而在三月十五日（农历）大道公生日这一天，就一定会刮风，刮到人们的帽子被吹落地才停止。

因此大家就传说着，祭祀妈祖的时候会降雨，而祭祀大道公的时候会刮大风。

《民俗台湾·保生大帝传奇》——日·黄得时

自古以来，保生大帝即被认为是医疗之神而广受崇拜，全岛祭祀保生大帝的庙宇有一百一十二座。

起初，台湾几乎没有什么医疗设备，因此大陆的移民就将大帝分灵迁来台湾，并广建庙宇，取代医生并向其祈求疾病痊愈。

保生大帝是福建省泉州府同安县白樵人，姓吴名本，字华基，号云衷。

大帝自幼聪颖异常，有神童之称，及长即素食，且未娶妻。

至道元年，大帝十七岁时之中秋夜，在银同海边出现一位异人划着竹筏，大帝受邀后也随其乘竹筏至瑶池谒见西王母，拜授医书及斩妖伏魔术后归来。从此专心于“修身、养性、采药、炼丹”之修行，并决心从医救世，在大帝家旁有一泉，病人只要饮下泉水后，疾病立刻痊愈，故而享有盛名，此外黄医官、程真人、鄞仙姑、昭应灵王等人也向大帝学习医术。

（保生大帝和妈祖之间的关系很奇妙，）在台湾似乎没有看过大帝和妈祖一起祭拜的情景，这是因为妈祖看到了羊儿生产之痛苦情况，因此拒绝了大帝的提亲，大帝因此非常生气，表示：“从此以后，你生日（三月二十三日）的那天一定要降雨，将你的香粉洗落人间。”

妈祖也不甘示弱地说：“你执意如此将我的香粉洗落，我就刮起大风将你的头巾吹落。”传说双方曾如此互相立誓。

189. 送神与接神：灯猴说谎

类别＼神灵　　地域＼天界

介绍

到了冬至，要将汤圆黏在室内的各种器物上，向这些器物表达感谢之意。

曩昔，有一种名唤“灯猴”的照明器具，是竹制的小型灯笼，以菜籽油为燃料。因此，灯猴经常是乌黑油腻，无法将汤圆黏上去。

而灯猴只要经过三年，日久有灵，就会成为灯猴精，很气愤自己吃不到汤圆，所以就向玉皇大帝告状说凡人浪费食物，将汤圆随便乱黏，任意丢弃。因此，玉皇大帝大发雷霆，决定在一月一日的时候，将台湾岛沉入海洋。

后来，众神明向玉帝求情，玉帝也了解了真相，得知是灯猴说谎，所以就取消了让岛屿沉没的决定。而凡间的人们，在一月一日互道恭喜，则是恭喜陆地并没有沉没，人们都平安度过除夕夜，迎来新的一年。

从此以后，众人皆认为灯猴会成为妖怪害人，所以过年的时候，都要将灯猴烧掉，替换成新的一盏灯猴。除夕烧灯猴的行为，也能具有占卜的功能，例如《彰化县志》中所言：“烧旧竹灯钩，乘其未烬，将灰分十二堆，以象十二月；观何堆明暗，以卜来岁十二月阴晴水旱。”要趁火灰没有燃尽的时候，分为十二堆，来占卜来年十二月的气候。

典文

《民俗台湾·送神与接神》—— 日·吴槐

在台湾农历十二月二十四日，是在家里镇座的神祇们回娘家的日子，所以要供奉各种祭品欢送，称为“送神”。

正月四日的时候，又是神祇们从天上回任，同样要供奉祭品以表示欢迎，称为“接神”。

民间传说，在以前有一个旧灯猴成了精，到了年底上了天庭，向天帝打小报告，说是凡间的众生恶孽很深，大地被罪孽压得快要沉没了。

天帝听言大为震惊，立刻召回派驻在地上的诸神，另派天神下降、视察，才知道灯猴所报的完全是谎言，安了心，让神祇们回到原单位去。

不过自从这件事发生后，演变成年例，每年十二月二十四日回天界述职，次年一月四日再返回地上，而他们不在的这一段时间，天神会下来暂代。

190. 鲲鯓王爷庙

类别╲神灵　地域╲天界

介绍

南鲲鯓庙，即是“南鲲鯓代天府”，位于台南北门乡的鲲江村蚵寮，是历史悠久之古庙。

据说在明朝时期，有渔民在沙汕上捕鱼，听闻钟鼓管弦的“神奏乐”，抬头一看，发现有大帆船驶进南鲲鯓湾。船上载着六尊神像：“大王李府千岁、二王池府千岁、三王吴府千岁、四王朱府千岁、五王范府千岁、中军府”，还有一支写着“代天巡狩”的旌旗。于是，渔民便开始供奉这些神像。

典文

《民俗台湾·南鲲鯓庙志》—— 日·郭水潭

南鲲鯓庙有以下这样的传说：

距今约二百八十年以前，当北门郡还是一个砂汕的时候，有一天夜里，渔夫们将船停泊在蚵寮附近，忽然听到一个非常奇怪的声音，于是他们就在那儿静静地聆听，忘了回家的时间，看到载着神像的小舟驶来。

到了翌日的早晨，渔夫们再度回到那里的时候，又好像什么事情都没有发生过一样。渔夫们觉得这一定不是件平凡的事，于是就将小舟和神像放在那个地方。

出人意料的是，放在那儿的神像非常灵验，于是十传百，百传千，就这样参拜的人愈来愈多。

另一个说法是：王爷选定南鲲鯓作为坐镇的地方。但是在王爷还未来之前，已经有一个叫扫帚精的妖怪住在那儿。

扫帚精得到那儿的地灵庇佑成为邪神，并且还拥有相当大的势力。

王爷与邪神两方相斗，到处都是“铿铿锵锵”的声音。即使这样，还是很难分得出高下。

最后只好由观音佛祖来调停，仲裁的结果是：“大庙来行香、小庙必有敬”（如果有人到大庙来参拜，小庙也与之同享）。

因此现在在大庙的后面有一个小庙同受百姓祭祀。参拜者拜完王爷后，也要到小庙点香、烧银纸。

在那一夜的战斗中，三王爷的额头被伤到，自此便留下一个疤痕。后来虽然请名医来治疗，也不能让他的额头恢复成原来的样子，奇怪的是这道疤痕后来却成为信仰的象征。

嘉庆末年的时候，有一次王爷依例巡视地方，到达的地方甚至包括东部的台湾、澎湖等。

当王爷在巡视台湾南部的嘉义地方时，不巧在途中碰到道爷（县令）。因为王爷的地位比道爷还要高，因此道爷理当要让王爷先通过。

但道爷却不肯礼让王爷，就在两方互相争执的时候，王爷用眼睛示意在旁边观看的农夫，用锄头在地上写了这么一段话：“代天府理阴阳，但愿恶政善迁，一面修真消末劫。”

道爷这会儿才领悟到神意，于是立刻走到路旁让王爷先通过。

又有一次，道爷想要测验王爷到底有多大的本领，于是将王爷引进旷野中，并且将他困在三支非常坚硬的杉柱中。

“如果王爷能够在三天之内，将这三支杉柱拔起，我将永远祀奉他。”道爷这么说着。

一天过去都没有动静，道爷于是暗自欢喜。

到了第三天，一阵强风吹过后出现两只黑犬，这两只黑犬激烈地互斗、互咬，一边向其他地方观看，忽然“轰”的一声，三支柱同时倒地。

于是道爷实现当时的诺言，永远祀奉王爷。

191. 走马天公：抓小儿魂

类别╲神灵　　地域╲天界

介绍

一旦小孩子在夜里急惊风，浑身发烧，手脚抽筋，即是“走马天公”，也就是天神出巡，抓走了小孩子的魂魄。

典文

《民俗台湾 · 走马天公》—— 日 · 长井记秋

半夜，小孩突然得急惊风，以前称为“走马天公”。

走马天公的意思是说天神出巡将小孩的魂抓走。那个时候小孩会“哇”地大叫一声，然后手脚抽筋。小孩的母亲必须马上将他抱到桌下，然后使用捕鱼网将两人覆盖起来。我们称那个网为天罗地网，是为了不让小孩的魂被抓走。另外一个人用黑衣服绑在竹竿的前端，再拿一个锣到屋顶上面一边挥舞竹竿，一边敲着锣呼喊小孩的名字。这样重复三次以后，小孩就会恢复原来的正气。

天亮的时候抓一条蚯蚓来切成两半煮汤喝下，小孩喝完之后就会痊愈。

192. 月神：掌管姻缘

类别＼神灵　　地域＼天界

介绍

月神，即是“月下老人”，掌管人间男女之间的姻缘。

典文

《民俗台湾·月神》

月神就是月下老人，主管阳间男女的姻缘，通常来月神庙祭拜的人以青年男女居多。

193. 井神

类别╲神灵　　地域╲天界

介绍

汉人的井神多为女神、童子神，不过台湾地区流传的井神形象则为男神，并且生性浪漫，喜爱偷窥人类大腿。因此，玉帝便指派他成为井神（井公），负责管理凡间的古井。

典文

《民俗台湾·井神》—— 日·黄连发

据说，井神为一好偷窥人类大腿的神，故玉皇大帝派遣他当井神。

194. 躼爷矮爷

类别＼神灵

介绍

躼爷矮爷，或称“高爷矮爷”“范谢将军”“七爷八爷”，即是谢必安将军与范无救将军的合称。

谢将军形体高瘦，面色苍白，舌头外吐，是为“躼爷”（高爷）。范将军则身形矮胖，面色黧黑，是为“矮爷”。这两位神将是台湾民间负有盛名的“鬼差”。他们手持镣铐，负责擒抓邪魔外道，护卫主神（如城隍爷、阎罗王）。

典文

《民俗台湾·躼爷矮爷》

躼[①]爷又名谢必安，头戴三尺余高的大乌帽、张口吐舌、眉长一丈余长，矮爷又名范无救，黑面且肥胖。在城隍庙、岳帝庙的大门两侧有这两座神像，主管人间的罪犯，如果发觉有人犯罪就会报予神明知道，依此给予灾难、疾病、不幸等处罚。如果犯人死亡，就将报告书交予速报司提交阎王直接对魂魄惩罚。

---

① 躼：身长。

195. 牛爷马爷

类别╲神灵

介绍

牛爷马爷，又称“牛将军”“马将军”或合称“牛头马面”。此外，在佛经中则说牛爷名叫“阿傍”，马爷又称“马头罗刹”。据说，牛将军脸庞墨黑，而马将军则面容惨白。

他们都直属阎罗王，负责巡逻追捕逃跑的罪犯。他们会在冥界奈何桥两侧担任卫兵，监视过桥者，如果遇到恶人经过，就将他们推落桥下。

典文

《民俗台湾·牛爷马爷》

牛爷马爷是直属阎王的神明，并祀在阎王的庙中。

这二神身高丈余，一位牛头，一位马面，职责是拘捕人的魂魄到阎王殿接受审判，并监督刑罚的执行，所以人们很怕这两位神祇。

台南的岳帝庙、重庆寺、开元寺供有此神。

196. 速报司与功告司

类别＼神灵

介绍

速报司与功告司直属阎罗王，所以在祭祀阎罗王的寺庙里，也会配祀这两位神明。

速报司掌管恶报，功告司则掌管善报。当牛爷与马爷押送犯人时，他们就会向阎罗王报告其罪状。阎罗王会依照善恶功过的程度，进行赏罚。若人犯罪多，则处以重刑，若人多善行，则可以前往西方净土。

典文

《民俗台湾 · 速报司与功告司》

速报司与功告司是阎王的直属秘书官，奉祀阎王的寺庙必定也有这二神，台南的重庆寺、西来庵、开元寺等都有供奉。

速报司掌恶报，将躷爷矮爷送来的犯人罪状向阎王报告；功告司掌善报，将犯人对国家有何功劳向阎王报告，两相对照比较，功过相抵后，阎王再下定夺，判决刑罚。

197. 阎王

类别╲神灵　　地域╲天界

介绍

阎王，即“阎罗王”，又称“十殿阎王”，一共有十位神灵。

他们会依据速报司、功告司、躿爷矮爷、牛爷马爷的报告书的内容，来审判犯人，多善行的人会送往西方净土，有恶行的人则要处以刑罚。

阎罗是从梵语（Yama）翻译而来，又译作“静息”，其意为：“人听王示语，便知己罪而静息。”

典文

《民俗台湾 · 阎王》

第一殿秦广王:

保护生前行善的人渡过金桥，送往西方净土。

第二殿楚江王:

① 割舌地狱，唆使他人害人争讼者将被割去舌头。

② 剪刀地狱，唆使他人妻子再嫁者将被剪断手指。

③ 吊铁树地狱，离间他人父子兄弟使骨肉不相者将被吊铁树晒死。

第三殿宋帝王:

① 孽镜台地狱，犯人说谎不肯认罪时，一照此镜，生前恶行都会显现。

② 蒸笼地狱，长舌妇或因口舌害人者将入蒸笼受刑。

第四殿五官王：

① 铜柱地狱，放火、杀人、伤害生命者，让他抱住中间烧炭火的铜柱，烧烤受苦。

② 剑山地狱，不敬神佛、乱杀牲畜者，必须裸体爬上剑山。

③ 寒冰地狱，杀夫、通奸、堕胎、唆使他人赌博不顾父母饥寒者，要裸体入寒冰中受刑。

第五殿阎罗王：

油鼎地狱，强盗、结伙杀人、诬告、拐骗、共谋夺财、抢劫者，将丢入油锅中受油煎之苦。

第六殿卞城王：

① 牛坑地狱，伤人命、杀禽兽者，丢到坑中受牛践踏。

② 石墨地狱，绫死人或杀小孩的人，放在石头中间用大石来压杀。

③ 桩臼地狱，糟蹋五谷粮食者，放入臼中用木桩杵杀。

第七殿泰山王：

① 浸血池地狱，难产的妇人、不敬灶神、不孝舅姑、卖人子女为娼者、虐待继子、诱拐妇女者，放入血池中受苦。

② 枉死城地狱，咬舌自尽或上吊，自杀的人要入牢狱受刑。

③ 磔地狱，盗墓或对死者不敬要受磔刑。

第八殿平等王：

① 火山地狱，饮酒的僧侣、道士、偷公物公款者、放火烧山者，都赶入火山中受苦刑。

② 落磨地狱，轻视僧、道、五谷者、盗贼及食荤者，放入石臼中磨。

阎王

第九殿都市王：

刀锯地狱，诱拐他人子弟妇女、买卖偷斤减两者，用锯子锯杀。

第十殿转轮王：

判决后，善人就再转世为人，虐待禽兽者转世为禽兽，杀人者不得超生转世。如果积善很多就送往西方净土成佛。

原住民世界 /

泰雅族

泰雅族，居住在中央山脉两侧，其族名“Tayal”（Dayan），意为“真人”“勇敢的人”。

在神灵观念上，泰雅族信仰“超自然的存在”（rutux），森丑之助曾解释“rutux”即“灵魂、神、妖怪”的意思，而此词含义也包含“祖灵”“鬼怪”“恶灵”“过往的英勇领导者”，乃至“所有超自然的全体”“宇宙的最高主宰”，涵盖的范围非常多元。

泰雅族人相信，“超自然的神鬼”“超自然的存在”会是子孙的守护者，但会依照子孙的品德好坏，降下相对应的恩惠以及责罚。所以，泰雅族人只要遵守规则，不违背族中的禁忌，便能获得福运。

在日据时代，关于泰雅族宗教信仰的记录，可以参考佐山融吉编著的《蕃族调查报告书》、台湾总督府出版的《蕃族惯习调查报告书》。战后的相关研究，可阅读李亦园等人著作的《南澳的泰雅人》（一九六三年）、《台湾土著民族的社会与文化》（一九八二年）。

李亦园曾在南澳乡采集了许多泰雅族传说信仰，便将“rutux”归类为“鬼神”。例如，有一则传说故事“鬼祸”（kiapun rutux），简述如下：

一行人到 lejoxen 山去打猎，晚上露宿时，其中有父子俩听见许多人跑近的声音，他们赶紧逃跑。等到天亮时，众人才发现父子不见踪影，也找不到他们的去向。等到过了几个月后，众人才又在山上发现他们，原来父子俩始终找不到下山的路。众人都说他们被鬼（rutux）所迷惑了。

在日据时代，《蕃族调查报告书》则记录了一则“人头妖怪”（角板山社）的传说，与其他故事不同的是，主角并没有被“鬼怪”（rutux）迷惑，反而勇于向对方挑衅。

此外，佐藤春夫在一九二〇年（大正九年）的六月底来到台湾，直到十月才离开。佐藤春夫回日本后，便将这段旅行经验写成数篇文章。而他发表在《中央公论》（第三十八卷第十一号，一九二三年十月）的《魔鸟》，便是他从雾社旅行到能高时，随行搬运行李的原住民的聊天内容，随行的警官口译给他，向他介绍“祸伏鸟”与“魔鸟使”的故事。虽未说明是哪一族的故事，但根据泰雅族“Huni”的魔鸟信仰，可以推测来自泰雅族。

因《魔鸟》文章甚长，虽然字字句句皆精彩，但本书只节录一小段落。若有兴趣的读者，可以阅读邱若山翻译的《殖民地之旅》（前卫出版社，二〇一六年），书中也翻译了另一篇佐藤春夫脍炙人口的《女诫扇绮谭》，以浪漫、悬疑的笔法，讲述台南安平的古宅幽灵故事。

198. 人头的故事

类别＼妖怪

典文

《蕃族调查报告书 · 人头的故事（泰雅族）》

——原著：台湾总督府临时台湾旧惯调查会，翻译：“中央研究院”民族学研究所

昔时，有个人前往山中，眼见天色已晚，遂在山中小屋夜宿。

睡梦中仿佛听到有人走来，因而惊醒，并看到来者只是一个人头，没有身体。

他吓得大声吆喝：“你是什么东西，竟敢跑来这里！我看过的人头不下百个，区区一个你算什么，还不快滚！”

之后，把随身携带的烟草扔了过去，人头遂在刹那间消失无踪。

199. 妖怪的手

类别＼妖怪

典文

《生蕃传说集 · 妖怪的手（泰雅族）》

—— 日 · 佐山融吉、大西吉寿，翻译：陈万春

太古时候，有一个女孩。

有一天晚上突然熄火，她想拿些柴薪，走出屋外，但黑暗中突然出现妖怪的黑色的手，不知被带往何处去了。

过了好久还没回来，家族的人觉得奇怪，出外呼叫，可是没有响应。

大家这才骚动起来，四处去寻找，发现女孩子被挂在隔了很远的一棵大树上。

大家高兴地赶紧从树上把她救下来带回家，但女孩却变成非天生的哑巴。（泰雅族，白毛社）

200. 古苗栗原住民诞生神话

类别╲神灵

典文

《台湾踏查日记 · 明治三十年（一八九七年）七月十六日》

——日 · 伊能嘉矩，杨南郡译注今天停留在番仔城[①] 调查蕃情。

番仔城口碑：最古的祖先名叫 Magyawas，是从天上降临的天神。

他的后裔是一对夫妻，丈夫名字叫 Vanakaisi，妻子叫 Savogakaisi。

当时台湾岛发生大水灾，族人全部淹死了，只剩这一对夫妻能预知大水灾来临，而逃到大甲溪源头 Toopodararya 山的山顶避难（似乎是台湾汉人所指的观音山方向，峭岩耸天，被视为神灵之境）。水退以后才下山，在山下生了两个小孩。后来子孙繁衍，迁到葫芦墩北边约十华里处的高地，地名叫内埔，形成 Hahao 社，Hahao 社是旧社。然后他们又迁到葫芦墩的西方一日里处，形成 Tooratoru 社。然后又迁到葫芦墩东方一日里处，现在叫作岐仔脚的地方居住，形成 Paiten 社。这个时候，清人来了，他们被驱赶到 Taran 之地，形成 Taran 社。

① 番仔城：伊能嘉矩来访番仔城，在哆啰啯溪东北边。番仔城，今苗栗县三义乡鲤鱼村。

201. 魔鸟：祸伏鸟

类别╲妖怪

典文

《殖民地之旅 · 魔鸟》——日 · 佐藤春夫，翻译：邱若山

在他们生活当中，有一种不可思议的鸟存在。他们把那种魔鸟叫作祸伏鸟（Ha Fu Ne）。

祸伏鸟是什么样的鸟呢？听说长得就像鸽子的形状：白色，脚也是红的。但关于它的样子，知道得更详细的人，在这世界上并不存在。因为，看过祸伏鸟的活人，在这世上一个也没有。因为，只要看过这种鸟，这个人就注定要死。

当然，能够不死还看到这种鸟的人，还是偶尔有之。但那只限于祸伏鸟使。

能够自由地驱使这种魔鸟——祸伏鸟的人，被称为"魔祸伏鸟"（Ma Ha Fu Ne）。

一般来说，这个蛮族在名词的前头加上一个 Ma 音，使名词动词化。而动词化之后的那个语词，也就意味着做那种行为的人。不过，这种话语上的考证、诠释，我也不很清楚，而且，和故事也没什么关系，就请记住是魔鸟和魔鸟使就是了。

……

所以对能够自由地操纵魔鸟而令人困扰的魔鸟使，则被当作人类的诅咒，人类最大的敌人。这是极为当然之事——一旦相信这种鸟实际存在的话。

从而，当魔鸟使一旦被发现时，族群中的人们当然是一刻也不容缓地要将魔鸟使除去。

不仅其本人，连同全家族，都要一个不留地杀掉。因为魔鸟使的能力是遗传的，家族中只要有一人成为魔鸟使，则其家族的所有人，都有可能在不知何时，在怎样的

机会里，再度发挥其恐怖的能力。

而且，在这种情形之下，即使是多么受感恩戴德的人，若是他对魔鸟使一家有任何助力或助言，则其人亦被当作魔鸟使，一族也非被杀不可——因为这是他们的正义。

因此，在他们的社会里，当魔鸟使是最大的罪恶。被指为魔鸟使，是比一般人看到魔鸟更为战栗的事。

普通的人看到魔鸟时，充其量也是其个人死而已。但若是魔鸟使，则不只是其本人，也意味着其全家族的惨死——何况，这个蛮族是一个异常爱家族的种族。

那为什么要冒这么大的危险，还有人要成为魔鸟使呢？这一点，我也始终不明白。因此，当我在那蛮族的地方旅行期间，经常向他们问及那是怎么一回事。他们的回答大略都相同，都是以下的说法：

"那不得而知，因为我们不是魔鸟使。不过大概是亚凯·恶多伏（Ya Kai · Ot To Fu）来唆使的吧。"

"亚凯·恶多伏"乃是祖先的灵魂中恶的成员——也就是恶灵的意思。

"亚凯·恶多伏"来唆使的，这话极为简单，但他们这种把一切的恶都认为是来自传统的、神秘的地方的心思，则意外地非常有暗示性。

假如真的有超乎自然而且是自己才能独具的某种特别的力量存在的话，实际上，我们在面对它时，也都会忘记善恶的判断或是至高的牺牲等，而投身于为了得到那种特异功能的诱惑也说不定。这是可想而知的。人确实具备这种性格倾向，也有人特别明显。试想："隐身蓑""隐身笠"的传说自古有之，而且少年们是抱着怎样蛊惑的心情在听那种故事啊！如此想来，有人要成为魔鸟使，也不见得是多么不可思议了。

……

这个故事——一直尚未进入主题的这个故事，乃是那两个搬行李的人在一路上交替地说，然后由一个警官口译给我听的。

这或许是魔鸟使的一族被灭亡的事实中最近的一个实例吧。不过似乎是已经过无数人的口传，在我听来，有点像传说的感觉了。笼统的口述，不过总算还能贯通大致的情节。

碧拉（Pi La[①]），是沙三（Sa San）的女儿，科磊（Ko Lei[②]）是碧拉的弟弟。

听说沙三另外还有儿女，但全部被杀了。那时，残存下来的只有最大的碧拉与最小的科磊而已。

……

在蕃人们一无所知之间，某个文明国的军队的长蛇似的队伍不知何时起已进入他们的领土，贯穿蕃人的土地做大行军[③]。那是蕃人们无法想象的，人数相当多——是令他们对平地会住这么多人而大感吃惊的人数。

……

沙三所住的蕃社，虽不是那个被烧的蕃社，却是其次的一个。沙三的蕃社，虽没有达到八十多人之数，但也有三五人左右被杀——在这个军队行军所通过的蕃社，每个地方至少都会有三到五个人牺牲，因此，蕃人们看到这个突然降临于自己种族的灾难，乃信以为其中一定有魔鸟使的咒术在作怪。

更要命的是还有传言说，有人看到跟在军队后面走的碧拉。

那时，碧拉大约十六岁，最初，那种毫无根据的谣传谁也不相信。但之后，看到碧拉或其一族的举止模样，大家都会再度想起那时有关碧拉的谣传。

然而那少女为何会跟在狂暴的军队的后面走，却是谁也不知道其理由。其中也有人说，碧拉是被那军队的士兵侵犯以致那样的。他们说，正因为如此，所以碧拉不在额前、面颊上刺青。即使刺了青，大概也没有谁会去娶那已和其他种族情交的女人为妻吧。

而且若是想刺青，那女人必须要把至今为止自己身上发生的所有事情，在刺青的时候，全部毫无隐瞒地说出来——因为这是这个种族的规则。

有关碧拉的事，虽然有少数的人做这种解释，但大部分的人则认定这女孩的家族乃魔鸟使了。

---

① Pi La：“银”的意思。
② Ko Lei：“鱼”的意思。
③ 大行军：指“日军”入侵了森林与原住民的部落。

有人在沙三的小屋放火了。

包围在屋外的人们，捉住从屋里逃出来的他的家族，然后将之斩杀了。

捉到的人中，没看到碧拉和科磊，一定是碧拉抱着最小的弟弟科磊逃跑掉的吧！

他们到底是从那里、以那种方法逃跑的？至今尚未明白。但已逃掉倒是千真万确的。

……

幸得一命的碧拉再度背起科磊走进深山里。碧拉在山里数年间，养育着科磊，和科磊二人相依为命。

部落的人们到远方打猎时，会看到他们的小屋——说是洞穴较恰当吧！但每个人都是装作没看到似的通过。

碧拉告诉科磊：

“我们不是魔鸟使。我们的爸爸、妈妈都被杀了，可是，没有一个人是魔鸟使。所以每个人的欧多福（Ot To Fu）都渡过了罕格·恶多伏（Han Go·Ot To Fu）到了波崁（Po Ken）去了。而不是在押家窝（Ya Zya Wo）。我们只是遇到不幸而已，而给我们不幸的，却不知是谁。但是，我们一定要找到给我们不幸的人复仇。科磊，在新月出来时，你必须要一直往那边射箭，不然的话，我们会变成没志气的人，我们会被罕格·欧多福怒责的。”

碧拉因而为科磊做了弓之类的道具。科磊以木枝为箭，往新月的方向射去。新月总是从西边——他们被放逐的故乡的上方出来。

所谓的欧多福，乃是灵魂之意。还有，自己的影子、脉搏，他们都同样叫作欧多福。从这一个语词当中，就可了解到这个蕃族对生命的哲学。另外，罕格·欧多福乃是灵魂之桥的意思。欧多福渡过那里，到波崁，也就是极乐世界去的意思。波崁这一词尚有根源之意，也是故乡的意思。能到波崁去的，只有善良的灵魂——巴拉库·恶多伏（Ba Lak Ku·Ot To Fu）；恶的灵魂——亚凯·欧多福（Yak Kai·Ot To Fu）是非到押家窝去不可的。灵魂之桥乃是如同彩虹的东西，恶灵若想要渡过其上，则桥就会消失，恶灵就会坠进押家窝里去。

押家窝乃是地狱之意。在那里，为了处置坠落者，据说住着一只想象中说有多大就有多大的螃蟹。

而复仇，在他们的社会是道德性的义务，所以，若是怀有不论如何也无法达成的复仇时，为了至少要让祖先的灵魂知道其意志没有丧失，他们一般是在新月的时节，向着神圣的新月射出象征其立誓的箭矢。

原住民世界 /

赛夏族

赛夏族，居住于新竹与苗栗交界的山区，早年从事游耕、狩猎。在历史的洪流中，尽管受到周围强势文化的压迫，仍然保留了诸多传统文化祭仪。例如，龙神祭，便是赛夏族十分奇特的祭典。

龙神祭，又称“蛇尾祭典”“卡兰祭”（Karang）。当夏天久雨不停，这个祭典可以祈求天气转晴，以利于农耕，这个祭典的祭拜对象是“蛇龙”（灵蛇），现今赛夏族人依然供奉它的蛇尾骨灰。

202. 妖蛇“卡兰”

类别＼神灵

典文

《蕃族惯习调查报告书 · 妖蛇“卡兰”（Karang）的故事（赛夏族）》

从前某处的石洞里有一条蛇。这条蛇有毒，看见它的人都会死亡，大家因此害怕不敢接近它。

然而，有一位夏姓老太婆去看它时，蛇嗞嗞地鸣叫。老太婆毫不畏惧其毒，把它捉到笼里带回家饲养。这条蛇有四只脚，能像狗一样行走。老太婆常带着蛇去耕地。

有一天，在耕地回来的途中，涉溪时，蛇被水淹死了。当老太婆回到家后发觉蛇不见了，也不知它的去向。而蛇的尸体流到月眉庄（客家庄落）时，该庄有一个常携带笼子到溪里捕蟹的庄民，他一看到蛇尸即突然死亡，而其他看见的人，也都中毒气而亡。

庄民间有人听说本族有养妖蛇者，认为这蛇尸可能就是妖蛇，于是通知本族。夏姓老太婆到月眉一看，果然是自己所饲养的蛇，于是就把骨头带回家祭祀。这蛇骨很灵验，久雨不停时向它祈祷，天就会放晴。后来，夏姓家失火房子被烧掉时，蛇的骨头也烧成了灰，他们拾起该骨灰，把它用布包好，放进笼子里祭祀。后来，骨灰也分给该姓的分支蟹姓，从此以后，这两姓就成为本族掌管祈求天晴的祭司。

原住民世界 /

太鲁阁族

太鲁阁族起源于南投地区，族人很尊敬祖灵遗训（Gaya），并且相信人死后，灵魂会经过彩虹桥（Hakautux），来到祖灵应许之地，得到真正的安息。

灵魂在过桥之前，必须先洗手，洗过手的水呈现血红色，代表遵守遗训，才有资格通过彩虹桥的考验。

目前太鲁阁族的信仰主流是西方信仰，如天主教、基督教、真耶稣教会等。

203. 神灵的信仰

类别╲神灵

典文

《蕃族调查报告书 · 神灵（太鲁阁族）》

—— 原著：台湾总督府临时台湾旧惯调查会，编译：“中央研究院”民族学研究所

内太鲁阁蕃（Truku），报道人 Sukay Pagan 说明：

神灵（Utux）有善神（Utux malu）与恶神（Utux naqih）之分。

善神守护蕃社，透过做梦，让人预知当日运势吉凶。

恶神又分成：横死者的亡灵、临终时无人看护者的亡灵，以及坏人的亡灵。亡灵会变成梦魔侵袭人，或于往来途中加害路人。

另外，报道人 Untin Lawsin 也做了以下说明：

① 人死后，亡灵（Utux）赴 Tuxan（祖灵界）成为善神。社内举行祭仪时，皆会前来接受祭祀，亦经常出现于人们梦中，告知猎物所在之处。

② 横死者的亡灵不曾到 Tuxan，而是四处游荡。遇人经过断崖，即前来危害对方。被砍头者的亡灵，于砍头者死后，引导其前往 Tuxan。

原住民世界 /

阿美族

台湾原住民普遍有巨人的故事，广泛流传于阿美族和撒奇莱雅族的巨人，则被称为“阿里嘎盖”（Alikakay）的巨人异族。巨人被原住民击退之后，传说在南势、马太鞍等部落留下皮肤白皙、身材魁梧的后代，而且据说特别喜欢荡秋千，也与诸社有所往来。

根据黄嘉眉《花莲地区撒奇莱雅族传说故事研究》（花莲教育大学硕论，二〇〇八年），现今阿美族与撒奇莱雅族的父母，也经常讲述阿里嘎盖的故事，并以此威胁小孩：“不乖的话，小心阿里嘎盖会来抓你”，或是“再哭的话，阿里嘎盖会吃掉你”。

另外，阿美族人对于人死成鬼的观念，在《蕃族惯习调查书》中也有数则记载。

204. 巨人异族“阿里嘎盖”

类别╲妖怪

典文

《蕃族惯习调查报告书 · 食人族之传说（阿美族）》
——编纂：台湾总督府临时台湾旧惯调查会，编译：“中央研究院”民族学研究所

南势番有关于与异族往来的传说，据说其祖先在奇莱平原所遇逢的异族有“阿里嘎盖族”，于下叙述概要。

南势番尚未在 Naloma’an 建一部落时，有称为“阿里嘎盖”的异族在米仑山麓（美仑山，花莲之西边）穴居。

他们的皮肤白皙，眼球如猫眼，头发长，须髯蓬茂掩住胸部，胸毛长至肚脐，手脚之毛浓密且长达寸余，身高则高达丈余。不知他们在何时从何地迁来。

其人数仅有五人，社民称之为 Hofhof、Takuy、Alafukes、Doec、Pato’an。

他们奔驰如风，擅长变身之术，拔手毛吹气即可变出所要的人物，或变出数千个士兵，或变成婴儿的母亲，或变成番妇的丈夫，经常出没于番社，冒犯妇女或吃婴儿，据说番人为此苦恼不已。

叙述其概要如下：

一、Hofhof 因恶作剧而失手臂：

Hofhof 身材颇高，常来部落恶作剧。某日他来到番社，如往常一脚跨进民家，破坏屋顶，还将手插入屋内，命令别人帮他点烟。

留守在家的老妪预料会有这种事发生，一面让附近的数十名少年藏匿屋内，一面请求暂等点火。他们用预先制妥的粗藤绳绑住 Hofhof 的一只手臂后，数十名少年一齐拉，Hofhof 的一只手臂因此被拔断而狼狈地逃走。

阿里嘎盖

二、吃婴儿的心脏：

某日，一少女背着婴儿跟随前往耕地的母亲，当她停下来采摘路边的草时，有一个阿里嘎盖族人见状，立即拔下自己的手毛念咒化身为母亲的样子，从少女的背后接过婴儿，假装要哺乳，却剖开婴儿的胸膛挖出内脏，然后说："婴儿睡得甜，暂请照料。"他把婴儿放回少女的背上就消失踪影了。经过一阵子，母亲要喂乳时才发现惨状而悲泣如狂。

这类被害事件不止一两次，社民以为是妖怪所为，或是社中有人犯了禁忌触怒神明而受罚，因而惊恐不安。但是，被害事件接二连三地发生，最后便怀疑是阿里嘎盖族人所为。

205. 死者的灵魂

类别＼鬼魅

典文

《蕃族惯习调查报告书·死者的灵魂（阿美族）》
——编纂：台湾总督府临时台湾旧惯调查会，编译：“中央研究院”民族学研究所

本区内的阿美族把死亡称为 Mapatay。Mapatay 意指所有生物之死亡，并非特指人之死亡。生者之灵称为 Adingo，死者之魂称为 Kawas。

他们认为人死后肉体化为泥土，灵魂即脱离肉体前往祖灵之所在地（他们相信未举行葬礼者之魂会进入狗、猪、狸、蛇等动物的体内），而尸体如同木石。因此，他们无崇敬坟墓之风俗，虽然略为知晓对祖先的生前孝养，但是对于其死后的侍奉，则只在梦见祖先时方行之，他们认为此乃因祖先想要食物所致，不论梦的种类为何，皆供奉酒、黏糕、肉类，并举行祈祷，以满足自己的信仰，而在祖先死亡当下并无供养的举动。他们认为死者的世界如同社民所形成的社会般，亦有一死者聚集之社会，此即为灵界，这个社会与生者之社会同样盛行类似舞蹈般的娱乐，而在生前未受到 Patingdah 者，死后不得参加灵界之舞会。

206. 死灵的种类

类别╲鬼魅

典文

《蕃族惯习调查报告书 · 死灵的种类（阿美族）》
——编纂：台湾总督府临时台湾旧惯调查会，编译："中央研究院"民族学研究所

死灵的种类如下：

（一）"马拉图"（Malataw）

此神系指本社历代头目中之杰出者、每次出草皆立殊勋者、silisinay（祭主）以及社民中之英杰者的灵魂，被视为战斗、出草的武运守护神，每当出征、出草之际必定向其祈愿。

（二）"海德"（Haday）

海德，为鱼王之灵，住在河中。

曾亲身体验的番人叙述道："吾曾在前往奇莱溪捕鱼行前，犯了肉食之禁忌，然始浑然不觉。至河畔，只见群鱼泼跃，一网当可捕获千百尾，立即使出浑身之力投网，而拉上网的并非活蹦之鱼，竟是一活生生首级！只觉全身如浴冷水般，无暇切割缚于手腕之曳网，返踵即逃，虽网裂锤落，但首级依然缠在网中，张口怒目之貌极为凄怖。只觉从后追来的恶魔巨臂触吾之背，在自认吾命休矣的刹那，方忆起犯肉食之禁，忙向 Haday 祈祷，魔障渐拂而复元气。"

（三）"费忌"（Fengiw）

疫病之神，因疫病而死者之灵，疾病之流行即此神所为。

他毫无节制地携带弓箭射人，很多人因此中箭病死。

原住民世界 /

布农族

布农族，在清代被称为“武仑族”，居住在中央山脉两侧。现今布农族的族群位于南投、高雄、花东一带，包含卓社群、郡社群、卡社群、丹社群、峦社群、兰社群。

布农族的传统信仰，尊崇“天神”（Dihanin），认为他是万物之尊。他们也相信万物有灵，对于自然界万事万物抱持尊敬的心态，也深怕触犯禁忌，引来恶灵降灾。

207. 骷髅人的故事

类别╲妖怪

典文

《蕃族调查报告书 · 骷髅人的故事（布农族）》

—— 原著：台湾总督府临时台湾旧惯调查会，编译："中央研究院"民族学研究所

从前有一个人身上只有骸骨，没有丝毫血肉。每次作战，敌人射出的箭总是从其骨缝中穿出，所以不管多激烈的战争，他都能全身而退。

此外，还有一位名叫 Tsalutsu 的小矮人，身高仅约二尺。

不过，这些人都不算是我们的祖先。

（达启觅加蕃，报道人：卡社 Tiang Matl Laian）

208. 妖怪求婚

类别╲妖怪

典文

《生蕃传说集 · 妖怪求婚》—— 日 · 佐山融吉、大西吉寿，翻译：陈万春

古时候，某夫妇把女儿留在家里去园圃，但出现“哈尼托”（妖怪）掳走女儿。

父母发觉后，大为慌乱，各处寻找，才终于找到女儿带回家。

经过五六天，“哈尼托”带着酒、肉来，要求要娶女儿，仔细一看是英俊的青年，还背着小孩。

“哈尼托，你不是背着小孩吗？既然有孩子就一定有妻子，这个亲事，我是拒绝了。”

可是再次看看背上的孩子，原来是树木的灰烬，肉是树叶，酒是漆黑的腐水。

双亲觉得恐怖，牢牢地护着女儿，但转眼之间，整个人好像烟消一般不见了，是被“哈尼托”掳走的。

（布农族，郡蕃东埔社）

原住民世界 /

邹族

邹族，旧称“曹族”，居住于嘉义县阿里山乡、南投县信义乡等地区。

邹族相信，哈默天神（Hamo）创造了世界万物，他在玉山（Patungkuonu）上面，创造了“人类”（Tsou）。所以在远古时代，人类与野兽万物都共同居住于玉山。

邹族的宗教思想，属于泛灵的信仰崇拜。族人认为宇宙万物皆有神灵，人们必须遵循自然的法则，否则会招来厄运。

209. 灵界

类别＼神灵

典文

《蕃族惯习调查报告书 · 灵界（邹族）》
—— 编纂：台湾总督府临时台湾旧惯调查会，编译："中央研究院"民族学研究所

本族人对灵界具有如下之观念：

① 北 Cou 番：人死时，Hzoo（宿于胸中之魂）成为 Hicu（灵），从头顶脱出，前往"塔山"。

自古以来的祖先们都聚集在此处，形成如活人般的部落。不过，伟人的灵则升天，在 Hamo（天神）旁。这些灵全都不再回到原社内。在本族也说，有时人死后会显现其形，发出声音，或对活人开某些玩笑。

② Takopulan 番：他们说横死者的魂不得前往灵界，且会留在死亡当地危害活人。有时，这些灵还会显现其形，或发出声音。

210. 雨神

类别╲神灵

典文

《蕃族惯习调查报告书 · 雨神（邹族）》

——编纂：台湾总督府临时台湾旧惯调查会，编译：“中央研究院”民族学研究所

雨是雨神（Ak'enguca）所为，所以干旱时，只要拿着猴头和几根女郎花（Tubuhu，黄花龙芽草）到溪边，呼唤雨神，然后掬水向外洒五次，就一定会下雨。

彩虹是雨神的头饰，所以称为 Hioyu（彩带之意）。露水称为 Sifu no congeoha，云是灵魂的家。

211. 青蛙妖怪

类别＼妖怪

典文

《蕃族调查报告书 · 少女与青蛙露水情缘的故事（邹族）》

——原著：台湾总督府临时台湾旧惯调查会，编译：“中央研究院”民族学研究所

昔时，某户人家有个女儿。某晚，一位英俊男子悄悄进入其卧房，甚至毫不客气地躺在少女旁边。少女也不讨厌，任由男子为所欲为。就这样，男子连续来了几日。

某天晚上，男子说：“最近几天内，我将邀请朋友们来跳舞，可是我需要一些道具，你愿意把腰带借给我吗？”

少女向来喜欢跳舞，甚至还为了跳舞废寝忘食，所以，立刻兴高采烈地回问：“在什么时候？什么地方？请朋友跳舞呀！”男子见少女喜爱跳舞也很高兴，于是告知了时间和地点，并且借走了她的腰带。

就这样，少女天天屈指数日子，期待着约定日的到来。即使居住在深山密林，日月依旧如常运行着，时间一天一天过去，与男子约定之日终于来临。

此时，少女独自一人悄悄地来到男子告知的地方。可是，放眼望去仅有一片平地，以及青蛙鸣叫声而已。少女非常气愤，悔恨自己上当，心中痛苦无人可诉。于是，坐在树下，取出夹于头巾的烟斗，抽烟休息，以慰心中之苦，并想着下次那男子再来，必定好好抱怨一番，并且出手打得对方粉身碎骨才行。如此发泄情绪之后，少女起身准备回家。

就在此时，少女发现距离自己不远之处聚集着一群青蛙。青蛙们手里抓着少女借给男子的腰带，并且长长地拖曳着，同时张嘴大声鸣叫。少女看到此情形，惊讶地赶紧靠近，抓起腰带用力甩动，青蛙们因此受到惊吓，纷纷跳入草丛躲避。其中，有一

只体型特别大的青蛙，紧抓着腰带不放，少女见状更加生气，就使劲地将腰带往石头处甩下去，结果，青蛙的头撞上石头，昏厥不起，四肢还不停抖动着。少女趁机带着腰带奔赶回家。

当晚，那个男子又来了，一走进少女卧房就说："我今天真惨！原以为你想看我们跳舞，所以顺你的意把时间和地点都告诉你，谁知道，你竟然这么狠心，把我甩到石头上去，真不知道是何居心？"男子还按着自己的头呻吟着："哎哟，头痛得快裂开了，头晕目眩，好像什么都看不清楚了。"

少女听了，吃惊不已，这才知道每晚来访的，竟是一只青蛙。想到自己竟被一只青蛙戏弄，相当不甘心，大骂："你这只坏青蛙！"同时一脚踹了过去，男子立刻滚到床下，四脚朝天，变回原形，然后利用四肢一蹦一跳地逃走了。

（阿里山蕃）

212. 鹿王

类别╲妖怪

典文

《蕃族调查报告书 · 猎怪兽反遭杀害的故事（邹族）》
—— 原著：台湾总督府临时台湾旧惯调查会，编译：“中央研究院”民族学研究所

昔时，社内有两个兄弟。

某日，哥哥外出狩猎，来到 Nsoana 山，山顶上有清泉，泉水边还布满了鹿脚印。翌日，哥哥躲在泉水旁窥视，果然看见许多鹿来喝水。此后，哥哥每天到泉水边狩猎，而且大有斩获。

鹿群中，有一只像似鹿王的怪鹿，外形和一般的鹿没有两样，可是，一旦拿起矛瞄准时，它就会立刻变形，变成一只高耸云间的大鹿。

看到这种情形，哥哥知道那是一只怪兽，不可随意地射杀，所以每次看到它都放弃射击。

有一天，弟弟独自到 Nsoana 山顶。他看见几只鹿在泉水边喝水，高兴极了，于是，拿起矛正要瞄准其中最大的一只鹿时，那鹿开始变形，变成一只尾巴长达数寻（寻：日本的旧度量衡单位，一寻大约是一点八米）的大鹿，此时，弟弟想起哥哥曾经告诉他，那只鹿是射不得的。

然而，目标已定，矛已准备好，加上弟弟向来就是个不肯服输的人，他深深地吸了一口气，把长矛投掷出去，怪鹿即遭击毙。

不过，他却无割下鹿肉的勇气，惊慌地奔跑回家，并将事情的始末告诉哥哥。

哥哥心想弟弟可能惹上了大祸，但是，事到如今已无法挽回，只好跟着弟弟到 Nsoana 山看看。

可是，来到了弟弟杀掉怪鹿之处，只见满地鲜血，哥哥不禁毛骨悚然，不敢再前进，

连忙掉头跑回家。

弟弟为了一看究竟，继续往前走。一路上看到掉落的肉块，弟弟知道怪鹿可能就在附近，于是抬头向四周张望，这才发现草丛中站着一个男巨人。

巨人的头比树梢还高，眼睛犹如日月般明亮。弟弟见了很惊慌，正想逃命时，巨人喊着："看你往哪里跑？你这个可恶的家伙！"然后抓住弟弟的颈子，像猫甩老鼠般，甩了两三次，随即将他摔向一棵树的树干，弟弟的身体因而如尘土般碎裂，一命呜呼。

（阿里山蕃）

《蕃族调查报告书·鞣皮法之由来（邹族）》

——原著：台湾总督府临时台湾旧惯调查会，编译："中央研究院"民族学研究所

太古时代，人们是不祭祀山神的。

当时的兽类变幻莫测，偶尔也会变成人类。

某日，有位男子想要猎鹿，就前往山上待在水边等着。

不久之后，一只鹿跑过来。他认为机会难逢，立刻拉弓想要射击。突然间，鹿只膨胀起来，变得巨大无比，头部几乎到达天空，目光也如日月般光亮。猎人感到一阵晕眩，连放箭的勇气也消失殆尽，只能眼睁睁地看着那只鹿逃走。

另外，有个男子也有相同的经验。不过，他比前述的男子更勇敢。

据说，他终于射中了那只变幻莫测的怪兽。怪兽中箭后立刻逃逸无踪，男子环顾四周寻找，突然发现地上有块如布块般的东西，心中觉得奇怪，于是抬头望去，发现树旁有个人，正拿着一块布在裹脚。男子见状，跑了过去，但一靠近，树旁的人就逃跑，男子再追，突然那个人转过身来，抓住男子，并把他往树干上撞击，男子当场毙命。

那个人就把男子的尸体吊挂在树枝上。后来，社人经过树旁，只看到一块人皮挂在树枝上，此后，社人知道了鞣皮的方法。

（阿里山蕃）

《蕃族调查报告书·怪兽皮的故事（邹族）》
——原著：台湾总督府临时台湾旧惯调查会，编译："中央研究院"民族学研究所

昔时，有个男子到山上射杀一只鹿。

他把鹿皮剥下，鹿肉割下后，正想切开鹿胆时，却从胆中传来了一个声音："请千万别割我的胆！"

此人虽觉得奇怪，但没有理会，一刀割破了鹿胆。

此后，再也没有声音从胆中传出。

男子于是把鹿皮带回家，想挂于吊钩上。

可是，鹿皮挂上去后，很快又滑下来，无论如何都挂不上去，此人愤怒极了，大喝一声，就把鹿皮丢向吊钩去。

据说，鹿皮立刻就弹回来，把此人卷起勒死了。

（阿里山蕃）

213. 无头妖怪

类别╲妖怪

典文

《蕃族调查报告书·遭妖怪追赶的故事（邹族）》

——原著：台湾总督府临时台湾旧惯调查会，编译："中央研究院"民族学研究所

昔时，有两位兄弟。

某日，他们一起前往Yayungana山狩猎，天将黑时，弟弟为了准备晚饭，先离开哥哥，前去狩猎小屋。

哥哥则独自继续在山中寻找猎物，绕了一圈后，约傍晚时才抵达狩猎小屋。

但哥哥很快就发现，小屋附近血迹斑斑。

他心想也许有凶蕃来杀害弟弟，因此焦急地走进小屋。

但当他靠近屋子时，听到有人在拌饭的声音，就放心了，认为弟弟平安无事。

然而，哥哥做梦也没有想到，弟弟的头竟然不见了。

当哥哥正不知如何是好的时候，那个无头弟弟的身体开始行动，拿起汤匙，舀起饭往颈子上的切口装入。

看到此情景，哥哥吓得魂不附体，无法分辨方向，连滚带爬地逃了出去，不料却被炉边的薪柴绊倒，而发出了声响。

无头妖怪听到声音，一面大叫："等等！等等！"一面高举着双手追了过来。

哥哥拼命地跑，可是，妖怪已经追到仅差一步之距，他心想现在只要跌一跤，就算有一百条命，也不堪妖怪一击！

此时幸好，从树缝间看到许多猎人狩猎回来，顿时体内血气爆冲，奋力加快脚步，今世与来世之别就只差这么两步的间隔，然后再以五脏六腑几乎被震破的声音高喊救命。

妖怪惊见众多身影，也不敢造次，立刻消失无踪。

（阿里山蕃）

214. 被砍头者的幽灵

类别╲鬼魅

典文

《蕃族调查报告书·被砍头者的幽灵（邹族）》
——原著：台湾总督府临时台湾旧惯调查会，编译：“中央研究院”民族学研究所

昔时，有一对朋友前往 Mumuyatu 山狩猎。

其中一人留在小屋，另一人靠着月光寻找鹿儿饮水的地方。

留在小屋的人一直等待着朋友的归来，但因白天过于劳累，不知不觉地就躺下睡着了。

到了三更半夜，突然醒了过来，听到有人走动的声音，以为朋友回来了，赶紧起身到门口迎接。不料，门口竟站着一个陌生人，而且此人的头竟然被砍，整个头颅向前垂下，只剩下约两指宽的皮肉连接着身体。

留守者看到这光景，顿时全身发麻而跌倒在地。由于他惊叫了一声，妖怪也随之消失。

人们传说此即被砍头者的幽灵。

拉阿鲁哇族

拉阿鲁哇族，居住于高雄的桃源区、那玛夏区等地，族社包含排剪（Paiciana）、美垄（Vilanganu）、塔蜡（Talicia）、雁尔（Hlihlara）。

拉阿鲁哇族相信，他们原先居住于东方，曾经与矮人共同生活。他们相信万物有灵，信仰生灵、物灵和神祇等超自然的力量，也认为“圣贝”是太祖之灵的住所，所以会举行祭仪来祈求平安丰收、族人旺盛，宴飨太祖之灵。

拉阿鲁哇族最重要的仪式有岁时祭仪（小米耕作祭仪、稻作祭仪）、圣贝祭（Miatungusu）以及敌首祭。

215. 死亡观念

类别╲神灵

典文

《蕃族调查报告书 · 死亡观（四社蕃）》
—— 原著：台湾总督府临时台湾旧惯调查会，编译：“中央研究院”民族学研究所

人死亡后，不论好人或坏人，他们的灵魂都会飞往 Tavula 山，即宝来驻在所附近的一块宽广的丘陵台地，但途中架有一座细如线的渡桥。

在山上横死者的灵魂皆停留在原处，不会前往他处。（排剪社）

人之所以死亡，乃因恶神（Tangukapatu）垂下的线断掉所致。（排剪社）

人死亡，系恶神作祟所致。除此之外，河神有时会致人于死。（雁尔社）

216. 亡者捣麻糬的故事

类别╲鬼魅

典文

《蕃族调查报告书 · 亡者捣麻糬的故事（四社蕃）》
—— 原著：台湾总督府临时台湾旧惯调查会，编译：“中央研究院”民族学研究所

古时，有户人家清晨即下田工作，傍晚返家，发现屋内棚架上放着麻糬，于是互问家人是何人舂捣的，但都不知是谁。大家觉得奇怪，因此翌日出门工作时，就把一个小孩留置在棚架上。

当家人都外出之后，埋在地底的亡者走了出来，用火烤着自己的手臂，直到烤出油来，再将这些油脂抹在麻糬上面，拼命地捣着。坐在棚架上的小孩，目睹此种景象，害怕地哭出声来。

死人听见声音，非常惊讶，走过来告诉他：“别哭，从今天起，我不再出现了。”然后转身就走。此后，再没有任何人见过亡者。

古时，人们以腐朽木头或砂石为生，但自从有人走进地里，带回小米、芋薯及豆类之后，人们开始有如今日的谷类可食用。

（报道人：雁尔社 Ulunganu）

原住民世界 /

卑南族

卑南族居住于中央山脉以东、卑南溪以南的海岸地区。他们的宗教观念里，认为天地之间存在着祖灵与自然神，神灵称为“Viroa”，可指称“神、精灵和死灵”。巫医（Tumaramao）和司祭（Ragan）则拥有沟通人神的神奇力量。

此外，每年也有特殊的“庆巫会”（Puasrakan），这个仪式只有女性祭师才可以参加。

217. 击退大蛇

类别＼妖怪

典文

《蕃族惯习调查报告书 · 击退大蛇（卑南族）》
——编纂：台湾总督府临时台湾旧惯调查会，编译：“中央研究院”民族学研究所

Dengeraw 与 Sigasigaw 非常和睦，夫妇间生下 Aibuwan（男）、Aunayan（男）、Rasiras（女）三个儿女。

兄妹三人后来因其母 Dengeraw 死去而由其父一手养育。某一日，三个孩子告诉父亲想要拜访从母亲那里得知的一位住在 BabaTuran 的祖母 KaLikaLi，得到允许后三人即前往 BabaTuran 的始祖 PaDungaw 之宅，但祖母已经去世，他们在大失所望之余，仍然留在祖母家。

某天早晨，妹妹 Rasiras 到卑南溪畔的 Barebe 去洗衣，过了良久仍不见她回来。兄弟俩很担心，便前往 Barebe 去找寻妹妹，但是并未见其踪影，只见一巨石上放置着 Rasiras 带来洗濯的衣物，以及一道三尺许宽之大蛇行经痕迹，中央还拖有一线血迹。

兄弟两人内心澎湃激动，尾随血迹抵达了 Mernaunan 山顶之池。

池边有个大岩石，岩石下有一条令人悚怖的大蛇蟠蜷着。兄弟俩返家，道出事情的始末后，请求为妹妹报仇，但是家人并未轻言可否，因此兄弟便私底下决定要为妹妹报仇。

首先，为了试验有无斩杀大蛇之力，他们前往 Pangayangyawan，焚烧被称为 bait 的枯木后，把刀烧热，然后拿出至水里浸泡，并试砍斩旁边的石头，结果刀刃毁坏斩不破石头。

接着他们又到 Tarubanibani 焚烧 Toer 树的皮，然后借此将刀烧热，又拿至水里浸泡，

再试砍石头，结果兄长砍进一半，弟弟则把整个石头砍斩成两段。

至此，兄弟两人即前往 Mernaunan 山顶之池，Aibuwan 首先伐了一棵树做成棒子，让弟弟以此棒撞击岩窟，大蛇略微蠕动地探出头来，Aibuwan 便挥刀斩之。不料刀却反弹起来，连它的表皮都无法伤及。

弟弟见状焦急地代兄斩大蛇，大蛇蟠蜷着被砍成三段。

此时刀刃触及一坚硬物，拾起一瞧，原来是 Rasiras 所佩戴的手环。

兄弟两人欣慰终于得以为妹复仇，便将大蛇头砍下后带回，并向家祖询问驱退大蛇怨灵之祈祷法，但是家祖答称不知，于是又转问伯劳（鸟），而它回答得太快，以致无法听清楚。

于是又问 Tekwir（鸟），此鸟教曰："行至东方 Pulutulutungan 山，用琉璃珠串成的念珠，缠住左右手腕及左右拇指，再绕至头部，最后把剩下的部分垂在前额，并且把身体拭净三次。之后把琉璃珠置于大蛇头上，将槟榔纵剖后，塞入琉璃珠，放在大蛇头的后方，再在其后方横放一串琉璃珠串。然后去采两支 Kwaching，连接两支 kwaching 之叶，结扣处以琉璃珠（七粒）串成的念珠绑住，横放在刚才那条念珠的后方。且在其右端交叉竖立两支 Kwaching 的树干，树干头和交叉点用琉璃珠（九粒）串成的念珠结绑，左端也同样于交叉竖立的树干头和交叉点处，以琉璃珠（五粒）串成的念珠结绑着；在此左右交叉处，横置前述的 Kwaching，然后立于该处，祈祷怨灵退散。"

兄弟两人听了大喜，一切遵照进行，因而返家后即无怨灵作祟，身体亦健壮。

原住民世界 /

排湾族

在排湾族的神灵信仰中，流传“生灵”（Yaruvanan）的传说：当某人极度爱恋或怨恨他人时，灵魂便会脱离肉体，依附在对方身边，对方也会受伤或染上疾病，甚至在梦中看到某人怒目而视的神态。

被生灵作祟的人，可以请部落内的巫师除邪、祈祷。但如果是被巫师本人的生灵所缠祟，则不容易驱除，只能亲自向本人道歉，恳求解除咒怨。在牡丹路社便曾有生灵的作祟故事。

除了生灵之外，排湾族也有死灵的传说：如果因为爱恋或怨恨他人而死，其灵魂也会附身于对方，造成灾害。此外，杀人者也会被死灵缠上。这些情况，都需要招巫来祈禳，驱除病害。

然而，如果杀死巫师，除了无法获得祖灵的庇佑外，也无法可解，终究只能被巫师的死灵所杀。

对排湾族来说，Garal 是恶灵，会以人的形态出现，只要见到他就会生病，需要请巫师来除咒。

218. 牡丹路社的生灵

类别╲鬼魅

典文

《蕃族惯习调查报告书 · 牡丹路社的生灵（排湾族）》

——编纂：台湾总督府临时台湾旧惯调查会，编译：“中央研究院”民族学研究所

昔时在 Paliljau 番牡丹路社有一对青年男女。

女方爱恋男方且向男方表白爱意，男方亦许诺婚姻之约。

然而，后来男方违约，与另一女相通而不顾前女之情。

于是，前女愤恨不已，断绝饮食闭门而居，对男子心怀怨恨。

数日后该男发疯，遂自缢而死。

附近的人相传，一定是前女之生灵所为。

（安原氏调查）

219. 内文社的死灵

类别╲鬼魅

典文

《蕃族惯习调查报告书 · 内文社的死灵（排湾族）》

—— 编纂：台湾总督府临时台湾旧惯调查会，编译：“中央研究院”民族学研究所

距笔者为文约三十年前，内文社民 Madrau Qaluvu 之祖父某，前往台东而被杀。

其后经过十二三年，Madrau 在梦中看到死去的祖父，祖父说：“跟我一起来。”言毕，同 Madrau 到被害之地。

Madrau 正感觉已到其地时，即醒来，后便心智疯乱，至今犹未痊愈。

这是因祖父之灵引诱 Madrau 部分之灵的缘故。

[大正三年（一九一四年）安原氏调查]

220. 幽灵传说

类别＼鬼魅

典文

《蕃族惯习调查报告书 · Drekai 番 Vedai 社与 Ravar 番上 Paiwan 社的幽灵传说（排湾族）》

——编纂：台湾总督府临时台湾旧惯调查会，编译：“中央研究院”民族学研究所

① Drekai 番，Vedai 社的传说：人死后起初成为 Galale（幽灵），在山中或社内等中意之地，然而社民只能在梦中看见。坏的 Galale 有时会跟随活人的后面杀活人。

② Ravar 番，上 Paiwan 社的传说：若先被幽灵看见会死亡。相反的，先看见幽灵若呼喊：“汝是什么？”而吐口水，幽灵之现身即会消失，可保无事。

221. 望嘉社的幽灵

类别＼鬼魅

典文

《蕃族惯习调查报告书 · Vungalid 社的幽灵传说（排湾族）》

——编纂：台湾总督府临时台湾旧惯调查会，编译：“中央研究院”民族学研究所

昔时北 Paiwan 番 Vungalid 社，有位叫作 Ljuan Tjakuljuk 的妙龄女子，私恋同社某青年，终于对他表白心意。

然该青年已与另一女子有婚约在先，因而拒绝。

Ljuan 因失恋，投沼而死。

翌日起，Ljuan 之灵盛装在沼泽附近出现。

当人经过就会听到“我在这里我在这里”和“嘻嘻嘻嘻”的笑声。

社民惧怕而不敢通行，于是头目与众人商议，在沼泽边举行祈祷以祭幽灵，此后幽灵便不再出现。

（安原氏调查 Vungalid 社，据 Palivulj 所言）

222. 魂火

类别＼鬼魅

典文

《蕃族惯习调查报告书 · 魂火（排湾族）》

——编纂：台湾总督府临时台湾旧惯调查会，编译：“中央研究院”民族学研究所

魂火，番语称“sapui na cemas”，即灵火之意。

有的番社认为灵火即为灵现身的现象，有的番社认为是灵夜行时所用之火炬，其形状之说因人而异。兹将调查主要番社的情况列述如下：

① Vuculj 番 Kazazaljan 社的传说：魂火是一圆形且呈浅红色，光力弱而突然出现，迅速低飞，碰到任何物体即消灭，有时在中途分裂成数个。此灵要行 kisudju（未婚青年男子到女子之处游玩），一面燃烧茅草，一面敲打没有烧掉的茅草，看见的人并不受其害。

② Vuculj 番 Kaviyangan 社的传说：魂火大者有直径一尺左右，小者约一二寸，形圆而色青白，状似薪火。飞行时快时慢，有时低飞，有时高飞。此火一个或数个从禁地向禁地飞，是灵出外时照路的光。看到的人会得疾病，故须杀一头猪，招巫祈祷。本社社祝 Valulu ramur 说：“距今约三十年前，从本社前往靠近平地的禁地，叫作 Tulua 的森林边之耕作地，当夜从森林中突然出现一个魂火。其形状小而长，有如上臂之大小。嗣后陆续出现很多魂火，有的高有的低，飞来飞去，附近一带几乎为魂火所掩盖。自己惊慌着迷似的跑回小屋，翌朝归社即卧病不起，后来杀猪招巫祈祷，幸得免一死。”

223. 鸟兽的亡魂

类别＼鬼魅

典文

《蕃族惯习调查报告书 · 鸟兽的亡魂（排湾族）》

—— 编纂：台湾总督府临时台湾旧惯调查会，编译：“中央研究院”民族学研究所

依照本族的观念，鸟兽也有亡魂。但是不像人类之灵会作祟为害。

仅豹、鹰及猪之灵，有时会附身人类为害。故番社捕获豹或鹰，必行祈祷。

此外，屠猪而刺其喉时，必行 Valunguvulungu 之祭。而且家长不能在旁边，否则猪灵会纠缠家人，生如癫痫之病。

山猪或狗死后，有时变成幽灵出现。关于此点，Kaviyangan 社之老番说：“有时夜间山猪或狗之灵进来屋里，吃了食物就走。家人知有狗来过，之后查验结果，却见食物依旧，门户也没有开过的样子。”有时，这些灵曾在番社附近路上出现，像是一团衣服的样子，看见者以为是别人忘记，走近要捡时，就忽然消失不见。

（小林氏调查）

224. 巨人“孤奴”

类别＼妖怪

典文

《蕃族惯习调查报告书 · 巨人“孤奴”（Kuniu）的故事（排湾族）》
——编纂：台湾总督府临时台湾旧惯调查会，编译：“中央研究院”民族学研究所

Vuculj 番 Tjaravacalj 社所传：

往昔有名叫“孤奴”的巨汉，从平地来到番社，张开大口要吞人。

Paridrayan 大社头目家的 Talilj 射杀了他。

据说，番民们高兴地杀猪带小米去向他致谢。

225. 食人的怪鸟“马莎嘎拉咕”

类别╲妖怪

典文

《蕃族惯习调查报告书 · 食人的“马莎嘎拉咕”（Mazakazakau）怪鸟的故事（排湾族）》
——编纂：台湾总督府临时台湾旧惯调查会，编译：“中央研究院”民族学研究所

（一） Kuvulj 番内文社所传：

曾经有称为马莎嘎拉咕的大鸟住在内文社域内。

此鸟极大，张开双翼时约有一丈五六尺。

当时 Paliljau 番的加芝来社是本社的敌人，此鸟经常到该社去捕捉其社民回来，而且有时也到 Paqalu 番的 Vuluin 社捕人回来。

而其捕捉的人悉遭其撕开挂在大树枝上，因而据说该鸟栖息地附近，常因涂抹着人血而红湿湿的。

又说，曾有本社民穿着白衣居住在 Tjaljasuaq（加芝来社域内），马莎嘎拉咕捕捉他后，飞到别处去，突然察觉出那人为本社民，就再飞回原地并放掉那人。可是据说那人数日后就死去了。

（二）Paliljau 番 Sabdiq 群所传

往昔有叫作马莎嘎拉咕的鸟，栖息在 Seljelau（现牡丹路驻在所下方的部落，今其址犹存，成为森林）的大石之间。

巫看它是鸟，但他人看则不见其形体，故人们称其为“灵”。

有一次，Seljelau 民出猎不在时，为 Seqalu 所袭击，其老幼妇女被杀而正在非常悲伤时，据说马莎嘎拉咕捕捉其民并将其食尽。

226. 排湾族恶灵“盖罗”

类别╲妖怪

典文

《台湾踏查日记·明治三十三年（一九〇〇年）八月十五日》

—— 日·伊能嘉矩，译注：杨南郡

今天前往本社所分出的部落参观。这个部落[①] 在东方山丘上，距离大头目家一町余的东方，有一小溪，溪中奇石磊磊，荆棘茂盛，极为阴湿，相传是恶魔“盖罗”（Garal）聚居的地方。

蕃人说：“假使有人在这里看到恶魔，会立刻死掉。恶魔趁夜阴的时刻从这里飞到部落，从窗子钻进屋内。”

《台湾踏查日记·明治三十三年（一九〇〇年）八月二十六日》

——日·伊能嘉矩，译注：杨南郡

Pavoavoa 部族 Tsyorikau 社[②] 所传关于祖灵与恶魔的口碑：

本社东南方的 Tsagarao 山（南昆仑山）中有祖灵居住。

祖灵不喜欢异族接近他的地方，所以本族的人向导异族进入山中，必须用茅草遮盖行李，装出正在逃难的模样，才能避祸。

在山上的祖灵视异族为敌人，常常对异族发炮，发炮时不但有闪光，也发出隆隆的雷声，雷电就是这样引起的。

恶魔常住于蓊郁的山林中，着白衣，晴天的时候，只在日暮以后方出现，但是雨天的时候，白天也出现。假如有人撞见他，必死无疑。

---

① 这个部落：排湾族部落。本段为伊拉社所传口碑。

② Pavoavoa 部族 Tsyorikau 社：排湾族。

盖罗
恶魔趁夜阴飞至部落
从窗户钻进屋内

227. 矮妖“咕塔”

类别＼妖怪

典文

《台湾踏查日记 · 明治三十三年（一九〇〇年）八月二十六日》
—— 日 · 伊能嘉矩，译注：杨南郡

山猪毛口社[①] 所传，矮身的蕃人：

古时候，在南方的深山里住着身躯矮小，不到我们腰部高度的蕃人，他们的眼睛不在脸上，而是长在两个膝盖上。

矮蕃经常出来向我们泽利先族挑战。矮蕃白天的时候眼睛看不见，但是到了夜间就看得清楚，所以我们泽利先族白天打胜仗，晚上打仗就很辛苦。矮蕃的名字叫“咕塔”（Gutol）。

① 山猪毛口社：台湾南部山中的排湾族。

228. 田螺美人

类别╲神灵

典文

《生蕃传说集 · 田螺美人》——日 · 佐山融吉、大西吉寿，翻译：陈万春

古时候，有五个兄弟。双亲早亡，无所倚靠，因此兄弟互相帮助、打气，和睦地一起耕作。

有一天，和平常一样，五个人一早就去园圃，幺子忽然发现一个田螺，就捡起来带回家，放在屋里。

翌日也是劳动了一整天，到了黄昏时，幺子为要煮饭，早一步回家。到炉边一看，晚饭已经准备得好好地。

他把这件奇事告诉他的兄弟。大家也觉得讶异，决定等待明天看个究竟。

次日就由一个人躲起来，不久出现一个美女，认真地煮起饭来。完全煮好后，又不知哪儿去了。男子看过后，就把全部的情形告诉他的兄弟。

大家更是觉得奇异，就在这时来了一个老人，老人说那可能就是“密利密利嗄奴”。

次日，那个美女不知全部的兄弟都躲在家里，照样又来煮饭。

兄弟一声令下，从四面围住她。

“你是什么人？为什么天天替我们煮饭？”

女子被问，流着眼泪说：“我不知何故，一直受父母亲厌憎、虐待，被塞进田螺的壳里面，不期被你们一家人所救，我高兴地想，至少每天也得替你们烧饭。”

那种楚楚可怜的样子，兄弟们也极为同情，最后，由长兄娶她结为夫妇。

（排湾族，斯库斯库斯社[①]）

---

① 斯库斯库斯社：高士佛社。

229. 沙利库的故事

类别╲妖怪

典文

《生蕃传说集 · 沙利库的故事》——日 · 佐山融吉、大西吉寿，翻译：陈万春

某人家，父母外出，把两个孩子留在家里。

那天晚上，有一个叫沙利库的人推破屋门，强行进入，亲热地来到孩子的旁边，讲有趣的故事哄他们，两个孩子因而解开了心中疑惑，上床睡觉。

半夜哥哥偶然醒来，听到咯吱咯吱吃东西的声音，因此问说：“沙利库你在吃什么呀？”

沙利库慌张地说：“吃大角豆啊。”

回答声音有点奇怪，哥哥因而悄悄地摸了一下弟弟，没有身体，只剩下头。

哥哥吓了一跳，赶紧起身拿了煮好的猪油，逃出外面，爬到树上。

沙利库看到事情败露，恼怒地追了上来，但哥哥从树上淋下烫油，杀死了沙利库。

哥哥临阵的机智，不但报了弟弟的仇，自己也逃过被吃的命运。

（排湾族，卡斯坡康社[①]）

《生蕃传说集 · 特布鲁布伦的故事》——日 · 佐山融吉、大西吉寿，翻译：陈万春

双亲外出后，留下兄弟两人看家。

随后有一个名叫特布鲁布伦的人，来要求住宿，不得已让他和弟弟一起睡。

可是半夜听到咯吱咯吱地吃东西的声音，哥哥睁开眼睛问：“吃什么东西？”

特布鲁布伦回答说：“吃‘托啊密’（荞麦）。”

① 卡斯坡康社：率芒社。

哥哥伸手说“给我一些”，但给的，却是弟弟的一只手。

哥哥大吃一惊，立即逃出屋外躲了起来。

次日晚上，哥哥正独自一人感到寂寞时，那个怪物又来了，因此哥哥用滚水淋死了它。

（排湾族，斯库斯库斯社[①]）

① 斯库斯库斯社：高士佛社。

主要参考资料与编著者简介

二画

▲丁绍仪,《东瀛识略》: 丁绍仪,字杏舲,江苏无锡人，在清道光二十七年来台。

三画

▲《三六九小报》：创刊于西元一九三〇年九月九日，是日据时代的刊物，每逢三、六、九日就会发刊，以汉文为通行语言，是当时推广通俗文化十分重要的大众期刊。

四画

▲片冈巖，《台湾风俗志》：片冈巖在一九二一年出版《台湾风俗志》，书中收罗台湾居民的生活礼仪、家庭社会、民俗节庆、口碑、传闻、怪谈、俚曲、歌谣、宗教，是台湾文化研究不可或缺的重要书籍。战后，经由众文图书公司重新出版，陈金田翻译。

五画

▲《巴达维亚城日记》：这本书目前由印尼国立档案馆所收藏，是研究十七世纪台湾历史的主要参考资料之一，记录了巴达维亚城贸易状况以及与台湾交流联系的资料。

▲《民俗台湾》：发刊于一九四一年至一九四五年，专门蒐集台湾民俗资料，书刊中的作者包含台湾作家与日本民俗学者。战后，《民俗台湾》由林川夫重新编辑翻译。

六画

▲伊能嘉矩，《台湾踏查日记》：杨南郡译注，远流在一九九六年出版。

▲西川满、池田敏雄，《华岛民话集》：由西川满的日孝山房出版社发行，出版于一九四二年，由立石铁臣插画装裱，包含二十四篇台湾民话，是西川满在台时期，与池田敏雄二人共同策划，从当时的台湾全岛小学生征文中，筛检过滤选出的民话文章。在一九九九年，由致良出版社重新出版，致良日语工作室编译。

▲孙元衡，《赤嵌集》：孙元衡，清朝官员，安徽桐城人，在康熙四十四年（一七〇五年）任职台湾府海防捕盗同知，稽查鹿耳门海口，负责盐政、办捕盗匪、海防等行政事宜，也负责监督台、凤、诸三县的捕务。《赤嵌集》是其任职台湾官员时写作的诗集。

▲连横：生于一八七八年，卒于一九三六年，台南人，日据时期的诗人、历史学家，著作《台湾通史》《台湾语典》《台湾诗乘》《剑花室诗集》《雅堂文集》。

▲乔治·泰勒（George Taylor）：十九世纪末，西方人乔治·泰勒任职南岬灯塔，他实际观察恒春半岛一带的台湾原住民文化，并且撰写相关文章，记录当地原住民流传的神话与传说故事。现今译本可见：《一八八〇年代南台湾的原住民族：南岬灯塔驻守员乔治泰勒撰述文集》，谢世忠、刘瑞超译，杜德桥编辑，顺益台湾原住民博物馆在二〇一〇年出版。

七画

▲吴子光，《台湾纪事》：吴子光，客家人，在一八三七年首次来台，曾参与编辑《淡水厅志》。

▲沈茂荫，《苗栗县志》：沈茂荫在一八九二年，来到台湾苗栗地区担任苗栗县知县，成为苗栗地方官，也是《苗栗县志》编纂者。

▲佐仓孙三，《台风杂记》：作者佐仓孙三，号达山，福岛县二本松人士，生于一八六一年。佐仓在一八九五年五月来到台湾，之后以汉文写作《台风杂记》。战后，林美容重新编集为《白话图说台风杂记》，出版于二〇〇七年十二月。

▲佐山融吉、大西吉寿著作，《生蕃传说集》：出版于一九二三年，此书包含原住民族各族故事，如创世神话、口碑、怪异事迹等传说故事。

▲佐藤春夫，《殖民地之旅》：集结了佐藤春夫从一九三二年至一九三六年的作品，中文版本的翻译者为邱若山，在二〇〇二年由草根出版社发行，之后在二〇一六年由前卫出版社重新出版。

八画

▲周玺，《彰化县志》：周玺在道光六年三月任职彰化县知县，卸任之后，在道光十年开始编纂《彰化县志》。

▲林占梅：生于一八二一年，卒于一八六八年，清朝时代的台湾淡水厅竹堑知名文人。

▲林豪：生于一八三一年，卒于一九一八年，金门人，曾受林占梅之邀到潜园担任西席，纂修《淡水厅志》《澎湖厅志》，并续修其父林焜熿所著作的《金门志》。

九画

▲郁永河：十七世纪末来到台湾，探采硫黄，并将在台经验写成《裨海纪游》。

▲《南屯乡土调查：日据时期史料编译》：南屯公学校编写于一九三二年，近年由孟祥瀚重新编注，许世融翻译，台中市政府文化局在二〇一五年出版。

十画

▲铃木清一郎，《台湾旧惯：冠婚葬祭与年中行事》：记录台湾的婚丧喜庆、祭拜等风俗，一九三四年出版，战后中译本《台湾旧惯习俗信仰》。

▲《热兰遮城日志》：记述时间从一六二九年至一六六二年，是荷兰人统治台湾时期的基本史料，完整记载了荷兰人在台湾展开的统治、贸易等相关活动。经由曹永和、江树生等学者整理、译注，台南市政府出版四册中译本。

十一画

▲屠继善纂集，《恒春县志》：成书于光绪二十年（一八九四年），但当时未刊行。主修者是恒春县知县陈文纬，总纂者为浙江人屠继善。

▲野狐禅室主：洪坤益（生于一八九二年，卒于一九四七年），台南人，字铁涛，又号野狐禅室主，是日据时代知名的诗人，也在《三六九小报》刊登许多鬼怪故事。

▲黄叔璥：生于一六八二年，卒于一七五八年。字玉圃，号笃斋，是首任巡台御史，经常巡行台岛各地，考察民俗风土，写成《台海使槎录》。

十四画

▲翟灏：字笠山，清朝官员，本籍山东，在干隆五十八年（一七九三年）奉命调台，之后他将居台时期的见闻写成《台阳笔记》。

百鬼工作室成员：

① Yi-Ting Tsai ② 关琋（Shiu Lancy）
③ 刘佳昊 ④ Shi Chen Lai ⑤ Cheng
⑥ 彩嫦（Itzel Hsu） ⑦ Lionel Liu
⑧ 纪昭君

图书在版编目（CIP）数据

陆外山海物语：三百年岛屿奇幻志 / 何敬尧著.—北京：中国工人出版社，2019.11
ISBN 978-7-5008-7306-8

Ⅰ.①陆…　Ⅱ.①何…　Ⅲ.①鬼—文化—世界—通俗读物　Ⅳ.①B933-49

中国版本图书馆CIP数据核字（2019）第260143号

版权登记号：01-2017-9475

本书中文简体字版由联经出版事业公司授权出版·原著作名《妖怪台湾：三百年岛屿奇幻志·妖鬼神游卷》

陆外山海物语：三百年岛屿奇幻志

出 版 人	王娇萍
责任编辑	宋　杨　严　春
责任印制	黄　丽
出版发行	中国工人出版社
地　　址	北京市东城区鼓楼外大街45号　邮编：100120
网　　址	http://www.wp-china.com
电　　话	（010）62005043（总编室）　（010）62005039（印制管理中心） （010）62379038（社科文艺分社）
发行热线	（010）62005049　（010）62005042（传真）
经　　销	各地书店
印　　刷	天津中印联印务有限公司
开　　本	710毫米×1000毫米　1/16
印　　张	29.5
字　　数	460千字
版　　次	2020年5月第1版　2020年5月第1次印刷
定　　价	68.00元